행복한, 너무나 행복한

즐거운 정직

행복한, 너무나 행복한
즐거운 정직

초판 1쇄 발행 2016년 12월 25일
2쇄 발행 2017년 4월 1일

지 은 이 김석돈
발 행 인 권선복
편집주간 김정웅
디 자 인 김소영
전 자 책 천훈민
마 케 팅 권보송
발 행 처 도서출판 행복에너지
출판등록 제315-2011-000035호
주　　소 (157-010) 서울특별시 강서구 화곡로 232
전　　화 0505-613-6133
팩　　스 0303-0799-1560
홈페이지 www.happybook.or.kr
이 메 일 ksbdata@daum.net

값 15,000원

ISBN 979-11-5602-445-3 (03190)

도서출판 행복에너지는 독자 여러분의 아이디어와 원고 투고를 기다립니다. 책으로 만들기를 원하는 콘텐츠가 있으신 분은 이메일이나 홈페이지를 통해 간단한 기획서와 기획의도, 연락처 등을 보내주십시오. 행복에너지의 문은 언제나 활짝 열려 있습니다.

행복한, 너무나 행복한
즐거운 정직

김석돈 지음

도서
출판 행복에너지

프롤로그

성공하는 사람이 되기 위해서는 두 가지가 필요하다. 우리 인생의 목표가 정직해야 하고, 그 목표를 달성하기 위한 수단이 정직해야 한다. 이 두 가지 정직만이 우리 인생을 성공하는 인생, 행복한 인생으로 만들 수 있다고 나는 확신한다.

정직하지 못한 사람이 높이 올라간 경우도 있다. 정직하지 못한 방식으로 부자가 된 사람도 많다. 물론 명예롭고 호화스럽게 보이기도 한다. 그러나 그런 사람을 부러워하진 말자. 대신 정직하지 못한 사람에게 감사하게 여길 것은 있다. 언젠가는 낭패를 보고 불행하게 된다는 타산지석의 교훈을 얻을 수 있게 해주니 감사할 일이 아닌가. 겉은 위대하게 보이지만 속은 썩어 가고 있는 사람들이 정직하지 못한 사람이다. 정직하지 못하면 웃는 얼굴에도 그늘이 질 수밖에 없다. 못 믿겠으면 간단한 실험을 해 봐도 좋다. 내 앞에 없는 친구에게 험담을 실컷 해보자. 그리고 내 기분이 시원해지는지? 아니면 불안해지는지? 변화를 느껴보자. 불안하고 초조하고 후회하게 된다는 걸 느끼게 될 것이다.

비록 가난해도 부자의 마음으로 살 수 있는 것이 정직이다. 정직하게 살면 가난해질 리도 없다. 정직은 성공의 원천이며 행복의 씨앗이다. 정직 그 자체만으로도 최고의 행복이다. 함께 정직하고 함께 성공하고 함께 행복한 사회를 만들었으면 좋겠다.

내가 이 책을 쓰고 싶었던 이유는 다음과 같다.

첫째, 정직하지 못하고는 절대 행복할 수 없다는 철칙을 알리고 싶어서다.

나는 36년간 경찰관으로 근무하면서 안타까운 사건·사고를 많이 목격했다. 앞날이 창창한 여중생이 호기심으로 친구와 함께 문구점에서 팬시 용품을 들고 나오다 주인에게 붙들려 특수절도의 전과자로 낙인찍히던 일, 아버지가 운전하면서 교통법규를 위반하여 온 가족이 목숨을 잃은 교통사고도 냉정히 따져보면 정직하지 못해서 발생하는 불행이었다. 친딸에게 못할 짓을 하는 아버지가 있는가 하면 어머니를 폭행하는 아들도 있었다. 정직하지 못한 짓이다. 이런 사람이 행복할 리가 없다.

한순간 정직하지 못한 일을 저질러 그 자책감에 자기 목숨을 스스로 내던지는 사람도 보았다. 그런가 하면, 강력범죄를 저지른 범인이 고향의 어머니를 찾아와 회한의 눈물을 흘리는 모습, 쫓기던 수배자가 자수하고 경찰서에 들어와서야 편한 잠에 빠져드는 모습을 보면서 정직하지 못하고는 결코 행복할 수 없다는 교훈을 얻었다. 책을 통하여 이 철칙을 널리 알리고 싶었다.

둘째, 정직의 가치를 공유하고 싶었다.

사람은 정직할 때 비로소 자기 자신의 정체성을 찾을 수 있다. 정체성을 아는 사람만이 자신이 얼마나 소중한 존재인지 알 수 있다. 자신을 소중하게 알게 되면 그 소중한 자신을 어떻게 하면 행복한 사람으로 만들까 고심하게 되고 그에 대한 성찰을 통하여 함부로 남과 비교하거나 남의 것을 탐하지 않게 된다. 나의 주인은 바로 나다. 나의 주인으로서 나 스스로 자존감을 높이고, 내 인생을 개척하고 발전시켜 나가기 위해서는 정직해야 한다. 정직하지 못하고는 바로 설 수 없으며 정직하지 않고는 성공할 수 없다.

정직을 추구하다 보면 다소 고독해질 수 있다. 하지만 이때의 고독은 마음이 편안해지고 생각이 깊어지는 자기 성찰적 고독이다. 행복을 느끼는 고독, 살맛을 느낄 수 있는 고독이다.

사람은 외로운 존재다. 혼자 있을 때는 말할 것도 없고 여럿이 있는 시끌벅적한 장소에서도 외로움을 느끼는 것이 사람이다. 노후에는 결국 이 외로움과의 싸움에 지쳐 생을 마감한다고 한다. 그러나 나는 장담한다. 정직하게 평생을 살아간 사람이라면 외롭지 않다. 아니 외로움이 찾아들 빈틈이 없을 것이다. 정직은 고결한 가치를 지니고 있다. 정직의 가치를 독자와 함께 공유하고 싶었다.

셋째, 정직에 대한 우리 사회의 관심을 촉구하고 싶었다.

정직의 고결한 가치가 관심 밖으로 사라지고 있다. 가정에서도, 사회에서도, 국가에서도 정직에 대하여 관심을 가지려 하지 않는다. 핵가족까지 붕괴하는 추세라 가정에서의 밥상머리 교육이 없어지고, 학교에서도 정직에 대한 교육 의지를 찾아보기 어렵다. 참으로 안타깝다. 어린이들은 물론 젊은이와 장년 그리고 노인에 이르기까지 대한민국 모든 국민이 정직의 소중함을 알고 실천해야 한다.

대형 서점이나 도서관에도 정직에 대한 책은 찾아보기 어렵다. 찾는 사람이 없으니 책을 쓰는 사람도 없기 때문이다. 그러나 터득하고 실천하여야 할 덕목이 바로 정직이다. 정직을 소홀히 하면 경찰서와 교도소를 더 지어야 하는 대가를 치러야 할 것이다. 지금도 경찰서와 교도소가 만원이다. 정직한 사회가 시급하다.

넷째, 정직만이 희망이라고 호소하고 싶었다.

믿고 싶지 않지만 우리는 지금 구멍 뚫린 정직 때문에 너무나 큰 아픔을 겪고 있다. 맨홀의 쇠뚜껑과 멀쩡한 다리 난간을 뜯어다 고철로 팔아먹는 사회다. 국보 1호에 시너를 뿌리고 라이터로 불을 붙여 태우고, 불탄 보물을 복원하는 과정에서 국민이 기증한 금강송을 빼돌리는 사회다. 군 장성이 방위산업 비위에 연루되고, 청와대 정무 수석이 금품수수 혐의로 구속되더니 급기야 대통령까지 정직성을 심판받아야 할 처지에 이르렀다. 너무나 허탈하다. 정직해야 한다. 대통령도, 국회의원도, 공무원도, 시민도 정직하지 않으면 안 된다. 정직이 우리가 가야 할 길이며 희망이다.

이러한 마음을 전하고자 정성을 쏟았지만, 과연 독자들과 공감할 수 있을지 모르겠다. 딱딱한 느낌이 들지 않게 하려고 사례를 많이 인용했다. 정직은 논리를 이해하고 이상에 그치는 것만으로는 아무런 의미가 없다. 그 중요성을 터득하고 생활 속에서 실천할 때 소중한 가치를 창출할 수 있다.

경찰생활을 마감하고 정년퇴임에 즈음하여 책을 발간하게 되어 기쁘다. 출판의 영광을 안겨 준 권선복 행복에너지 대표님께 감사의 인사를 드린다. 또한, 경찰관인 남편이 정직하게 공직생활에 전념할 수 있도록 내조해 준 아내 전점숙 씨, 정직하게 살아야 한다는 밥상머리 교육에 짜증 한번 내지 않고 바르게 커 준 딸 지영이와 아들 지황이에게도 고마움을 표한다.

CONTENTS

PART 1

인간의
본질은
정직이다

정직하게
산다는 것은?

(1) 맑은 영혼으로 사는 것이다

맑은 영혼으로 산다는 것은 우리의 정서가 정직하다는 것이다. 정직의 사전적 의미는 '마음에 거짓이나 꾸밈이 없이 바르고 곧음'이다. 사전적 의미로 보면 정직의 근원은 마음이다. 그 마음에 거짓과 꾸밈이 없이 순수해야 정직한 것이다.

정직의 근원이 되는 마음은 어디에서 왔을까? 마음의 근원은 영혼이다. 마음 세계를 지배하는 영혼은 육체와 함께 '나'를 구성하는 생명체이다.

그중에 영혼이 주인이고 육체는 영혼을 받쳐주는 틀이다. 사람들에게 나를 그려보라고 하면 육체를 그린다. 얼굴과 몸, 팔다리를 그리고 이것이 나라고 한다. 이는 눈에 보이는 나의 틀, 형체만 그리기 때문이다. 형체만으로는 완전한 나를 구성하지 못한다.

나의 주인으로서의 영혼은 생각의 세계와 육체를 지배한다. 생각의 세계는 다양하다. 우리가 흔히 말하는 마음, 정신, 양심, 의지, 이성, 감성과 같은 것들로 나뉜다.

　　결국 정직하게 산다는 것은 마음에 거짓이나 꾸밈이 없어야 하고, 그러기 위해서는 그 마음의 근원이 되는 영혼이 맑아야 한다. 우리의 영혼은 본래 맑다. 깨끗하고 신선하다. 그런 영혼에서 나오는 마음은 편안하고 아늑하며 느긋하다. 누구를 시기하거나 질투하지 않고 욕심을 내지 않는다. 그래서 영혼을 하늘이 준 마음이라고도 하고 본성이라고도 한다. 우리 인간은 본래 정직하다. 거짓이나 꾸밈없이 태어났다. 문제는 이 맑은 영혼이 맑은 상태를 유지하지 못하고 자꾸만 혼탁해지고 오염이 된다는 것이다. 세상이 너무 혼탁하다 보니 우리의 영혼에 때가 묻거나 오염되기도 한다. 거친 세상에 우리의 영혼이 지레 겁을 먹고 주눅이 들기도 하고 심하면 거친 세상에 우리의 영혼을 빼앗기기도 한다.

　　우리는 하늘이 준 마음, 본성을 맑고 신선하게 간직해야 한다. 맑은 영혼으로 살아가야 한다. 맑은 영혼으로 살아가는 방법을 터득하고 실천하는 것이 하늘이 준 삶을 살아가는 길이다.

　　'무소유의 정신'의 가르침을 주고 떠나신 법정 스님은 2003년 6월 정기 법회에서 본래의 내 마음을 찾는 법에 대하여 이렇게 말씀하셨다. "마음속에 있는 욕망, 미움, 질투, 번뇌와 같은 망상 때문에 우리 마음이 평화롭지 않습니다. 그것들을 비울 때 본래의 자기로 돌아갑니다. 본래의 내 마음이 곧 무심입니다. 무심이란 마음이 없는 것이 아닙니다. 마음속에 아무것도 담아두지 않았다는 것입니다. 비유하자면 텅 빈 항아리와 같습니다. 관찰하십시오. 지금 내 마음에 담아 둔 것이 있는가? 항아리처럼 텅 비어 있는가? 아니면 무엇으로 가득 채웠는가? 때 묻지 않은 맑고 투명한 마음이 우리의 본래 마음입니다."라고 설법하셨다.

또한, 어느 신도가 스님에게 "스님, 무슨 재미로 그 산중에서 혼자 지내십니까?"라고 물어 오면 스님은 선뜻 이렇게 대답하신다고 한다. "시냇물 길어다가 차 달여 마시는 재미로 삽니다." 한 잔의 차를 통해서 늘 삶에 대한 고마움, 이 세상에 대한 고마움, 출가 수행승이 된 고마움을 느끼게 된다고 하신다.

삶의 재미에 관해서도 소개하셨다. "한밤중에 깨어나서 조용히 벽에 기대어 밤 시냇물 소리에 귀를 기울이고 있으면 그렇게 좋을 수가 없습니다. 경험해 본 사람들은 알 것입니다. 낮에 듣는 물소리와는 다릅니다. 모든 것이 잠들어 있는 그 시간에 흐르는 시냇물 소리에 조용히 귀를 맡겨 두고 있으면 더없이 마음이 평화롭고 정신이 투명해집니다. 전에도 느끼지 못한 것은 아니지만 요즘 들어 그것을 재미로 누리고 있습니다."

스님의 말씀을 들으면서 우리는 너무 많은 것을 담으려고만 하고 있다는 자성을 하지 않을 수 없다. 눈만 뜨면 더 채우려는 욕심으로 경쟁에 뛰어들고, 그 경쟁 때문에 결국 추락하고 방황하며 허탈하게 되는 것이 아닌지 되돌아볼 필요가 있다. 많은 사람이 실직과 돈에 대한 두려움에 쫓기며 살고 있다. 자기 자신을 돌아볼 여유 없이 오직 월급과 승진 혹은 퇴직 후 안정만을 바라며 살아가고 있다. 이렇게 살아가는 사람을 영혼이 없는 사람이라고 한다. 숨은 쉬고 있지만, 영혼이 없는 '시체 인간'인 것이다. 영혼을 찾아야 한다.

내가 누구인지? 어떻게 살아야 나의 영혼을 위해 사는 것인지? 나의 영혼은 나에게 오늘 하루를 어떻게 살라고 하는지? 생각하면서 살아야 한다. 내가 내 영혼을 찾지 않으면 누구도 내 영혼을 찾아 주지 않는다.

또 한 가지 명심해야 할 일이 있다. 인간은 돈과 권력을 추구하지만, 영혼은 돈과 권력을 필요로 하지 않는다는 것이다. 맑은 영혼은 나에게 만족을 주지만 돈과 권력은 영원한 만족을 주지 못한다. 영혼이 나의 주인이다. 진정한 만족을 느끼고 진정한 행복을 느끼기 위해서는 나의 영혼을 주인으로 알고 살아야 한다. 거친 세상에 주눅 들지도, 흔들리지도 말아야 한다. 혼탁한 세상에 물들지 않은 맑은 영혼, 깨끗한 영혼으로 살아가야 한다.

영혼이 맑은 삶은 자연스러운 삶이다. 편안한 것이며 꾸밈이 없는 것이다. 정직하게 산다는 것이 바로 이렇게 사는 것이다.

맑은 영혼으로 살고자 하는 사람들을 꼽으라면 시인을 꼽을 수 있다. 시인이란 맑은 마음으로 사물을 보고, 맑은 언어로 마음을 담아내고 맑은 마음을 공유하려는 사람이다. 좋은 시를 가까이하는 것만으로도 우리의 영혼이 맑아지는 것을 느낀다. 시 한 수를 읊으면서 우리의 영혼을 맑게 해보자.

영혼이 맑은 사람

- 정연복 -

영혼이 맑은 사람은

자기를 티 내지 않는다.

나 여기 있다고 수다스럽지도 않고

나를 좀 알아 달라 안달을 떠는 법도 없다.

그냥 들꽃같이 조용하고 다소곳하다.

그런데도 사람들은 느낌으로 금방 알 수 있다.

꽃향기 바람 타고 멀리멀리 날아가듯

하늘이 제 모습 감출 길 없듯

해맑은 영혼이 풍기는 은은한 그 향취

우리 마음에 와 닿아 생명을 살리는 기운이 된다.

(2) 진실하게 사는 것이다

진실이란 사람의 마음이 정직한 것이다. 마음에 거짓이 없어야 한다. 정직하기 위해서는 마음에 거짓이 있어서도 안 되지만 바른 마음과 거짓된 마음이 섞여 있어서도 안 된다. 바른 마음만으로 꽉 차 있는 상태가 진실이다. 마음이 충실하다는 것이다.

진실과 거짓의 싸움터가 경찰서다. 범인은 진실이라며 경찰관에게 자기 말을 믿어 달라고 큰소리를 치고 경찰관은 거짓말하지 말고 진실을 말하라고 추궁한다. 겉으로 봐서는 범인이 진실을 이야기하는데 경찰관이 그 진실을 믿어주지 않는지 아니면 범인이 거짓말을 하는지 알기 어렵다. 증거를 하나씩 들이대면 진실이라며 거짓말을 하던 범인이 진실을 토로하지만, 증거가 빈약한 사건은 서로 자기가 진실이라며 경찰과 범인이 대립한다. 진실은 하나다. 하나인 진실을 가지고 사람들은 서로 다른 이야기를 늘어놓으며 자기가 진실이라고 한다. 그래서 하나인 진실이 여러 개의 사실로 갈라진다. 진실인 사실도 못 믿고 거짓인 사실도 진실인 양 행세하기도 한다. 이것이 현실이다.

사람이 사람을 믿지 못하게 되자 영악한 사람들이 그냥 있을 리 없었다. 사람이 거짓말을 하는지 아닌지를 가려내는 기계를 만들어 냈다. 거짓말 탐지기라는 기계다. 사람이 거짓말을 할 때 온전한 상태와는 다른 신체적 반응이 나타나는 것을 이용하여 거짓인지 참인지를 가려내는 기계다. 그러나 재판에서는 거짓말 탐지기의 측정 결과를 증거자료로 사용하지 못하도록 제한하고 있다. 기계도 못 믿겠다는 것이다. 다만 보조 자료로 이용할 뿐이다.

참기름에도 '진짜'라고 써 붙이지만, 그것을 믿는 사람이 없다. 손님이 몰리는 식당 골목에는 '원조'만으로는 부족해서 '진짜 원조'라는 간판을 달지만, 여전히 믿기는 어렵다.

거짓과 진실을 밝혀낼 마땅한 방법이 없게 되었다. 거짓이 사실로 둔갑하고 진실도 진실로서 믿음을 살 수 없는 사회가 된 것이다. 이런 사회를 두고 신뢰를 잃은 사회, 불안이 판치는 사회, 정직하지 못한 사회라고 한다.

옛날 선비들은 진실을 최고의 덕목으로 알고 신독愼獨이라는 사상을 행동 지침으로 삼았다. 유주라는 사람이 지은 『유자신서』의 「신독」 편에는 행불괴영行不愧影이라는 말이 나온다. '홀로 있어도 스스로 부끄럼이 없어야 한다.'는 뜻이다.

행불괴영은 '독립불참영 독침불괴금獨立不慙影 獨寢不愧衾(혼자 있어도 자기 그림자에 부끄러움이 없고, 홀로 잘 때도 자기 이불에 부끄러움이 없어야 한다)'에서 따왔다고 한다.

옛날 선비들은 이 문구를 좋아한 나머지 머리맡에 써 붙이고 살았다고 하니 진실한 삶을 살고자 했던 옛 선비들의 정신을 가늠해 볼 만하다.

강원도 영월에는 조선 제6대 임금인 단종의 능이 있다. 장릉이다. 이곳에 가면 진실한 사람의 이야기를 들을 수 있다. 영월 호장 엄흥도의 이야기다.

　단종이 세조에 의하여 상왕에서 노산군으로 강등되어 영월의 청령포에 유배되었다가 17세에 죽임을 당하였다. 그 주검이 까마귀의 밥이 되도록 동강에 버려지고 '누구든지 손을 대면 3족을 멸한다'는 어명이 내려졌다.

　이런 서릿발 같은 어명에 반한다는 것은 자신의 목숨은 물론 삼족까지 버려야 하는 엄청난 위험이었다.

　누구 하나 거들떠보지 못하는 상황에서도 엄흥도는 '이것은 사람의 도리가 아니다'라고 판단했다. 통곡하면서 거적에 싸인 단종의 시신을 수습하여 현재의 단종묘가 있는 장능莊陵자리에 무덤을 만들고 장사를 지냈다. 이때 주변 사람들이 엄흥도에게 화가 있을까 두려워 말리자 엄흥도는 "위선피화 오소감심爲善被禍 吾所甘心(옳은 일을 하고 해를 당하는 것은 내가 달게 생각하는 바라)"이라면서 단호했다. 엄흥도는 시신을 수습하고는 대를 이을 어린 아들 하나를 데리고 영남 땅 어디론가 훌훌 떠나 버렸다.

　후세에 엄흥도의 진실이 알려지기 시작했다. 선조 때 엄흥도의 종손인 엄한례嚴漢禮에게 호역戶役을 면제하고 단종의 묘역을 수호하게 하였다. 현종 때는 송시열의 주청으로 자손을 등용하게 하였다. 영조 임금은 엄흥도에게 충의공忠毅公이란 시호를 내리고 사육신과 더불어 영월 창절사彰節祠에 그의 신주를 모시도록 하였다.

　진실은 엄흥도의 사례와 같이 자기 대에서 알려지지 않더라도 후세에서야 알려지기도 한다. 진실은 누가 알아주든 안 알아주든 그만한 가치가 있는 일이다.

　진실은 당당한 사람을 만들어 낸다. 내면 깊은 곳에서 우러나오는 양심이 든든하게 받쳐 주기 때문이다. 바른 양심이 진실이고, 그 양심이 바로 정직이다.

(3) 성실하게 사는 것이다

성실은 사람의 행동이 정직한 것이다. 성실이란 새로운 가치를 창조하기 위한 스스로의 희생이다. 여기서 희생이란 육체적인 노력일 수도 있고 마음을 쏟는 정성일 수도 있다. 생명을 가진 자연계는 식물이건 동물이건 그 생명을 유지하고 성장하고 종족 번식의 잠재력을 발휘하려면 부단한 자기희생이 필요하다. 만물의 영장인 사람에게는 다른 자연계보다 월등한 가치 창조의 사명감을 가지고 있기 때문에 한 차원 높은 자기희생이 필요하다. 자기희생과 새로운 가치 창조와는 비례한다. 성실하지 않고는 아무것도 취할 수 없다. 성실의 크기만큼 얻을 수 있는 가치의 크기가 결정되는 것이다. 이것이 성실의 방정식이다. 이 공식에는 변수도 없고 거짓도 없다. 성실성이 정직성의 근원이 되는 이유다.

축구 해설가로 인기를 얻고 있는 이영표가 선수 시절에 미국 원정 경기에 갔을 때의 일이다. 열네다섯 살 정도 되어 보이는 아이와 그 아이의 아버지가 이 선수에게 와서 물었다. "어떻게 하면 축구선수로 성공할 수 있습니까? 가장 중요한 한 가지만 말씀해 주십시오." 2~3분간의 짧은 대화였지만 이 선수는 숙소로 돌아오는 내내 그 질문이 머릿속에서 떠나지 않았다. 이유는 어린 시절 본인 자신에게 수도 없이 던졌던 바로 그 질문이었기 때문이다.

'어떻게 하면 축구선수로 성공할 수 있을까? 축구선수로 성공하기 위해서는 무엇이 필요한가?' 이 선수는 1993년 고등학교에 입학했을 때 축구를 더 잘하기 위해 순발력과 민첩성의 필요성을 느꼈고 고민 끝에 줄넘기 2단 뛰기를 매일 저녁 1,000개씩 하기로 마음먹었다. 처음엔 100개 정도를 하면 너무 힘들어서 한 번에 100번씩 10번으로 나누어 1,000개를 하곤 했다. 주말을 제외하고 이렇게 매일같이 2년을 했을 때 이 선수는 자연스럽게 2단 뛰기 1,000개를 한 번에 할 수 있게 됐다.

그 2년이라는 시간동안 줄넘기가 두 번 끊어졌는데 한 번은 손잡이와 줄 사이에 있는 쇠고리가 서로 갈려서 마찰에 의해 끊어졌고, 한 번은 보통 2단 뛰기는 공중에서 하기 때문에 줄이 땅에 닿지 않지만 100번을 하고 호흡을 채울 때 1단 뛰기를 쉬지 않고 해야 하기 때문에 바닥에 줄이 닳아서 끊어졌다. 핸드메이드로 튼튼하게 만들어진 2개의 줄넘기가 끊어졌던 순간 이 선수의 마음속에 넘쳐흘렀던 오묘한 기쁨은 아직도 잊을 수가 없었다. 2단 뛰기도 제대로 하지 못했던 본인이 2학년이 되고 3단 뛰기 100번을 하고 있는 자신을 보면서 이 선수는 노력이 어떠한 일을 만들어 내는지 스스로를 보고 놀랐다. 축구선수로 성공하기 위해 뭔가 특별한 비책이나 지름길을 기대 했을지 모를 아이와 아버지의 질문에 이 선수가 대답 할 수 있는 것은 이것이 전부였다. "내가 경쟁하고 있다고 생각하는 친구들보다 더 열심히 더 많이 노력하면 됩니다."

성실은 나 자신에 대한 도리요 의무이다. 성실은 나 자신과의 경쟁이며 싸움이다. 내 안에서의 고통과 인내가 필요하다. 남을 원망하고 환경을 탓하지 않는다. 성실은 내 안에서 가장 큰 존경의 대상이며 자긍심이며 보람이다. 자신에게 성실하지 않으면 그의 삶과 존재는 쭉정이가 되고 만다. 영혼이 맑고 진실된 사람이라도 행동이 성실하지 못하면 정직할 수 없다. 행동이 성실할 때 정직이 그 본래의 힘을 낼 수 있게 된다.

영국의 극작가 셰익스피어는 "내가 가장 존경하는 사람은 친구의 집에서 잡일을 하는 하인이다."라고 말했다. 셰익스피어가 친구 집을 방문하였는데 친구가 외출 중이었다. 하인이 내다 준 차 한 잔을 마시면서 친구를 기다렸다. 기다리다 우연히 주방을 들여다보고는 시선을 뗄 수가 없었다. 하인은 아무도 보지 않는 주방을 청소하면서 카펫 밑을 열심히 청소하고 있었다. 셰익스피어는 하인의 성실함에 감동하였다.

그 모습을 보고 난 후 셰익스피어는 '가장 존경하는 사람이 누구냐?'는 질문을 받으면 "혼자 있을 때나 누가 지켜볼 때나 묵묵히 자기 일에 최선을 다하는 친구 집 하인이 가장 존경스럽다."라고 말했다.

성실이란 양심에 견주어 그 행동이 거짓이 없는 것이다. 최선을 다하는 것이다. 게으르거나 잔꾀를 부리거나 사악해서는 안 된다. 동서고금을 막론하고 성실하지 않고 부자가 된 사람은 없다. 있다면 그 사람은 십중팔구 도둑질을 했을 것이다. 설사 성실하지 않고 부자가 된 사람이 있다 하더라도 그 사람은 부자의 자격이 없다. 자격이 없는 부자를 졸부라고 부른다. 자격을 갖춘 부자가 되기 위해서는 돈을 버는 과정과 방법이 정당해야 한다. 자격을 갖춘 부자는 손가락질의 대상이 절대 아니다. 존경의 대상이고 본받아야 할 대상이다. 부자는 성실한 사람이기 때문이다. 정직한 사람이기 때문이다. 부자라는 말은 참 좋은 말이다. 새해맞이 덕담으로 '부자 되세요!'라고 하면 그보다 기분 좋은 말이 없다. 그런데도 우리나라에서 부자는 과연 그런 대우를 받는지 모르겠다. 대우를 받지 못한다면 그 이유가 어디에 있는지도 생각해볼 일이다.

미국의 정치가이며 사업가인 벤저민 프랭클린도 "정직과 성실을 그대의 벗으로 삼아라! 아무리 누가 그대와 친하다 하더라도 그대의 몸에서 나온 정직과 성실만큼 그대를 돕지는 못하리다. 남의 믿음을 잃었을 때 사람은 가장 비참한 것이다. 백 권의 책보다 하나의 성실한 마음이 사람을 움직이는 힘이 더 클 것이다."라면서 성실을 찬양했다.

성실하게 사는 사람을 대표적으로 꼽는다면 농부를 들 수 있다. 농부는 '흙은 거짓말 하지 않는다.'는 것을 믿는다. '채송화를 심으면 채송화가 나고 나팔꽃을 심으면 틀림없이 나팔꽃이 난다.'는 것을 믿는다. 봄에 씨를 뿌리지 않으면 가을에 거둘 것이 없다는 것을 잘 안다. 여름에 일하지 않으면 겨울에 먹을 것이 없다는 것도 잘 안다. 겨울에 종자를 남겨 두지 않으면 봄에 심을 씨앗이 없다는 걸 잘 안다. 그래서 농부는 굶어 죽을지언정 농사지을 종자는 베고 잔다고 한다. 이런 마음이 농부의 정성이다. 가뭄이 들어 씨를 뿌리지 못하는 상황에서도 농부는 하늘을 핑계 삼아 가만히 앉아 있지 않는다. 샘을 파든 물을 긷든 어떤 방법이라도 씨를 뿌리고 가꾼다. 가뭄, 폭우, 폭풍 등 그 어떤 고난과 환경을 극복하고라도 기어코 가을 추수거리를 만들어 내고야 만다. 농부는 잠시도 쉴 틈이 없이 일한다. 이러한 농부의 정성, 농부의 행동이 성실이다.

시대가 바뀌어 농경사회가 정보화 사회로 발전하고 아이디어 하나로 큰 부를 이루는 지식 경제 시대, 디지털시대에서 살고 있어도 성실의 원칙은 변하지 않는다. 공부하는 사람은 열심히 공부해야 한다. 회사에 나가 일하는 사람은 정성을 다해 일해야 한다. 공무원도 정성을 다하여 국민을 섬겨야 한다. 예나 지금이나 성실한 사람만이 잘 살 수 있다. 디지털 시대의 참신한 아이디어도 성실하지 않으면 떠오르지 않는다. 성실하다는 것은 행동이 정직하다는 것이다. 행동의 정직이 이렇게 소중하다.

(4) 겸손하게 사는 것이다

겸손이란 사람의 태도가 정직한 것이다. 사람은 관계의 연속선 상에서 살아간다. 사람과 사람, 사람과 사물, 사람과 자연의 관계를 유지하면서 살아가는 것이다. 이러한 관계에서 갖는 자세가 곧 태도이다.

겸손이란 나를 낮추고 상대방을 높이는 것이다. 낮추는 것이야 말로 진정 상대방을 존중하며 동시에 나를 존중하는 것이다. 낮출 때 세워지고 세울 때 구겨지는 것, 이것이 사람과 사람, 사람과 사물, 사람과 자연에서 일어나는 관계의 공식이다.

도가 사상의 창시자인 노자는 '강하고 큰 것은 아래에 머물고 부드럽고 약한 것이 위에 있게 되는 것이 자연의 원칙이다. 지극히 부드러운 것이 강한 것을 지배하게 된다.'라고 말했다. 버드나무 가지가 눈사태에 부러지지 않듯 노자는 유연함을 생명의 상징으로 보았다.

만약 나를 낮추지 못하고 목에 힘을 좀 넣어 본다고 하자. 거드름을 피워보자. 상대를 얕잡아 보고, 짓밟아 그 위에 내가 올라타 보자. 나의 존엄성이 얼마나 지켜질까. 나의 자존심이 얼마나 세워지고 높아질까? 얼마나 많은 사람이 나의 권세를 존경하고 따를까? 부끄럽고 창피하고 한없이 위태로워질 것이다.

내가 '야'하고 물으면 상대방은 '뭐'하고 대답한다. 내 입이 거칠면 상대방의 입은 까칠할 것이고, 내 입이 아름다우면 상대방의 입은 천사의 입으로 변할 것이다.

상대방이 나의 이야기를 들어주기 바란다면 내가 먼저 상대의 말을 들어줘야 한다. 따뜻한 마음을 받고 싶으면 내가 먼저 따뜻한 마음을 전해줘야 한다. 인정받고 싶다면 내가 먼저 그 사람을 인정해줘야 한다. 이렇게 사는 것이 인간관계 정석이다.

겸손은 많은 것을 얻을 수 있는 미덕이다. 겸손하면 추락하는 아픔을 줄일 수 있다. 낮추기 때문에 추락할 위험이 없다. 낮추면 넘어져도 다칠 위험이 없다. 낮출 줄 모르고 세우려고만 하다가는 머리를 부딪칠 위험까지 감수해야 한다.

아무나 낮출 수 있는 것도 아니다. 진정으로 용기 있는 사람만이 겸손할 수 있다.

미국 애플사의 최고 경영자 스티브 잡스는 2005년 6월 12일 스탠퍼드대 졸업식에서 겸손한 연설로 그의 이름을 날렸다.

"저는 대학을 졸업하지 못했습니다. 저는 대학 6개월을 다니다 자퇴했습니다. 도강하며 학교를 맴돌다 18개월이 지나서야 그만두게 되었습니다. 사실을 말하자면, 내가 대학 졸업식을 이렇게 가장 가까이에서 보는 것도 처음입니다.

저는 미혼모의 아들입니다. 제가 태어났을 때 친어머니는 갓 대학을 졸업한 어린 미혼모였기 때문에 저를 입양 보내기로 했습니다. 친어머니는 저를 변호사 가정에 입양 보내고 싶었지만, 뜻이 이루어지지 않았습니다. 입양한 가정의 어머니는 대학 졸업자가 아니고 아버지도 고등학교도 졸업하지 못했습니다. 노동자 계층인 부모님이 저축해서 모은 돈으로 학비를 충당했습니다."

졸업식 참석자는 물론 많은 사람의 마음을 움직였다. 이 연설이 사람들의 마음을 사로잡은 건 바로 겸손 때문이었다. 공개된 대학 졸업식에서 보통 사람도 꺼내기 어려운 아픈 과거를 세계적 기업의 최고 경영자가 당당히 밝혔다. 대단한 용기다.

미국 대통령 링컨이 취임연설을 위해 연단에 섰을 때 한 상원의원이 "당신이 대통령이 되다니 정말 놀랍소. 당신의 아버지가 신발 제조공이란 사실을 잊지 마시오. 내가 신은 이 신발도 바로 그가 만든 것이오."라며 큰 소리로 말했다. 사람들 앞에서 링컨의 출신 성분을 들춰내 망신을 주려 했던 것이다. 만약 이때 링컨이 "왜 아버지 직업을 가지고 문제 삼는 거요."라고 대답했다면 그 말을 던진 상원의원과 신경전을 벌이는 상황이 되고 말았을 것이다. 많은 사람은 싸움 구경에 흥미를 느꼈을 것이다.

그런데 링컨은 눈물이 그렁그렁한 눈으로 "고맙습니다. 아버지는 완벽한 솜씨를 가진 분이셨습니다. 만약 신발이 불편하다면 저에게 말씀해 주십시오. 저는 훌륭한 신발 제조공의 아들입니다. 온 정성을 다해 고쳐드리겠습니다."라고 겸손하게 말했다. 그 말은 사람들에게 감동을 주었고 망신을 주려 했던 상원의원을 은근히 덕목이 없는 사람으로 만들어 버렸다.

중세 시대 프랑스 영성 신학자로 이름을 날린 끌레르보의 베르나르는 이렇게 말했다. 낮고 천한 곳에 있을 때 겸손해지는 것은 그리 대단한 일이 아니다. 그러나 칭송을 받고 있을 때 겸손해지는 것은 실로 대단한 일이며 성취하기 어려운 일이기도 하다.

Honest 2

정직하지
못하면?

(1) 위험에 둘러싸여 한 발짝도 내딛지 못한다

1994년 10월 21일 서울 한강의 성수대교 상판이 내려앉았다. 이 사고로 49명이 한강으로 추락하였다. 그 가운데 32명이 사망하고 17명이 다쳤다. 이 사고의 원인은 정직하지 못한 시공과 관리였다. 대교 건설 당시 다리 밑 부분을 이루고 있는 트러스가 제대로 연결되지 않았으며, 다리에 가해지는 압력을 분산시키는 이음새에도 결함이 있었다. 볼트 삽입 공정에도 문제가 있었다. 볼트를 무리하게 집어넣다가 구멍의 모양이 변형되어 볼트의 강도가 약해졌다. 다리를 건설한 후 사용, 관리에도 문제가 있었다. 성수대교의 하중은 32.4톤이었지만, 40톤이 넘는 과적 차량이 자주 통과하였다. 붕괴가 예견되었지만, 점검이 제대로 이루어지지 않았다. 건설사의 정직하지 못한 부실공사와 감리 담당 공무원의 정직하지 못한 감사, 거기에 정부의 바르지 못한 안전 검사까지 겹쳐져 발생한 사고였다. 한 가지라도 정직하지 못하면 아픈 결과를 낳기 마련인데 몇 개씩이나 겹치니 낭패를 피할 수 없게 된 것이다. 상판이 내려앉은 성수대교를 완전히 철거하고 1997년 7월에 새로 건설했다.

1995년 6월 29일 오후 5시 57분경 서울특별시 서초구 서초동에 있던 삼풍백화점이 주저앉았다. 502명이 사망하고, 937명이 다치고, 6명을 찾지 못했다. 피해액은 약 2,700여 억 원으로 추정했다. 피해자 중 당시 스무 살이던 최명석 군은 11일, 당시 열여덟 살이던 유지환 양은 13일, 열아홉 살이던 박승현 양은 17일 동안 갇혀 있다가 극적으로 구조되었다. 생존자 중 유지환 양은 구조 직후 "지금 가장 먹고 싶은 게 무엇이냐?"라는 질문에 "냉커피가 마시고 싶다."라고 대답하여 화젯거리가 되기도 하였다.

이 사고의 원인은 정직하지 못한 증축이었다. 계획 당시의 건물은 지하 4층에 지상 4층이었다. 그러나 관계기관의 승인 없이 5층으로 확장했다. 이에 따라 기둥이 버텨야 할 무게는 더 늘었다. 넓은 매장 공간을 확보하기 위해 건물의 벽을 없앴다. 그 벽이 없어지는 바람에 기둥에만 무게가 집중되었다. 에스컬레이터를 만들기 위해 각 층에 구멍을 뚫었는데 이때 사라진 구멍만큼 콘크리트가 사라지면서 옆에 있는 기둥이 버텨야 하는 무게는 더 늘었다. 무게를 견디지 못한 기둥이 무너진 것이다. 정직이 무너진 것이다.

위 두 사건 외에도 1999년 10월 30일 인천시 중구 인현동 호프

집 화재로 54명이 사망하고 71명이 다친 일명 인천 호프집 사고, 192명이 사망하고 21명이 실종되었으며 151명이 다친 2003년 2월 18일 대구 도시철도 1호선 중앙로역 방화사건, 2014년 4월 16일 청해진 해운 소속의 인천발 제주행 연안 여객선 세월호가 전복되어 탑승자 476명 중 295명이 사망하고 9명이 실종되는 사고가 연이어 발생했다. 국민의 가슴을 쓸어내린 대형사건 사고의 원인은 하나같이 '정직하지 못한 행위'였다.

세월호 사고 이후 우리 국민은 안전의식에 대한 중요성을 인식하는 것처럼 보였다. 정부에서는 사고 예방과 구조 책임을 물어 해양경찰을 해체하고 국민안전처를 신설하기도 했다. 실효성의 유무를 따지기 전에 안전에 대한 공감대를 형성하고 재발을 예방하기 위하여 새로운 방안을 마련하는 것은 그 자체로서 의미 있는 일이다. 그러나 정작 사건사고의 근본 원인인 정직에 대한 언급은 한마디도 없다. 사람의 목숨을 위협하는 대형 사고를 수없이 경험하고도 이러한 사고들이 공통적으로 안고 있는 근본적인 원인을 찾아내려하지 않고 한 사건 한 사건의 사후 처리에만 급급한 안목으로는 또 다른 사고를 예방할 수 없다. 사고의 원인은 부실 시공일 수도 있고, 관리의 부실일 수도 있다. 그러나 그 부실에는 정직하지 못한 사람의 그릇된 마음이 있다는 것을 인식해야 한다. 그 정직하지 못한 마음을 바로 잡지 못하면 사고는 근절되지 않는다. 저수지 둑에 난 구멍을 막기 위해서는 저수지 안에 있는 구멍을 찾아 그 입구를 막아야 한다. 우선 막기 쉽다고 밖에 난 구멍을 막아서는 새는 물을 막을 수 없다. 오히려 더 큰 화를 키울 뿐이다. 우리 사회가 정직하지 못하면 우리의 생명과 신체, 재산을 노리는 위험 때문에 한 발짝도 내딛을 수 없게 된다. 출근하기 위해 문을 나서면 만나는 엘리베이터가 안전하지 못할 수 있다. 승강기 추락 사고가 얼마나 자주 발생하는지 우리는 잘 알고 있지 않은가. 승강기 설치, 관리, 점검이 정직하지 못해서 일어난 사고다. 출근하기 위해 지하철을 타면 누군가 불을 놓을까 걱정을 해야 하고, 다리를 건널 때는 상판이 붕괴되지 않을까 걱정을 해야 한다. 백화점 건물이 무너져 내릴까 걱정이 되어 들어가지 못하고, 비상구가 막힌 호프집에서 친구들과 어울리다 화재로 목숨을 잃을까 걱정하지 않을 수 없게 된다. 정직하지 못한 사회에서는 하루도 살 수 없다. 결국 정직하지 못하면 나의 건강, 우리 가족의 평온, 우리 사회의 행복은 깨어질 수밖에 없다.

(2) 게으른 자여, 그대 이름은 정직하지 못한 자로다

성실의 반대말이 게으름이다. 성실이 행동의 정직이라면 게으름은 정직과 어울리지 않는 말이다. 즉 정직하지 못한 행동이다. 왜 게으름이 정직하지 못한 일일까. 게으름은 자기 부정에서 시작되기 때문이다. 자기 부정은 두 가지로 나눠 볼 수 있다. 첫째, 본인의 사명에 대한 부정이다. 사람은 누구나 이 땅에 태어난 사명이 있다. 이 세상에 태어난 이유가 있다는 것이다. 그 이유를 알지 못하는 것도 부정이고, 그 이유를 알려 하지 않는 것도 부정이며, 그 이유를 알면서도 실행하려는 의지를 가지지 못하는 것도 부정이다. 둘째, 실천하기 위한 용기에 대한 부정이다. 본인의 사명을 마음속에 담고 있어도 그 사명을 위해 마땅히 실행해야 하는 일을 실행하지 못하는 용기의 부정이다. 실행 없는 결과는 없다. 실행 없이 본인의 사명을 성취할 수 없다. 용기에 대한 부정은 스스로 어떤 노력이나 도전도 하지 못하고 한 발짝도 전진하지 못한다.

우리가 주목할 것은 게으름은 자기부정으로 끝나지 않고 또 다른 부정을 잉태한다는 것이다. 게으른 사람에게는 부정과 잘 어울리는 친구들이 스멀스멀 꼬여 들기 시작한다. 부정과 잘 어울리는 것은 역시 부정한 것들이다. 무능과 불만, 시기와 질투, 욕심과 죄악 같은 것들이다. 이런 부정의 친구들은 서로 잘 어울린다. 내 안에 작은 부정이라도 자리를 내주면 그 부정은 주인의 눈치를 보면서 뿌리를 내리기 시작한다. 주인이 단호하게 뽑아버리지 않으면 한 번 잡은 자리를 좀처럼 떠나지 않는 고약한 속성을 지니고 있다. 들어올 때는 주인의 눈치를 보면서 들어왔지만 일단 자리를 차지하면 그때부터는 주인의 마음을 지배하고 결국 주인을 하인처럼 부리며 조종한다. 마치 정신 멀쩡한 사람이 한 잔 두 잔 마시기 시작한 술을 스스로 제어하지 못하고 계속 마시다 보면 사람이 술을 마시는 것이 아니라 술이 사람을 마시듯 부정이라는 놈도 끝내는 주인의 본성을 빼앗아 버리는 것이다. 게으름의 끝은 낭비와 파멸을 맞게 된다. 게으르다는 것은 행동이 정직하지 못한 것이고 정직하지 못한 것의 끝에는 낭패가 따르기 때문이다.

정직한 사람은 게으름이 자기의 인생을 먹어 삼키도록 내버려 두지 않는다. 끊임없이 자신을 각성시킨다. 부정적인 힘이 스며들지 못하도록 빈틈을 주지 않는다. 정직한 마음을 주인으로 삼고 부지런한 행동으로 부정을 배척한다. 그것이 바로 성실이다. 성실하면 본인의 사명을 성취할 수 있다. 사람들은 그것을 성공이라고 부른다. 성공하는 사람은 부지런하고 부지런한 사람은 성공한다. 반면 게으른 사람은 실패하게 마련이고 실패하는 사람은 게으른 사람이다. 이는 정직의 원리에서 나오는 공식이다. 정직하면 성공하고 정직하지 못하면 실패한다. 그대는 부지런한 사람인가? 게으른 사람인가?

호두 농사를 짓는 농부가 신을 찾아가 부탁했다. "딱 1년 동안만 제 뜻대로 날씨를 바꿀 수 있도록 해 주십시오."

농부가 하도 간곡히 사정하는 바람에 신은 그가 1년 동안 날씨에 대해 모든 것을 조종할 수 있도록 허락해 주었다. 그가 햇볕을 원하면 해가 나타나고, 비를 원하면 비가 내렸다. 호두알을 떨어뜨리는 바람도 천둥도 없었다. 농부가 하는 일이라고는 나무그늘 아래 누워서 잠을 자는 것뿐이었다. 이윽고 가을이 돌아왔다. 호두 농사는 대풍이었다. 농부는 기쁨에 들떠 호두 하나를 먹으려고 깨뜨려 보았다. 그런데 세상에! 알맹이가 하나도 없었다. 농부는 빈껍데기 호두를 가지고 신을 찾아가 어찌 된 일이냐고 따졌다. 그러자 신은 웃으면서 말했다.

"고난이 없는 것에는 알맹이가 없는 법이다. 폭풍 같은 시련과 가뭄 같은 고통이 있어야 껍데기 속의 영혼이 깨어나 여무는 것이다."

성공은 시련과 고통을 견뎌 낸 사람에게만 주어지는 과실이다. 이것이 정직이다. 시간과 공간을 넘어 바뀌지 않는 세상의 원칙이다.

철학자이며 의학박사로서 '인류의 형제애'를 위한 노력으로 1952년 노벨평화상을 받은 슈바이처도 이렇게 말했다. "진리에 대한 의지와 마찬가지로 성실성에 대한 의지도 강하지 않으면 안 된다. 성실성에 대해 손뼉을 쳐줄 수 있는 시대만이 그 속에서 정신력으로 살아 움직이는 진리를 소유할 수 있다. 성실성이란 정신 생활의 기본이다. 성실성이 튼튼히 자리하는 곳에 평온이 깃든다. 평온은 성실성의 깃발이다."

사람은 노동을 통해서 경건한 마음을 얻는다. 성공을 원한다면 부지런해야 한다. 성공은 부지런한 자만이 얻을 수 있다. 이를 거스르는 게으른 자여, 그대 이름은 '정직하지 못한 자'로다.

(3) 가장 큰 피해자는 바로 나다

정직하지 못한 사람은 누구에게 가장 큰 피해를 줄까? 경찰관으로 근무하는 동안 많은 사건 사고를 처리했다. 그 경험에서 얻은 것이 있다면 '정직하지 못한 일로 가장 큰 피해를 보는 사람은 바로 정직하지 못한 본인'이라는 것이다. 왜 사람들은 정직하지 못한 짓을 하는 걸까? 힘들이지 않고 필요한 것을 얻기 위해서가 대부분이다. 비록 다른 사람에게는 손해가 가도 나에게는 이익이 될 속셈에서 바르지 못한 짓을 저지른다. 하지만 사실은 그렇지 않다. 다른 사람에게도 피해가 가지만 가장 큰 피해는 정직하지 못한 본인이 입게 된다. 그런데 그것을 아는 사람은 많지 않은 것 같다. 여러분에게 묻겠다. 여러분은 여러분을 가장 괴롭히는 사람이 과연 누굴까 생각해 본 적이 있는가?

직장 상사?

시어머니?

바가지 긁어대는 마누라?

날이면 날마다 술에 절어 들어오는 남편?

시도 때도 없이 불러내는 친구?

거리의 흉악범?

아니다. 여러분 자신이다. 여러분이 여러분 자신을 가장 못살게 구는 사람이다.

2014년도 범죄통계에 의하면 범죄로 목숨을 잃은 사람은 393명이다. 같은 해 자살자는 1만 3,836명이었다. 자살이 무엇인가?

내가 나를 죽이는 범죄이다. 자살은 범죄가 아닌 것으로 아는 사람이 많은데 잘못 아는 것이다. 자살은 엄연한 범죄다. 남의 목숨을 빼앗는 것이나 내 목숨을 내가 빼앗는 것이나 똑같은 살인이다. 우리나라 형법은 제24장 살인의 죄에 '자살의 교사 또는 방조(제22조)' '위계 또는 위력에 의한 자살 결의(제23조)'를 그 미수범까지 처벌하고 있다. 단지 자살하는 사람을 처벌하지 않는 것은 범죄가 아니라서 처벌하지 않는 것이 아니라 처벌할 대상이 이미 사망했기 때문에 처벌을 못할 뿐이다. 그래서 형사소송법상 자살자를 '죄 안 됨'으로 처리하지 않고 '공소권 없음'으로 종결한다.

2014년도 범죄통계로 보면 타인에게 살해당할 확률보다 나에게 살해당하는, 즉 자살로 생명을 잃을 확률이 35배나 많다. 누구를 조심해야 하겠나? '나도 믿지 못하는 세상'이란 바로 이런 걸 보고 하는 말이다. 남보다 내가 나 자신을 스스로 못살게 하는 것이다.

왜 그럴까. 그 원인을 살펴보면 정직하지 못한 데 있다. 내가 나를 속이는 것이다. 내 마음이 나의 육체를 거짓으로 대하고, 밖에서 침입한 잡념들이 내면의 양심을 짓누르고 주인 행세를 하기 때문이다.

2015년도에 충남의 어느 병원에서 있었던 일이다. 위염으로 입원한 환자가 약을 먹기 위해 병실 냉장고에 있던 보리차를 마셨다. 한 모금 삼키려고 하는데 뭔가 이상하다는 느낌을 받았다. 입 안이 타들어 가는 느낌이었다. 얼떨결에 일부는 삼키고 일부는 뱉어냈다. 진찰 결과 입 안과 식도가 타버렸다는 소견이라 큰 병원으로 옮겨 치료를 받았다. 경찰서에서 수사한 결과 환자가 마신 것은 사람이 마시면 사망하는 독극물로 밝혀졌고, 보리차에 독극물을 탄 사람은 환자 옆에서 환자를 돌보던 부인이었다.

환자는 어처구니가 없었다. 자기 부인이 범인이라는 것을 알고 나니 의아한 생각이 들었다. 위염을 앓게 된 동기를 의심하지 않을 수 없었다. 그도 그럴 것이 지금껏 한 번도 뱃병에 걸려보질 않았다. 누구 못지않게 소화기만큼은 튼튼했는데 왜 내가 위염에 걸렸지? 배가 아프기 시작한 것은 몇 개월 전부터였다. 수사결과 이미 그때 부인이 남편을 살해하기 위해 소량의 독극물을 희석해 마시게 하였고, 그로 인해 남편이 위염에 걸렸던 것으로 밝혀졌다.

남편을 살해하려 한 이유는 황당했다. 남편 몰래 사귀어오던 다섯 살 연하의 내연남과 함께 살기 위해서였다. 남편을 살해하고 내연남과 살면 과연 얼마나 더한 행복을 얻을 것으로 기대하고 이런 황당한 일을 벌였을까? 결국 이 부인은 내연남과 행복하게 살 수 있었을까? 내연남과의 행복은 고사하고 쇠고랑을 차고 어두운 감옥으로 직행했다.

정직하지 못한 피해는 본인이 가장 먼저 입는다는 사실을 알았으면 좋겠다. 그걸 알면 정직하지 못한 짓을 하지 않을 텐데. 사람들은 이걸 알지 못한다. 배운 것이 많은 사람들, 그래서 높은 지위에 오르고, 돈을 많이 모은 사람들도 간단한 이 상식을 몰라 낭패를 당한다. 참으로 안타까운 일이다.

사람은 정직해야 한다. 사람이 가는 길은 늘 두 길이 있다. 정직한 길과 정직하지 못한 길, 좀 어려운 길과 쉬운 길, 빨리 갈 수 있을 것처럼 보이는 길과 멀게 느껴지는 길이다. 당장은 힘들고, 불편하고, 멀어 보이는 길이라도 그 길이 바른길이라면 그 길을 택해야 한다. 결국 그 길이 편안한 길이고, 빨리 가는 길이다. 신은 인간에게 두 길 중에 한 길을 선택하게 한다. 바른길을 가는 사람에게 당장은 어려움을 주지만 결국엔 그에게 보상을 주며 그를 향하여 웃는다.

(4) 내 아이가 불안하다

2011년 1월, 내가 안산 단원경찰서장으로 부임했을 때의 일이다. 제일 먼저 찾은 곳은 어느 초등학교 통학로에 있는 상가 건물의 화장실이었다. 초등학교 앞을 가로 지르는 큰길로 연결되는 편도 1차로의 골목길이지만 다시 세 갈래 길로 갈라지는 곳이라 골목길치고는 답답해 보이지 않았다. 더구나 길 양쪽으로는 카센터와 작은 교회건물이 엇비슷하게 마주 보고 있었고 사람들의 통행이 잦은 곳이라 음습해 보이지도 않았다. 더구나 이곳에서 70여 미터만 가면 초등학교가 있는 곳이라 어린이들도 제법 많이 오가는 길이다.

이 길옆에는 아래층에는 상가 위층에는 교회가 입주해 있는 건물이 있고 그 건물 1층에 남녀 공용 화장실이 있었다. 겉보기에는 특별나지도 않은 화장실이지만 이곳 화장실을 찾은 내 마음은 착잡할 뿐이었다. 설마 이런 곳에서 그런 끔찍한 일을 저지를 수 있었을까. 유리문 하나로 막혀져 안에서 큰 소리를 지르거나 누군가 관심을 갖고 지켜보기만 했어도 막을 수 있을 있었을 텐데. 불과 2년여 전인 2008년 12월에 이곳에서 여덟 살 어린이를 강간, 상해한 사건이 발생했다. 다시는 이런 일이 일어나서는 안 되겠다는 마음에서 과거 범죄현장을 방문했지만 경찰관으로서 범죄를 예방하지 못한 안타까움과 범인에 대한 분노가 치밀어 올랐다.

범인은 당시 56세의 조두순으로 과거 강간치상죄로 징역 3년을 선고받은 전력이 있는 자였다. 그는 술에 취해 있었다. 아침 8시

30분쯤 학교에 가기 위해 골목길을 지나가던 어린이에게 접근하여 교회에 다녀야 한다면서 이곳 1층 화장실로 끌고 왔다. 어린 피해자에게 몹쓸 짓을 시키고 이를 거부하자 주먹으로 피해자의 얼굴을 여러 번 때렸다. 피해자가 울자 시끄럽다면서 입으로 피해자의 볼을 깨물고, 피해자의 목을 졸라 기절시키기까지 했다. 피해자가 항거 불능한 상태에서 바지와 팬티를 벗기고 끔찍한 짓을 저질렀다. 범인은 부당한 성적 욕구를 충족시키기 위하여 8세에 불과한 어린이를 희생시킨 것이다. 피해 어린이는 이 범죄로 인하여 복부의 장기가 몸 밖으로 노출될 정도로 참혹한 피해를 입었다. 영구적 상해를 당해 즉시 수술을 받지 않았다면 생명이 위험할 지경이었다. 신체의 일부가 심하게 훼손되어 그 기능을 상실함으로써 앞으로도 정서적·육체적 성장 과정에서 심한 고통을 받을 것이고, 평생 장애를 안고 살아가게 되었다.

범죄를 예방하고 통학로 안전을 지켜야 하는 경찰로서 온몸 가득 책임감이 느껴졌다. 사회가 구성되면서 범죄는 생긴다고 하지만 언제부터 우리 사회가 이렇게 끔찍하게 타락하였을까.

조두순 사건이 발생하기 1년 전인 2007년 12월 23일, 경기도 안양에서는 초등학교 4학년인 열 살 여자 어린이와 초등학교 2학년인 여덟 살 여자 어린이 두 명이 동시에 납치되어 살해된 사건이 발생했다. 경찰의 수사에도 이렇다 할 단서도 못 찾았다. 신고 보상금을 2천만 원에서 3천만 원으로 올렸으나 제보는 들어오지 않았고 수사는 더 이상 앞으로 나가지 못했다. 다음 해 3월 경기도 수원시 인근 야산에서 시신이 발견되었다. 국립과학수사연구원에서 부검 결과 안양에서 납치된 열 살 어린이로 밝혀졌다. 수사는 급진전되어 납치된 어린이의 집에서 130여 미터 떨어진 곳에 혼자 사는 당시 38세 남자를 범인으로 검거했다.

범인은 혐의를 완강히 부인했다. 두 아이를 교통사고로 숨지게 한 후 당황하여 시신을 유기하였다고 말을 바꾸었다. 그러나 교통 사고 흔적이 없다고 경찰이 추궁하자 결국 두 아이를 납치해 살해 했다고 자백했다. 범인이 사체를 유기했다고 지목한 경기도 시흥 시 군자천을 수색하던 군인이 여덟 살 어린이의 것으로 추정되는 토막 난 오른쪽 팔을 찾아내고 추가로 나머지 사체도 발견했다. 범 인은 안양시의 한 자취방에서 은둔하며 지내다 두 초등학생에게 접근하여 안양 시내를 구경시켜준다며 유인, 성폭행하고 살해 후 에 암매장한 것으로 드러났다.

범인은 유년기에 아버지로부터 폭력과 학대를 당하였고 초등학 교와 중학교 재학 당시에는 친구들로부터 잦은 괴롭힘에 시달려 고등학교 생활에도 적응하지 못하였다. 청년기에 접어들면서 사 귀었던 여성들에게 일방적으로 실연을 당하면서 여성에 대한 배 신감과 적개심, 혐오감을 갖게 되어 범행을 계획하게 되었다고 진 술했다.

어린이를 대상으로 한 성폭행 살인 사건은 여기서 그치지 않았 다. 2010년 2월에는 부산에서 중학교 입학을 앞둔 여자 어린이가 나체로 숨진 채 발견되었다. 경찰 수사결과 당시 33세인 남자가 피해 어린이를 납치해 주택가에서 성폭행 후 목을 졸라 살해하고 시신을 유기했다. 범인은 열일곱 살부터 절도혐의로 소년원에 드나들기 시작하였으며, 고등학교 1년을 다니다 그만두었다. 이후에도 폭행, 절도, 구타 등 각종 범죄를 저질렀고, 스무 살에는 성폭력 미수, 스물한 살에는 부녀자 감금 성폭행으로 교도소에서 8년 동안 복역하고 2009년에 출소하였다. 2010년 1월 20대 여성을 성폭력하고 감금한 혐의로 수배를 받아 오던 중 범행을 저지른 것이다.

2010년 6월 7일에는 서울의 한 초등학교 운동장에서 여덟 살 여자 어린이에게 흉기를 들이대고 협박하여 눈을 가린 후 1km 떨어진 자신의 집으로 끌고 가 성폭행하는 사건이 발생했다. 피해자는 국부에 심한 상처를 입어 6시간에 걸친 대수술을 받았다. 의료진은 피해자의 상처는 완전히 회복하기 힘들 것이라고 말했다. 범인은 당시 45세 남자로 음란 동영상을 시청한 후 성욕을 충족하기 위해 범행을 저질렀다.

정직하지 못한 사회에서는 우리 아이들이 불안하다. 위 사례에서 보듯 정직성의 상실이 끔찍한 범죄를 불러오고 그 피해는 아이들이 가장 크게 입는다. 아이들이 피해가 큰 이유는 아직 범죄 인지 능력이 발달하지 못한 데 있다. 범인의 유혹에 빠지기 쉬워 납치되기도 하고 다른 범죄에 이용되기도 한다. 범죄에 저항할 만한 힘이 없어 범죄 대응 능력이 떨어진다. 또한 신체적·정신적으로 성장기라서 자칫 외부의 충격을 받으면 그만큼 후유증이 크고 오래 간다. 어린이들에 대한 성범죄를 흔히 '영혼을 짓밟는 범죄'라고 하는 것도 이런 뜻에서 나온 말이다. 그래서 어린이는 보호의 대상이고 위험에 노출되지 않도록 어른들이 관심을 가져야 한다. 그럼에도 못된 어른들에 의해서 우리의 어린이가 피해를 당하고 있다. 정직하지 못한 사회의 가장 큰 약자는 우리 아이들이다. 정직하지 못한 사회가 개선되지 않는다면 우리 아이들의 불안도 가시지 않을 것이다.

왜 정직하지 못할까?

(1) 본질과 현상을 구별하지 못해서

캐나다에서 있었던 실화다. 어려서 학대를 받았으나 열심히 노력한 끝에 자수성가한 남자가 있었다. 결혼하고 아들도 낳았다. 선망의 대상이자 인생의 목표였던 최고급 스포츠카를 샀다.

어느 날, 차를 손질하러 차고로 들어가던 그는 이상한 소리가 들려 살펴보았다. 어린 아들이 천진난만한 표정으로 못을 가지고 최고급 스포츠카에 낙서하고 있었다. 이성을 잃은 그는 손에 잡히는 공구로 아들의 손을 가차 없이 내리쳤다. 아들은 대수술 끝에 결국 손을 절단해야 했다. 수술이 끝나고 깨어난 아들은 울면서 아버지에게 잘린 손으로 빌었다.

"아빠 다신 안 그럴게요. 용서해 주세요." 소년의 아버지는 무거운 마음으로 집으로 돌아왔고 그날 저녁 차고에서 권총으로 자살했다. 그가 본 것은 그의 아들이 차에 남긴 낙서였다. 낙서의 내용은 '아빠! 사랑해요'였다. 순간이나마 '최고급 스포츠카'의 현상에 가려 '소중한 아들'이라는 본질을 보지 못한 실수였다. 우리가 사는 세상에는 본질과 현상이 있다.

관찰자의 입장에 따라 하나의 존재물도 여러 형태로 보인다. 즉 감정이나 느낌 또는 환경이나 상황에 따라 다르게 보인다. 본질은 하나다. 영원하며, 세상의 이치에 합당하다. 그에 비해 현상은 때에 따라 변화하기도 하고 장소에 따라 그 갈팡질팡하며 영원하지도 못하다. 마치 목적과 수단이 전도되면 혼란을 초래하듯 현상에 가려 본질을 보지 못하면 많은 문제가 발생한다.

경찰관으로 근무하다 보면 "오늘 음주단속 하나요?" 하고 묻는 분들을 만나게 된다. 또는 "음주단속 시간과 장소를 미리 알려주는 서비스가 필요하다"는 말도 듣는다. 음주 운전의 폐해는 생각하지 못하고 단속만 피하려는 분들이다.

음주 운전의 본질을 이해하면 얘기는 달라질 것이다. 음주 운전의 본질은 본인의 생명과 재산을 보호하고, 다른 운전자나 보행자의 안전을 위해서 나도 하지 말아야 하고 다른 사람도 하지 않도록 해야 할 일이다. 단속만 피하려는 현상에 머물러서는 불행을 초래할 수 있다.

아직도 일부 운전자는 음주 운전을 하고 안 하는 잣대로 경찰 단속을 의식하는 것 같다. 음주 운전의 본질을 정확히 이해한다면 경찰이 단속하기 전에 스스로 삼가야 한다.

오히려 경찰관이 단속을 게을리하면, 우리 마을만이라도 단속을 철저히 해달라고 역정을 내야 한다. 음주 운전자가 늘어나면 사랑하는 우리 가족이 음주 운전자가 낸 사고로 집에 들어오지 못할 수도 있기 때문이다.

진정한 행복을 추구하려면 본질과 현상을 구별할 줄 알아야 한다. 남자가 배우자를 선택할 때는 마음 예쁜 것이 본질이고, 얼굴 예쁜 것은 현상이다. 몸이 편한 것보다 마음이 편한 것이 낫다.

영혼이 본질이고, 몸뚱이는 현상이기 때문이다. 돈도 중요하지만, 정직이 더 중요하다. 돈은 현상이고 정직이 본질이기 때문이다. 굴절된 현상으로는 삶의 가치를 찾기 어렵다. 본질이 가려진 삶은 후회가 따른다.

우리가 사는 세상의 이치를 좀 더 깊이 들여다보자. 그러면 그 본질을 찾을 수 있다. 본질은 하나다. 얽히고설킨 복잡한 문제들, 자본주의와 공산주의, 명예와 부, 배운 자와 못 배운 자, 농촌과 도회지, 치열한 삶과 느긋한 삶이 뒤섞여 있는 것처럼 보여도 그 본질은 사람(인간)이다. 또한, 그 사람이 살아가는 방식의 본질은 정직이다.

그 본질을 모르고 현상만 좇다 보면, 본질인 사람을 보지 못하고 현상인 물질만 좇는 우를 범하기 쉽다. 정직이라는 본질을 좇지 못하고 정직하지 못한 현상이나 허상을 따라가는 잘못을 저지를 수 있게 된다.

오늘도 우리 주변을 살펴보자. 무엇이 본질이고 무엇이 현상인
지를……. 그리고 갈등을 느낄 땐 본질을 선택하자. 그것이 삶의
지혜요, 참된 삶이다.

(2) 세상을 만만하게 봐서

한 골동품 수집가가 골동품을 구하러 다니다 시골의 어느 식당에서 점심을 먹게 됐다. 식당 마당에서 개가 밥을 먹고 있는데 눈에 번쩍 뜨이는 것이 보였다. 개밥그릇이었다. 그 개밥그릇이 아주 귀한 골동품이 아닌가. '역시 시골 사람들은 듣던 대로 무지하기 짝이 없구나. 저 귀한 골동품을 개 밥그릇으로 쓰고 있다니. 그래 저걸 낚아채야지.' 하고 머리를 썼다.

무지한 시골 사람이라도 개밥그릇만 사자고 하면 눈치를 채고 팔지 않을 것 같아 일단 개를 사자고 주인에게 흥정했다. 별 볼 일 없는 개를 후하게 쳐주겠다고 하니 주인이 기꺼이 그러자고 한다. 그렇게 해서 개를 샀다. 이제 밥그릇만 손에 넣으면 작전 성공이었다.

"주인장! 개도 없는데 개밥그릇 어디에 쓸 거요? 그 개밥그릇까지 끼워서 삽시다." 그러자 주인이 하는 말이 참 재밌다.

"안 됩니다. 그 개밥그릇 때문에 개를 100마리도 더 팔았는데요."

세상 그렇게 호락호락하지 않다. 내 머리만 믿고, 세상을 우습게 보다가는 큰일 난다.

2014년 8월에 서울 강북구 수유리에 있는 새마을 금고 두 곳이 털렸다. 두 지점에서 같은 시간대에 7,700만 원이 도둑을 맞았다. 금고가 털린다는 것은 그 액수가 많고 적고를 떠나서 국민에게 불안감을 주는 사건으로 경찰에서는 중요사건으로 취급한다. 관할 경찰서장인 내가 현장에 나가 살펴봤다. 새마을금고의 금고 담당자, 그 지점의 보안업체 관계자를 만나보고, 건물 내외부에 설치된 CCTV를 살펴보니 용의자가 쉽게 그려졌다. 범인은 금고의 사정을 잘 아는 사람의 소행으로 추정되었다. 침입할 때 창문이나 벽을 뜯지 않고 열쇠로 열고 들어왔고, 금고문도 열쇠로 열었다. CCTV 영상에는 맑은 날씨에도 범인이 얼굴을 가리기 위해 우산을 쓰고 범행을 저지르는 모습이 그대로 나타났다.

범인은 완전범죄를 위해서 머리를 썼다. 경비업체 근무 경험을 살려 사전에 열쇠를 복제해서 감춰두고, 기기 점검을 이유로 금고의 전원을 내리고, 애인과 짜고 알리바이까지 맞춰 놓았다. 범행할 때는 우산으로 얼굴을 가렸다. 범행을 끝내고 곧바로 애인과 함께 제주도 여행을 떠났다. 의심받지 않기 위해 사전에 조작한 여유였다. 하지만 사전에 범행 각본을 철저히 짜고 준비를 많이 했어도 경찰관의 눈에는 허술하기 짝이 없는 범행으로 보였다. 범인은 '우산으로 얼굴을 가렸으니' 손바닥으로 얼굴을 가린 것이나 다르지 않게 어설펐다. 형사과장이 서장에게 와서 물었다.

"증거는 충분히 확보했습니다. 제주도에 가서 검거할까요?"

"그렇게 힘들일 필요 있나요? 내일이면 자기 발로 비행기 타고 올 텐데. 그때 점잖게 모시고(?) 오세요."

다음 날 초췌한 모습의 사내가 양 손목을 수건으로 가리고 두 명의 형사에게 팔짱을 맡긴 채 경찰서 현관을 들어오고 있었다. 예상대로 그 새마을금고의 보안을 책임지고 있던 경비업체 직원이었다.

거듭 말하지만, 세상은 그리 호락호락하지 않다. 만만하지도 않다. 공부를 잘하는 사람은 나보다 좋은 머리로 태어나서 노력도 없이 잘하는 것이 아니다. 내가 잘 때 안 자고, 내가 놀 때 못 놀며 공부했기 때문에 잘하는 것이다. 부자는 운이 좋아서 부자가 된 것으로만 봐서는 안 된다. 부자가 되기 위해 나보다 더 정성을 쏟고, 더 노력하고, 더 절약한 결과다. 잘 사는 모습만 보지 말고 어떻게 해서 잘 사는지를 볼 줄 알아야 한다.

서울 경동시장에서 채소를 파는 할머니가 경찰서에 찾아왔다. 70세 남짓한 할머니는 허리가 굽고, 얼굴에는 주름이 조글조글하다. 그래도 할머니의 얼굴에는 인자함이 가득했다. 시장에서 채소를 다듬어 파는 일이 고되기는 하겠지만, 천성이 착하신 분처럼 얼굴이 밝았다. "내 돈을 안 갚고 도망간 사람을 찾을 수 없나요?"라는 말씀이셨다.

채소를 몇 번 거래하던 젊은 사람이 외상으로 가져간 채솟값을 갚지 않고 나타나지도 않는다는 내용이었다. 시장에서 흔히 있는 돈 떼먹은 이야기지만 할머니의 일이라 더 안쓰럽게 들렸다. 할머니를 위로하려고 그분의 손을 감싸 잡는 순간 내 손에 느껴지는 할머니의 거친 손결에 움찔했다. 할머니의 오른손 집게손가락 바닥이 대각선으로 홈이 파여 있는 게 아닌가. 그런 모습은 처음 보는 나는 자세히 살펴보면서 물었다. "이건 왜 이렇게 되셨어요?", "언제부터 이렇게 되셨어요?", "얼마나 아프세요?"

할머니는 쑥스러운 듯 손을 빼시면서 "30년이 넘게 채소를 다듬어 팔다 보니 이렇게 됐어. 엄지와 검지로 채소를 다듬다 보면 엄지손톱이 집게손가락의 바닥을 찌르게 되고 그것이 몇 십 년 되다 보니 아예 이렇게 패였어. 이제 군살이 배겨서 아프지도 않아."라며 별스럽지 않다는 표정이시다.

그렇다. 돈은 이렇게 어렵게, 정직하게 버는 것이다. 이렇게 살이 닳아지고, 파이는 아픔을 겪으면서 버는 것이다. 그런데 어떤 사람이 이런 돈을 떼먹고 도망간단 말인가. 세상을 그렇게 살아놓고도 맘이 편할 수 있을까? 세상을 쉽게만 보면 안 된다.

나보다 잘나가고 더 나은 자리에 있다는 사실만을 보고 시기하고 질투해서는 안 된다. 나보다 얼마나 더 공을 들이고 참고 견뎠는지를 알아내고 그것을 본받을 줄 알아야 한다. 나 역시 더 고심하고, 더 노력하고, 더 집중하고, 더 참고 견딜 때 나도 더 잘할 수 있게 된다. 그것이 바른 삶의 방식이다. 그것이 정직한 삶이다.

지위가 높은 사람도 어느 날 갑자기 지위가 높아진 게 아니다. 지위가 높은 사람에게도 높아질 만한 이유가 반드시 있게 마련이다. 그런데 그걸 보지 않으려 하고 그저 헐뜯고 질투하고 시기하는 데 급급한 사람들이 많다. 이는 정직하지 못한 태도다. 나보다 더 고뇌하고, 내가 잠잘 때 공부하고, 내가 쉴 때 일하고, 내가 대충대충 살 때 더 창의적인 대안을 찾느라 노력한 사람이다. 정직한 사람이라면 그것을 인정하고 그것을 존중할 줄 알아야 한다.

정직하지 못하게 사는 사람들이 살아가는 방식을 보면 마치 우산으로 얼굴을 가리고 금고를 터는 것과 같다. 세상 사람들은 다 아는데 본인만 모른다. 본인만이 대단한 지능과 지혜를 가진 줄 착각하고 있다. 이런 사람들에게 해주고 싶은 말이 있다.

'그대가 하는 말이, 그대가 하는 행동이, 진실이 아니라는 걸 사람들은 다 안다. 다만 그대가 하는 짓이 너무 애처로워서, 안타까워서, 내색하지 않을 뿐이라고. 그러니 그대의 얕팍한 지능으로 벌이는 어설픈 연기를 더는 즐기지 마시라고…….'

일을 손쉽게 하거나 작은 이익을 얻기 위하여 부리는 얕은꾀를 '잔머리'라고 한다. 잔머리로는 진정성 있는 삶을 찾기는 어렵다. 경찰관의 눈으로 보면 그 '잔머리'를 믿다가 사람 꼴 우습게 된 사례를 자주 본다. 안타까운 일이다. 조선의 임금님 중에서 가장 학식이 높고, 위대한 임금으로 칭송받는 세종대왕도 '우부우부愚夫愚婦(우둔한 사내와 우둔한 부녀자)들도 나보다 훌륭하느니라!'라고 했다는데 우리도 좀 더 겸손해야 하지 않을까?

(3) 인생을 짧게 봐서

우리의 인생이 긴 것인가? 짧은 것인가? 짧다는 사람이 있는가 하면, 길다는 사람도 있다. 분명한 것은 몇 년을 사느냐와 같은 시간적인 개념보다도 어떠한 가치의 삶을 사느냐, 어떠한 업적을 남기느냐와 같이 삶의 내용에 따라 그 평가가 달라진다는 것이다.

안중근 의사(1879~1910)는 그의 나이 32세에 일제에 의해 처형당하여 시간적으로는 비록 짧은 인생을 사셨지만 100세의 천수를 누린 그 어떤 인생보다도 나라와 민족을 위해 뜻 있는 인생을 사셨다.

'이익을 얻을 수 있는 상황이라면 의를 생각한다見利思義(견리사의).' 는 좌우명으로 꼿꼿한 삶을 사셨다. 정의를 실천하는 삶 속에서 민권의식에 철저했고 누구보다도 국가와 민족을 사랑했다. 민족의 삶을 짓밟고 평화를 깨는 무도한 자를 정의감으로 응징했다. 그는 우리 민족에게 신앙이 될 정도로 거룩한 존엄이 되고 있다. 그의 생애는 짧았으되 그의 정신은 영원히 전승될 것이다.

윤동주(1917. 12. 30~1945. 2. 16)는 항일운동을 하였다는 이유로 일제에 체포되어 향년 27세의 짧은 나이에 후쿠오카 교도소에서 요절하셨다. 하지만 독립운동가로, 시인으로, 작가로서, 밤하늘의 별처럼 선명한 삶을 사셨다. 그의 시 '별 헤는 밤'은 그의 별빛인 양 우리들의 가슴 속에서 영원히 반짝이고 있다.

인생을 짧게 보고 조급하게 살다 보면 현재의 이익, 눈앞의 실리, 우선의 쾌락에 빠지기 쉽다. 삶을 여유 있게 가꾸기보다는 탐욕에 빠져 살기 쉽다.

꽃을 보려면 여유 있는 마음으로 꽃씨를 뿌리고 그 꽃을 가꾸어야 한다. 열매를 얻으려면 좀 더 시간을 가지고 봄에 씨앗을 뿌리고, 물을 주고, 여름에 김을 매면서, 가을의 결실을 기다릴 줄 알아야 한다. 얼음장 밑에서 고통을 참아 내야만 아름다운 봄꽃을 피울 수 있다. 봄의 찬비도 맞고, 얼굴을 태워버릴 것 같은 여름날의 뙤약볕도, 내 몸이 갈기갈기 찢길 것 같은 천둥과 번개도 참아 내야만 가을에 열매를 맺을 수 있다.

미국 역사상 첫 흑인 대통령이 된 버락 오바마의 성장 과정을 『열등감을 희망으로 바꾼 오바마 이야기』라는 책을 통해 읽었다. 나는 같은 시대를 살아가는 사람으로서 오바마가 대통령이 되었다는 현실이 믿어지지가 않았다. 그 어려웠던 성장 과정과 미국의 대통령과는 얼른 연결되지 않았기 때문이다.

'이런 아이도 대통령이 될 수 있구나!', '이렇게 살면 대통령이 되는구나!' 하는 감동과 물음표가 책을 읽는 내내 가시지 않았다. 지금까지 내가 가지고 있던 안목이라면, 우리나라에서 보고 들었던 정치 환경이라면 오바마는 대통령이 될 수 없는 사람이었다.

그의 아버지는 이 지구상에서 가난하기로 손꼽히는 아프리카 케냐 사람이었다. 오바마가 두 살 때 그의 아버지는 가족을 떠났다. 세 살 때 아버지와 어머니가 이혼했다. 그 뒤 열 살 때 한 달여간 아버지와 같이 산 것이 아버지와 함께한 전부였다. 스물한 살 때 아버지가 사망했다. 여섯 살 때 어머니는 재혼하여 인도네시아 자카르타로 떠났다. 오바마도 어머니를 따라 인도네시아로 건너가 의붓아버지와 같이 살았다. 열 살 때 다시 하와이로 귀국하여 외조부모와 함께 살았다. 열두 살 때 그의 어머니는 하와이로 돌아와 지내다가 열여섯 살에 다시 인도네시아로 돌아간다. 그녀는 오바마가 서른두 살인 1994년에 하와이로 귀국하지만 1년 만에 난소암으로 세상을 뜨고 만다.

오바마는 케냐 출신 흑인 아버지에 대한 어린 시절의 생각을 회상하면서 "아버지는 내 주변 사람들과 전혀 다르게 생겼다는 점을 나는 개의치 않았다."라고 말했다. 오바마는 또 십 대 시절 알코올, 마리화나, 코카인을 복용하기도 했다. 그는 이 사실에 대하여 "나는 누구인가?"라는 질문을 머릿속에서 잊으려 했던 것이라고 밝히기도 했다.

흑인 중에서도 본토의 흑인도 아닌, 아프리카의 가난한 나라 케냐 이민족 출신이다.

우리나라로 치면 결손가정에서 어린 시절을 보냈다. 타고난 운명과 환경을 극복하고 제 갈 길을 걸었다. 한때 방황하고 고독한 길에서 흔들리기도 했지만, 다시 바른길을 찾았다. 희망과 꿈을 가지고 정직하게 자기의 길을 개척해 나갔다.

그리고는 2009년 1월 20일 아프리카계 미국 시민으로서는 처음으로 미국 제44대 대통령에 공식 취임하였다. 그는 다시 정직하게 뚜벅뚜벅 걸어 재선의 길까지도 활짝 열었다.

우리의 인생은 여유를 가지고 바르고 진솔하게 살기에는 시간이 너무 짧게 느껴질 수 있다. 하지만 살아가면서 인격이 수양 되고, 그 수양된 인격의 안목으로 보면 자기의 인생 항로가 그렇게 짧은 것만은 아니다. 앞만 보고 조급하게 살다가도 어느 날 뒤돌아보면 지금까지 달려온 항로가 바르지 못하다는 것을 알 수도 있고 그 잘못된 항로를 바로 잡을 수 있는 시간도 충분하다. 혹은 자기의 항로를 개척하지 못하고 남의 항로만을 따라왔던 사람도 그 항로를 수정하여 나만의 바른 항로를 개척할 수도 있다.

버락 오바마 미국 대통령은 2015년 7월 16일 오클라호마의 연방 교도소를 방문했다. 이 자리에서 수감자들과 자신은 같은 실수를 저질렀다고 말했다.

수감자들이 주로 마약 범죄자인 만큼 자신도 청년 시절 마약을 했다는 의미였다.

그러면서 자신은 재기의 기회가 있었고, 수감자들은 그런 기회가 없었을 뿐이라면서 실수를 저지른 젊은이들에게 재기의 기회를 줘야 한다고 역설했다. 이를 지켜본 미국 국민이나 언론에서는 오바마 대통령의 마약 경험을 탓하는 사람은 한 명도 없었다. 대신 오바마 대통령의 솔직함과 대범함, 그리고 자신감 있는 행보를 높이 평가했다.

비록 잘못된 과거가 있더라도 그것을 솔직하게 인정하고, 성찰하며 바른길로 가고자 하면 비난할 사람은 아무도 없다. 어쩌면 우리 인간의 삶은 실수의 연속이고, 그 실수의 체험을 통하여 바른길과 바르지 못한 길을 습득하고, 바른길을 택하는 여정인지도 모른다. 거기서 좀 더 나아가 우리 인간이 고등 동물이라는 자부심을 느끼는 것은 교육이라는 지혜를 통하여 반드시 체험하지 않은 일까지도 깨달을 수 있는 능력을 가지고 있기 때문이다.

우리의 인생길은 길다. 지금 새롭게 시작하는 인생이라면 더더욱 길다. 한동안 달려 온 인생이라도 조급할 필요가 없다. 바르게 가자. 정석을 배우고 그 정석대로 한 걸음, 한 걸음 걸어가자. 자꾸만 꼼수를 부리거나 변칙을 쓰려하지 말자. 꼼수나 변칙은 멀리 가지 못하고 제대로 가지 못한다. 유혹에 빠지지 말자. 정직한 방법이 못된다. 지금 당장은 그 꼼수와 변칙에 감흥을 받을지 모르지만 얼마 못 가 잘못 접어든 길이라는 걸 알게 된다.

우리가 공부를 하고, 책을 읽고, 다른 사람의 경험담을 듣는 것은 잘못 살아간 사람들의 방식을 삼가고 바르게 살아간 사람들의 방식을 습득하기 위한 것이다. 살아갈 날이 짧은 것을 걱정하기 전에 가치 있게 사는 방법을 걱정할 일이다.

(4) 그놈의 욕심 때문에

톨스토이의 동화집에 나오는 얘기다.

러시아에 가난한 농부가 있었다. 그 농부의 평생소원은 소작농에서 벗어나 내 땅을 가지고 농사를 짓는 것이었다. 어느 날 신문에 귀족이 공짜로 땅을 나누어 준다는 기사가 났다. 농부는 그 귀족을 찾아가 물었다.

"신문을 보고 왔는데 공짜로 땅을 준다는 게 사실입니까?"

"그렇습니다. 댁은 얼마나 많은 땅을 원하는데요?"

"아침에 해가 뜰 때부터 해가 질 때까지 돌아올 수 있는 만큼 가지고 싶습니다."

"그렇게 많이 농사를 지을 수 있겠어요?"

"지어야죠."

"그럼 그렇게 하시지요. 오늘은 오후가 되었으니 내일 해뜨기 전에 여기에 다시 와서 가지고 싶은 만큼 땅을 가질 수 있도록 출발하시지요."

농부는 '내일이면 내 땅을 가질 수 있게 되는구나.' 하는 생각에 기쁘기 짝이 없었다. 내일 뛸 때 마실 물도 준비하고, 점심도 준비하고 뛰는 만큼 표시할 장비도 준비했다. 준비를 마치고 잠을 청하는데 너무 벅차서 잠이 오지 않았다. 아침이 되길 기다리다 귀족하고 약속한 장소로 나갔다. 귀족도 약속장소로 나와 있었다.

"이제 해가 뜨기 시작하니 지금부터 뛰겠습니다. 제가 해가 질 때까지 뛰는 만큼 저에게 땅을 주신다는 약속을 지켜야 합니다."

"그래요. 당연히 그렇게 해야죠, 약속했는데. 그런데 당신도 약속을 지켜야 합니다. 반드시 해가 지기 전에 돌아와야 합니다. 그렇지 않으면 안 됩니다."

"물론 그렇게 해야죠."

농부는 뛰기 시작했다. 뛰면서도 이렇게 좋은 땅이 내 땅이 된다고 생각하니 흥분이 되었다. 목이 말라도 물 마실 시간이 아까워 마시지 않았다. 점심시간이 됐지만, 점심 먹을 시간에 한 발짝이라도 더 뛰어서 내 땅을 넓히고 싶었다. 도시락은 내일 먹어도 될 것으로 생각하며 쉬지 않고 뛰었다. 이제는 돌아가고 싶었지만 한 평이라도 더 가질 욕심에 뛰고 또 뛰었다. 그러다 문득 해가 지기 전에 돌아가야 한다는 생각이 떠올랐다.

돌아서 뛰었다. 해는 벌써 서산에 걸쳐 있었다. 해가 지기 전에 도착하지 못하면 모든 게 허사라고 생각하고 죽을힘을 다해 뛰고 또 뛰어서 해가 지기 전에 언덕에 도착했다. 그리고는 귀족에게 말했다.

"해가 지지는 않았습니다."

"그래, 됐습니다." 귀족이 대답했다.

농부는 몹시 힘들었다. 농부가 땅에 엎드렸다. 귀족이 하인에게 "농부가 많이 힘든 것 같으니 좀 쉬게 놔두라"고 하고 한참 뒤 돌아와 보니 아직도 엎드려 있었다. 일으키려고 흔들어 보니 농부는 그만 너무 힘들어 죽어 있었다. 귀족이 하인을 시켜 땅을 파고 묻어 줬다. 해가 졌다. 그리고 귀족이 혼잣말로 말했다.

"겨우 땅 한 평이면 되는 것을 괜히 고생했구나. 그 한 평은 있는 사람이나 없는 사람이나 갈 때는 누구나 가지고 가는 것인데……."

　욕심이 사람을 눈멀게 하고, 힘들게 하고, 거짓으로 살게 하고, 심하면 죽음으로 몰고 간다. 욕심이란 내 마음을 빼앗기는 것이다. 내 마음을 빼앗기면 빼앗긴 만큼 욕된 마음으로 채워지게 마련이다. 내가 내 마음으로 살 때 비로소 위안을 느끼고 만족을 느낄 수 있는데 정작 그 위안과 만족을 위해 욕심을 부리다 보니 위안과 만족을 느낄 수 있는 순수한 나의 마음을 잃어버리고 마는 것이다. 만족한 삶을 바란다면 내 안에 만족을 느낄 수 있는 마음을 살려야 한다. 나의 마음을 살리기 위해서는 내 안에 욕심을 내보내야 한다. 순수한 내 마음을 잃어버리고는 올바른 만족을 느낄 수 없기 때문이다. 그런데도 사람들은 만족을 추구하고 행복을 추구하는 방법으로 욕심을 부리는 잘못을 범하고 있다. 욕심은 부리면 부릴수록 만족과 행복을 얻은 것이 아니라 멀리 쫓아 버릴 뿐이라는 걸 모르기 때문이다. 만족스럽지 못하다고 하지 말고 내 마음을 찾아야 한다. 행복하지 못하다고 하지 말고 욕심을 버려야 한다. 욕심에 밀려 잃어버린 내 마음을 찾아야 한다. 만족과 행복은 물질과 권력, 명예로 채워지는 것이 아니며, 돈과 권력처럼 따로 얻고 잃는 것도 아니다. 우리의 가슴속에 유유히 흐르는 마음속에 있는 것이다. 마음을 떠나 만족과 행복을 따로 얻을 수 있는 것이 아니라는 것을 알아야 한다. 그래서 순수한 내 마음으로 살지 않고는 결코 행복할 수 없는 것이다. 이것을 알고 실천하는 사람이 정직하게 사는 사람이다. 정직한 사람은 욕심을 부리지 않는다. 그놈의 욕심을 버리지 못하고는 영영 만족과 행복을 느끼지 못할 수도 있다.

PART 2

정직이
나를 세워주는
뼈대이다

내 인생의 주인으로 살기 위해서는 정직하게 살아야 한다

(1) 내 인생의 주인으로 사는 것이 가장 가치 있는 삶이다

인생을 가장 가치 있게 산다는 의미는 무엇일까? 돈을 많이 벌어 부자가 되는 것, 높은 지위에 올라 명예를 드높이는 것, 따뜻한 마음으로 선정을 베풀며 인심을 얻는 것……

가장 가치 있게 잘 사는 것은 자기 인생의 주인으로 사는 것이다. 내가 내 인생의 주인으로 사는 것이 삶의 본질이기 때문이다. 삶의 본질이 무엇인지를 명확히 알고, 본질과 현상을 분별할 줄 알아야 한다. 그리고 현상에 빠져 허우적거리지 말고 본질의 가치를 추구하며 살아가야 한다. 본질의 가치를 추구하는 것이 정직한 삶이기 때문이다.

내가 내 인생의 주인으로 산다는 것은 내가 나를 알고, 내 생각으로, 나의 목표와 비전을 세우고, 내가 좋아하는 것, 내가 하고 싶은 것, 내가 잘할 수 있는 것을 내 의지대로 하면서 살아가는 것이다.

주인과 종업원은 다르다. 주인은 누가 보거나 보지 않거나 나를 위해 할 것은 하고 하지 않을 것은 하지 않는 사람이다. 내가 힘들어도 나의 성공을 위해서는 참고 견디는 사람이다. 주인은 절대로 거짓말을 하지 않는다. 거짓말을 할 필요가 없는 사람이다. 거짓말을 하는 종업원이 있다면 오히려 바로 잡아주는 사람이다. 오직 참되게 성실하게 사는 사람이다. 오늘보다는 내일, 지금보다는 미래에 희망을 품고 사는 사람이다. 성공을 창조하는 사람이다. 진정한 행복을 꿈꾸며 사는 사람이다.

주인으로 살기 위해서는 먼저 내가 누구인지를 알아야 한다. 나를 모른 채 내 인생을 경영한다는 것은 주인으로서 자격이 없는 사람이다. 나의 정체를 정확하게 알지 못하면 주관이 없는 사람이 된다. 주관 없이 산다는 것은 왜 사는지, 어디를 향해 가는지도 모르고 바람이 불면 바람이 부는 대로 물결이 흐르면 흐르는 대로 떠밀려 가는 것이다. 가치도 보람도 느끼지 못하는 인생, 사람으로 태어났지만, 정녕 사람으로서의 삶을 맛보지 못하는 인생이다.

내가 내 인생의 주인으로 사는 것은 성공과 행복의 기준도 내가 정하는 것이다. 그 목표 달성의 평가도 나 스스로 한다. 남과 비교하여 나의 인생을 저울질하지 않고 나의 잣대로 재고, 나의 저울로 평가한다. 나의 삶을 남의 잣대, 남의 저울로 재면 제대로 된 평가도 못할뿐더러 평가 결과를 다른 사람의 기준에 의존하기 때문에 삶을 마감하는 날까지 자기만족을 느끼지 못할 수 있다.

셰익스피어는 "'너만이 너다.' 이보다 더 의미 있고 풍요로운 말은 없다."라고 말했다. 전 세계뿐만 아니라 전 우주에서도 '나'는 오직 하나뿐이다. 내가 '나'로서 유일하게 살아갈 때 나의 존재 의미가 있게 된다.

주인으로 살다 보면 때로는 외롭고 고독하기도 할 것이다. 때로는 실패하고 좌절하기도 할 것이다. 주인이기 때문이다. 종업원은 실패가 없다. 주인을 도와주고 월급만 받으면 된다. 책임도 없고 새로운 도전도 없다. 주인은 실패하더라도 실패에 대한 책임을 느끼고 그 실패를 분석하고 다시 도전하여 결국은 성공하고야 만다. 그래서 주인은 성공에서 참된 기쁨을 느끼지만 실패에서도 소중한 의미를 찾는다. 내 인생의 주인은 내가 되어야 한다. 주인으로 사는 것만이 올바른 삶이라는 것을 알아야 한다. 내가 내 인생의 주인으로 살 때만이 내 인생이 인생다운 삶을 살 수 있다. 고독하면 어떠랴 고독의 의미를 찾아 즐거움으로 만들면 그 안에서도 무한한 행복감을 맛볼 수 있다. 법정 스님은 산속에서 고독한 삶을 살면서 세상 사람들에게 위안을 주었다. 좀 바보처럼 살면 어떠랴, 김수환 추기경은 스스로 바보라고 부르면서 세상의 밝은 빛으로 살았다. 좀 못생기고 부족하면 어떠랴, 링컨 전 미국 대통령은 생전에 못생기고 부족하다는 소리를 들으며 살았지만 미국의 역대 대통령 중 가장 위대한 대통령으로 추앙받고 있다.

내가 내 인생의 주인으로 살 때 내 인생을 위해 정성을 쏟게 마련이다. 내 인생이니까. 아끼고 보살피며 산다. 함부로 살지 않는다. 소중하고 귀중한 내 인생을 거짓말이나 하는 비굴한 인생으로 살게 할 주인은 없다. 하나 밖에 없는 내 목숨을 음주 운전으로 길바닥에 내동댕이칠 주인도 없고 순간의 잘못된 생각으로 한강에 투신하게 할 주인도 없다. 한 번 밖에 살 수 없는 내 인생에게 남의 물건이나 훔치고, 감옥에서 살게 할 주인은 없다.

내가 내 인생의 주인으로 살면 내 인생을 곱게, 아름답게, 멋있게, 위대하게, 행복하게 가꾸려고 노력할 것이다. 또한 이렇게 가꾸기 위해서는 정직하게 살아야 한다는 것을 알고 실천하며 살 것이다.

언젠가 인생의 긴 여행이 끝나는 곳에 다다랐을 때, 살아온 여정을 뒤돌아보면서 '그래, 이만하면 내가 잘 살았다.' 하고 얼굴에 그윽한 웃음을 피우기 위해서는 지금 이 순간 '내가 내 인생의 주인'으로 살아야 한다는 것을 한시도 잊지 말아야 한다.

(2) 나는 누구인가?

'내가 내 인생의 주인'으로 살기 위해서는 우선 '내가 누구인가' 를 알아야 한다. 내가 누구인지를 알고 나의 정체성을 확실하게 정 립하는 것이 주인의 첫째 덕목이다. '내가 누구인지 모르는 사람도 있을까?' 하고 반문하는 사람도 있겠지만 정작 나 스스로 내가 누 구인지 아는 사람은 그리 많지 않다. 친구나 직장 상사, 이웃 주민 은 어떤 사람인지 잘 알면서도 나에 대해서는 잘 알지 못하는 것이 다. 인생을 오래 살았다고 나를 잘 아는 것도 아니다. 오히려 인생 을 얼마 살지 않은 어린이에게 '너는 누구냐?'하고 물으면 인생을 오래 산 어른들보다도 대답을 잘 할 수도 있다. 인생을 살다 보면 사는 만큼 알쏭달쏭해지는 것이 나라는 존재인지도 모른다. 딱히 이런 사람이라고 말하기가 어려운 게 '나'라는 사람이 아닐까 생각 한다. 그렇지만 내 인생을 올바르게 인도하고 경영하기 위해서는 내가 누구인지를 알지 않으면 안 된다. 나를 알아야 내가 원하는 인생을 설계하고, 나에게 맞는 목표와 비전을 제시하고, 옳고 그 름을 분별할 수 있기 때문이다.

내가 누구인지 알기 위해서는 어떻게 해야 할까. 내가 나에게 질 문을 하면 답을 얻을 수 있다.

'나는 누구인가?'
'나는 왜 이 세상에 태어났을까?'
'나는 어떻게 살아야 하는가?'
'내가 잘하는 것은 무엇인가?'

'내가 좋아하는 것은 무엇인가?'

'나의 비전은 무엇이고 목표는 무엇인가?'

'내가 추구해야 할 가치는 무엇인가?'

'나는 5년 후, 10년 후, 20년 후 어디서 어떤 모습을 하고 있을까?'

질문에 질문의 꼬리를 물고 계속해서 질문하여야 한다. 질문을 쪼개어 다시 질문하고 다시 그 질문을 쪼개야 한다. 질문하면 나에게서 그 답변을 들을 수 있다. 답변이 어눌하거나 구체적이지 않으면 명확하고 분명한 답변을 들을 수 있을 때까지 다시 질문하자. 질문은 위대한 힘을 가지고 있어서 본질적인 답을 얻을 수 있다. 질문은 내 안에 잠자는 잠재력을 깨우는 마법의 힘을 가지고 있다. 질문은 지친 나를 위로하기도 하고, 질문하기 전에는 보이지 않던 희망을 만들기도 한다. 질문은 새로운 나를 창조하는 마력을 지니고 있다. 또한 현명한 질문은 현명한 답을 얻을 수 있고, 강력한 질문은 강력한 답을 끌어내며 긍정적인 질문은 긍정의 답을 구할 수 있다.

W.미쳴이라는 사람은 비행기 사고를 당한 후 허리 아래로 불구가 되어 병원에 누워 있을 때 아주 매력적인 여자를 만났다. 그녀의 이름은 애니였으며 미쳴이 입원해 있는 병원 간호사로 일하고 있었다. 미쳴은 얼굴 전체가 화상을 입어 흉하게 일그러졌고 허리 아래를 못 쓰는 불구가 되었음에도, '어떻게 하면 저 여자와 데이트할 수 있을까?' 하고 고민하기 시작했다. 그의 친구들은 "미쳤

니? 환상적인 생각은 버려!" 하고 말했다. 그러나 미첼은 그녀를 사랑할 수 있다는 긍정적인 생각을 가지고 스스로에게 그녀와 사랑할 수 있는 방법에 대하여 질문을 했다. 그리고 1년 6개월 후 그와 애니는 사랑에 빠졌고, 현재 그녀는 그의 아내가 되어 있다. 이것이 긍정적인 질문의 힘이다.

반복된 질문은 반복된 답으로 질문하는 사람에게 흔들리지 않는 마음을 만들어 주고, 잘게 쪼갠 질문은 구체적인 답을 얻을 수 있다. 내가 누구인지 알고 싶으면 내가 누구인지 질문을 하자. 가야 할 길을 알고 싶다면 내가 가야 할 길이 어느 길인지 나에게 물어보자. 물어보지 않는 사람에게는 답을 알려 주지 않는다.

우리가 믿어야 할 것은 내 안에는 질문의 능력도 있고, 대답의 능력도 있다는 것이다. 그만큼 나는 위대한 존재다. 이렇게 위대한 존재의 주인이 바로 나다. 얼마나 대견하고 자랑스런가. 위대한 나를 위대하게 만들기 위해서는 주인 역할을 잘 해야 한다. 주인 역할을 잘하는 기본은 나를 올바른 길로 인도하는 것이다. 어떤 길이 올바른 길인지 판단이 서지 않을 땐 다시 나에게 물어보자. 내가 지금 가려는 길이 올바른 길인지 아니면 그릇된 길인지? 그리고 내 안에서 알려주는 올바른 그 길을 가자.

(3) 나를 사랑해야 정직할 수 있다

여러분에게 누가 "이 세상에서 가장 중요한 사람이 누구인지 아세요?" 하고 물어 오면 여러분은 누구라고 대답할 것인가? 답은 바로 여러분 자신이다. 여러분 자신이 이 지구 위에서 가장 소중한 사람이다. 여러분이 얼마나 소중한지를 알아야 한다.

여러분은 본래 승리자였다. 여러분이 태어나기까지 우주의 기운과 신비, 엄청난 경쟁, 열정의 결합이 있었다. 과학적으로도 시원하게 풀지 못하는 우주의 신비와 우주의 기운에 의하여 정자와 난자가 만들어진다. 정자는 평균 3억(사람에 따라 2~6억 개)가 동시에 배출되며 그중 1개의 정자만이 1개의 난자와 결합하여 태어났다. 정자는 6천만 개 이하가 되면 정자 수 부족으로 수정이 안 된다고 하니 어쩌면 일정 수준의 경쟁에 미치지 못하면 사람으로 태어날 수 없도록 제한하는 조물주는 계산이 잉태단계에서부터 깔려있었던 것 같다. 여러분은 적어도 6천만 개 이상, 많게는 6억 대 1, 평균 3억 대 1의 경쟁으로 하나뿐인 난자에 맨 먼저 도착하고 산소 용접기에서 뿜어대는 불꽃보다 더 강한 열정으로 난자의 벽을 뚫고 그 안으로 들어가 사람의 생명으로 태어났다는 걸 알아야 한다. 정자의 경쟁력만으로 태어난 것도 아니다. 난자는 오직 하나뿐이라 평균 3억 개의 정자 중에서 1개의 정자만 선별하여 받아들이는 판별력과 자제력을 발휘하여 한 생명을 잉태한다. 1개의 정자가 난자의 막을 뚫고 들어오면 그 정자를 주인으로 받아들이고 더 이상의 정자가 들어오지 못하게 난자의 막을 막아버린다.

2016년 10월 1일 기준으로 대한민국의 인구는 5,167만 54명이고, 미국의 인구는 3억 2,399만 5,528명이니까 여러분은 적게는 대한민국에서 최고, 많게는 미국 두 개를 합친 인구와 맞먹는 경쟁에서 승리하고 태어난 사람이다. 또한 그 많은 정자 중에서 유일하게 한 개의 정자만을 받아들여 정성껏 보살피고 배양한 난자의 판별력과 따뜻한 배려에 의해서 이 광활한 우주의 독자적인 생명체로 태어난 것이다. 얼마나 위대한가. 얼마나 자랑스러운가!

우리가 사는 지구의 중심은 어디일까? 여러분이 서 있는 발밑이 바로 이 지구의 중심이다. 이 지구는 공전과 자전을 하면서 지구의 중심을 나의 발밑에 맞춰주고 있다. 해와 달도 나를 위해 떠 있다는 걸 알아야 한다. 해와 달을 유심히 보라. 해와 달은 나를 일직선으로 비추고 있다. 내가 집에 있을 땐 집 위에서 내가 있는 집을 비추고, 내가 여행을 가면 그곳까지 찾아와 나를 비춘다. 해는 아침에는 동쪽에서, 저녁에는 서쪽에서 나를 비추며 내가 가야 할 나의 길을 비춰 준다. 이렇듯 나를 둘러싼 우주는 나가 태어날 수 있도록 신비의 기운을 넣어 주었고, 내가 태어난 이후에도 나를 위해 존재하고 있다.

매년 노벨 문학상 후보로 떠오르는 고은 시인은 "사람은 어떤 자의 교훈에 의해서, 어떤 자의 규범에 의해서, 어떤 자의 진리에 의해서 노예로 사는 게 아니다. 나는 내 할머니의 손자도 아니고, 내 아버지의 아들도 아니다. 오로지 나의 나다. 나는 고독한 우주의 별빛이다. 오롯이 나로 살아야 한다. 내가 바로 태초이자 빅뱅이다. 내가 시작하는 것이다. 내가 인생을 시작하는 것이다. 세상의 그 무엇도 나의 실존, 나의 존엄성을 모독할 수 없다."라고 말한다.

내가 얼마나 소중한 존재인지를 알아야 한다. 그리고 소중한 나를 사랑할 줄 알아야 한다. 내가 나를 사랑하지 않으면 나를 사랑해 줄 사람은 아무도 없다.

자전거를 타고 가다 바퀴에 바람이 빠지면 다시 바람을 넣어주듯 사랑이 식으면 다시 사랑을 불어 넣어 주어야 한다. 큰일을 앞두고 두려울 때, 자신감이 필요할 때, 외롭고 위축될 때면 "나는 나를 사랑해.", "나는 나를 사랑해.", "나는 승리자다.", "나는 할 수 있어."라며 자신감을 충전해야 한다.

내가 나를 사랑하면 내 안에서 부정적인 생각이 날아가고, 긍정적인 생각으로 변하게 된다. 나를 속이지도 않고, 남에게도 거짓됨이 없는 정직한 사람이 되는 것이다. 우주의 신비에 의해서, 우주의 기운을 받아 우주의 주인으로 태어난 위대한 내가 고작 거짓말이나 하고, 사람들이 사는 사회에서 지탄이나 받는 미천한 삶을 살아서는 안 된다. 자신감과 무한한 잠재력을 끄집어내어 세계를 무대로, 우주를 무대로 위대한 삶을 개척하고 새로운 가치를 창조해야 한다. 내 안에 자신감이 충만하면 그 자신감으로 인하여 나는 더 높은 기준을 제시하고, 더 큰 비전과 목표, 더 높은 지속력을 가지게 된다. 우주의 신비와 우주의 기운이 서린 나의 잠재력은 무한하다. 그 잠재력을 최대한 이끌어 내자. 나를 사랑하고 자신감을 갖게 되면 그 잠재력을 찾아내고 발휘하는 능력이 생긴다. 나를 사

랑하고 자신감을 갖게 되면 대인관계도 좋아져서 내가 하는 일에
대하여 돕겠다는 사람이 생기게 된다. 결국, 성공하는 사람의 길을
걷게 되는 것이다. 나의 위대함을 알자. 그 사실을 믿자. 위대한 나
를 사랑하자. 그러면 나는 위대한 사람이 되어 있을 것이다.

(4) 나의 의지대로 사는 것이 정직하게 사는 것이다

사람이 보이지 않는 손에 의하여 조종된다면 여러분은 믿을 수 있을까. 어쩌면 당신도 보이지 않는 손에 의해 조종되고 있는지도 모른다. 보이지 않는 손이란 사람의 몸 안에 사는 기생충이다. 만물의 영장인 사람을 한낱 기생충이 조종한다면 여러분은 믿을지 모르겠다. 믿기 어려운 일이지만 기생충이 자기의 생명을 유지하고 번식을 위해 사람을 조종한다. 기생충이 배가 고프면 사람의 조종하여 먹을 것을 구하고 물속에 알을 낳고 싶으면 사람을 물가로 조종하기도 한다.

60~70년대 감염률이 높았던 회충은 사람의 배 속에 기생하며 가뜩이나 먹을 것이 없어 부족한 사람의 영양분을 가로챘다. 회충에 감염된 사람은 공복이 되면 배가 아프고 입에서 침이 흐르며 구토증세를 느낀다. 이런 증세는 단물을 마시면 가라앉는다. 이런 증세를 당시에는 횟배앓이라고 했는데 이 횟배앓이는 회충의 조종에 의해 나타나는 증세다. 뱃속에 우글우글한 회충이 먹을 것이 없으면 뱃속에서 요동을 친다. 당연히 사람은 통증을 느끼고 입에서 침을 흘리게 되고 그 통증을 멎게 할 요량으로 단물을 마신다. 단물의 맛을 본 회충이 시장기를 때우고 잠잠히 있게 되면 횟배앓이의 증세도 가라앉는다. 회충은 이렇게 배가 고프면 사람을 움직여 먹을 것을 챙기고 사람은 회충의 의도대로 조종되는 것이다. 60~70년대 자주 경험했던 일이다.

사람을 움직이는 또 다른 기생충으로 메디나충 Dracunculus medinensis

이 있다.

'메디나충'은 긴 칼국수발 모양의 기생충으로 아프리카나 중동, 인도, 파키스탄 등에 분포하고 있다. 메디나 유충은 하천이나 고인 물에서 자라는데 인체로 들어오기 위해 기꺼이 물속에 사는 물벼룩의 먹이가 된다. 사람이 오염된 강물을 마실 때 이 물벼룩이 사람의 몸속에 들어오면서 메디나충의 한살이가 시작된다. 사람의 위 속에 들어온 물벼룩은 그대로 녹아내리지만, 물벼룩에 있던 메디나충은 살아남아 자리를 잡는다. 사람의 몸속에서 2~3개월 성장한 뒤 짝짓기를 하고 나면 수컷은 모두 죽고 암컷만 남아 1년 정도 알을 품고 지내는데 그동안 숙주인 사람은 감염 사실을 전혀 알아차리지 못한다.

사람이 감염 증상을 느끼기 시작되는 건 메디나충이 사람의 몸에 들어온 지 1년 정도 지나서 유충을 인체 바깥으로 내놓을 때다. 메디나충은 사람의 다리 아래쪽으로 살을 파고 내려와 살갗 밑에 자리를 잡기 시작하면서 메디나충의 숙주 조종이 시작된다. 숙주인 사람은 심한 가려움과 타는 듯한 통증을 느끼기 시작한다. 사람은 열을 식히고 통증을 줄이기 위해 시원한 물가를 찾게 되고, 환부를 물에 담그게 된다. 환부가 물에 닿는 순간 메디나충은 사람의 피부를 뚫고 나오면서 수백만 마리의 유충을 물속에 배출한다. 성충에서 나온 메디나 유충은 다시 물속에서 자유 생활을 하다가 지나가던 물벼룩에게 일부러 잡아먹힌다. 메디나충을 잡아먹은 물벼룩이 들어있는 물을 사람이 마시면, 또다시 같은 과정이 반복되는 것이다.

이렇듯 사람의 육체에 기생충이 감염되면 사람은 본인의 의지와는 상관없이 한낱 기생충의 조종에 의해 움직인다. 그렇다면 만약 사람의 영혼에 기생충에 감염이 된다면 어떤 일이 벌어질까? 영혼이란 육체에 정신 생명을 유지하는 사람의 한 축이기 때문에 기생충이 육체를 조종하듯 정신 생명을 조종한다면 참으로 위험한 일이 발생할 것이다. 밝고 건강한 생각을 좀먹고, 어둡고 파괴적인 생각으로 조종할지도 모른다. 착하고 바르게 살려는 의지 대신 악한 마음으로 나쁜 행동을 사주할지도 모르는 일이다. 우리는 그렇게 의심되는 일을 자주 보기 때문이다.

교통사고가 나면 경찰관이 가장 먼저 현장에 도착한다. 부상자를 구호하고 사망자를 수습한다. 그럴 때마다 느끼는 게 있다. 특히 음주운전을 하다 목숨을 잃는 현장을 수습할 때면 왜 이 분이 이런 끔찍한 일을 저질렀을까? 하는 생각을 많이 하게 된다. 누구보다도 살기 위해 노력하던 사람이, 누구보다도 가족을 아끼고 사랑하던 사람이 왜 가족이 있는 집으로 안전하게 들어가지 못하고 이 차디찬 도로에서 끔찍한 주검이 되어 있을까? 무엇인가에 조종당하지 않고서는 이렇게 위험한 운전은 하지 않았을 것 같다는 생각을 들게 한다. 사고 현장이 너무나 끔찍하고 생명이 아까워서 그런 생각을 해보는 것이다.

그뿐이 아니다. 모든 잘못된 일을 복귀해보면 순수한 영혼으로는 도저히 그런 행동을 할 수 없었을 것 같은 사례를 우리는 많이 겪게 된다. 군 장성들이 특정 업체의 로비를 받아 방탄효과가 없는 방탄복을 구매해 장병들에게 지급하고, 방산비리로 해군참모총장 출신이 구속되고, 조사를 받던 전직 해군 소장이 한강에 투신하기도 했다. 누구보다도 국가관이 투철하고 사명감에 불타던 사람들이었을 것이다. 영혼이 기생충에 감염되지 않고서야 어찌 이런 일을 저지를 수 있을까. 이런 일이 잘못된 일이라는 것을 모르는 사람들이 아니다. 끝내는 후회하고 잘못을 시인한다. 그러면서도 그런 일을 하는 것을 보면 본인의 의지가 아닌 그 사람의 영혼을 조종한 기생충의 짓이라고 의심하지 않을 수 없다.

우리는 이런 사례를 보면서 타산지석의 교훈으로 삼아야 한다. 영혼에 기생충이 감염되지 않도록 예방을 철저히 해야 한다. 나의 의지대로 살아야 한다. 나의 의지가 약하거나 자칫 방심하면 기생충에 감염될 수 있다. 우리 주변에는 기생충이 아니고도 오염될 물질이 많다. 우리를 유혹하는 바르지 못한 사람도 조심해야 한다.

메디나충을 예방하기 위해서는 물을 끓여 마시거나 걸러 마시면 된다. 10원도 안 되는 돈으로 구할 수 있는 나일론 거름망 하나면 메디나충에 감염된 물벼룩을 거를 수 있다고 한다. 마찬가지로 사람의 영혼에 기생충의 감염을 막으려면 물을 끓여 메디나충을 예방하듯 내 안의 생각을 맑게 정제하는 노력이 필요하다. 사악한 마음이 함부로 내 안으로 들어오지 못하도록 마음의 거름망을 단단히 쳐야 한다. 지금 바로 확인해보자. 나의 영혼, 나의 의지를 지키는 불침번이 혹시 졸고 있지는 않은지를……

(5) 그래도 나만의 정직한 길을 가라

그래도

(작자 미상)

사람들은 때로 변덕스럽고 자기중심적이다.

그래도 그들을 용서하라.

당신이 친절을 베풀면 사람들은 당신에게

숨은 의도가 있다고 비난할 것이다.

그래도 친절을 베풀라.

당신이 정직하고 솔직하면

상처받기 쉬울 것이다.

그래도 정직하고 솔직하라.

네가 평화와 행복을 누리면

그들은 질투할지 모른다.

그래도 행복하라.

오늘 당신이 선을 행하면 사람들은

내일이면 잊어버릴 것이다.

그래도 선을 행하라.

정직하고 솔직하면 불이익을 당하거나
불리한 위치에 놓일 수도 있다.
그래도 정직하고 솔직하라.

가장 위대한 생각을 하는 사람일지라도
가장 작은 생각을 하는 사람들의 총에 쓰러질 수 있다.
그래도 위대한 생각을 하라.

사람들은 약자에게 동정을 베풀면서도
강자만을 따른다.
그래도 소수의 약자를 위해 싸우라.

당신이 몇 년을 걸려 세운 탑이
하룻밤 사이에 무너질 수도 있다.
그래도 탑을 계속 쌓아 올려라.

당신이 마음의 평화와 행복을 발견하면
사람들은 질투를 느낄 것이다.
그래도 평화롭고 행복하라.

당신이 가진 최고의 것을 세상에 내줘도
부족할지 모른다.
그래도 최고의 것을 세상에 주라.

인도의 가난하고 병들고 고통 받는 이들을 위해 한평생을 바친 테레사 수녀가 벽에 걸어두고 매일 암송했다는 시다. 테레사 수녀는 성 마리아 수녀원의 부속학교에서 근무했다. 인도에 파견된 영국계 백인의 자식들을 가르치던 안전하고 편안한 생활이었다. 그러나 수녀는 이를 마다하고 전쟁과 투쟁, 약탈과 방화, 암살이 수시로 이루어지는 험지를 택했다. 그 속에서 굶주림과 병마로 고통 받는 난민들에게 손길을 내밀었다. 그 길이 내가 가야 할 정직한 길이라는 신념이 꽉 차 있었다.

성공하는 사람의 이야기에는 공통점이 있다. 첫째, 자신이 좋아하는 일을 한다. 둘째, 남들과 다르게 생각한다. 셋째, 평생 지속적이라는 것이다. one of them의 삶이 아닌 only one의 삶을 산다는 것이다.

'주위 환경보다는 내면의 그 무엇이 더 중요하다는 신념을 가진 사람들만이 빛나는 성과를 이룰 수 있었다.'는 블루스 버튼의 말에 공감한다. only one의 삶을 산다는 것이 바로 내가 내 인생의 주인으로 사는 삶이다. 내 가슴 안에 내가 정직한 주인으로 자리 잡고 앉아야 한다. 내가 앉아 있어야 할 자리를 함부로 남에게 내어 주어서는 안 된다. 주인의 올바른 정신이 부초처럼 시류에 따라 이리저리 떠다니지 못하도록 정직한 마음을 가다듬고, 잠시도 한눈 팔지 말아야 한다.

이 길이 내가 가야 할 길이라면 무소처럼 우직하게 가야 한다. 끝까지 가야 한다. 우직하게 끝까지 가기 위해서는 용기가 필요하다. 용기란 두려움이 없는 것이 아니라 두려움을 이기는 것이다. 좌절과 시련이 왜 없겠는가. 때로는 유혹도 있을 것이고, 지치고 두렵고, 갈등도 있을 것이다. 그러나 명심하자. 삶은 순간순간의 점이고, 그 점이 모여 선이 되고, 그 선이 길어져 인생이 된다는 것을. 그리고 그 한 점을 잘못 찍으면 돌이킬 수 없는 오점이 되고 한 점을 다음 점과 잇지 못하면, 그 선은 끊어지고 만다는 것을. 인생은 긴 선이다. 그 긴 선 전체를 아름다운 선으로 만들기 위해서는 순간순간의 점을 잘 찍어야 한다. 한 번의 실수로 나의 이름에 먹칠을 해서는 안 된다.

남아프리카공화국 최초의 흑인 대통령 넬슨 만델라는 아파르트헤이트-남아프리카공화국 백인 정권의 극단적인 인종차별 정책-철폐운동과 인권 운동에 평생을 바쳤다. 넬슨 만델라는 27년간 흑인 전용 교도소에서 수감생활을 하면서도 자기의 신념을 굽히지 않았다. 한 수감자가 넬슨 만델라에게 수차례 탈옥제의를 해왔다. 그는 구체적인 탈옥 방법과 루트까지 제시했다. 성공확률이 높은 제안이었다. 여러 번 마음이 흔들렸지만 이에 응하지 않기로 했다.

'시간이 걸리더라도 내 발로 정정당당하게 나갈 거야.'

탈옥을 제의한 이 수감자는 국가에서 보낸 비밀 첩보원으로 훗날 밝혀졌다. 만약 넬슨 만델라가 그의 제의에 응해 탈옥하는 날에는 미리 기다렸다가 사살할 계획이었다.

넬슨 만델라가 수감생활을 하는 27년 동안 하루도 빠짐없이 낭송한 시가 있다. 영국의 시인 윌리엄 어니스트 헨리의 인빅터스

(invictus 라틴어로 '정복불능 또는 정복되지 않는'이라는 뜻)라는 시다.

인빅터스(invictus)
- 윌리엄 어니스트 헨리 -

온 세상이 지옥처럼 캄캄하게
나를 뒤덮은 밤의 어둠 속에서
어떤 신이든 내게 불굴의 영혼을
주셨음에 감사한다.

옥죄어 오는 어떤 잔인한 상황에서도
나는 머뭇거리거나 울지 않았노라.

운명의 몽둥이에 수없이 두들겨 맞아
내 머리는 피 흘리지만 굴하지 않노라.

분노와 눈물로 범벅이 된 이승 저 너머로
유령의 공포만이 섬뜩하게 모습을 드러낸다.

그러나 세월의 위협은 지금도 앞으로도
내 두려워하는 모습을 보지 못하리라.

상관치 않으리라, 천국 문 아무리 좁고

저승 명부에 온갖 어떤 형벌이 적혀 있다 해도

나는 내 운명의 주인이요.

나는 내 영혼의 선장이나니.

지혜로운 삶은 정직에서 찾아라

(1) 사기를 당하지 않으려면 정직하라

'대한민국은 사기 공화국이다.' 물론 과장된 표현이다. 하지만 부정만 할 수 없는 것이 현실이다. 2006년에 단군 이래 최대 사기 사건이라는 '제이유' 사건이 터졌다. 사기 피해자가 9만 3,000여 명, 피해 금액이 4조 5천억 원으로 추정된다. 주수도 제유JU 그룹 회장의 다단계 영업 사기사건이다. 주수도는 '제이유' 사건 전에도 일영인터내셔널 사기사건으로 구속(1999년)되기도 하고 주코 사기 사건으로 다시 구속(2002년)되기도 했다.

주수도 사기 사건이 채 진정되지도 않은 2008년에 다시 조희팔 사기사건이 터졌다. 건강보조기구 대여사업을 운영하면서 고수익을 얻을 수 있다고 속여 7만여 명의 투자자들로부터 5조 715억 원의 돈을 가로챘다.

투자자들에게 편취한 돈 중 일부는 돌려주었지만, 엄청난 투자금을 갈취한 후에 검경의 수사가 진행되자, 2008년도에 중국으로 밀항했다. 조희팔에게 돈을 돌려받지 못한 피해자만 4만여 명에 이르며 자살한 피해자만도 30여 명이나 되는 것으로 알려졌다. 이쯤 되면 '사기 공화국'이란 말을 부정할 수만은 없지 않을까.

'속여야 산다.'라는 말도 생겨났다. 2015년 3월 서울 강남에서 있었던 일이다. 사기꾼을 등친 고수 사기꾼을 다시 사기 친 왕고수 사기사건이 발생했다.

스물두 살의 오 씨 등 일행 4명은 모바일 메신저를 통해 보이스피싱 조직으로부터 "현금 인출책 역할을 맡아 달라. 은행 창구에서 직접 피해금을 찾을 사람을 데려오면 수수료를 많이 주겠다."는 제안을 받았다. 오 씨 일당은 제안을 받아들이는 척하며 모 은행에서 보이스피싱으로 들어온 돈을 찾았다. 보이스피싱 조직원이 돈을 받으러 접근하자 상반신의 용 문신을 드러내 위협하고 폭행했다. 보이스피싱 조직원이 도망가자 오 씨 등은 인출금 4,680만 원을 들고 그대로 달아났다.

그러나 오 씨 일당은 대포차 판매업자에게 뒤통수를 맞았다. 오 씨 등은 가로챈 돈으로 외제 대포차를 2대 샀지만, 차를 판매한 업자는 차에 부착한 위성항법장치GPS를 이용해 위치를 파악한 뒤 주차된 차를 훔쳐갔다.

결국 사기꾼인 보이스피싱 일당을 등친 고수 사기꾼을 왕고수 사기꾼인 대포차 판매자가 다시 등친 셈이다.

이것이 우리나라에서 일어나는 일이다. 지금도 어디에선가는 사기를 치느라 머리를 굴리는 사람이 있을 것이고 누군가는 그 사기에 걸려들고 있을 것이다. 또한, 지금 어느 경찰서에서는 사기를 당했다고 고소장을 써서 접수하는 사람도 있을 것이고, 누군가는 사기가 아니라고 경찰관의 심문에 변명하느라 머리를 쓰고 있을 것이다.

우리나라에는 251개의 경찰서가 있다. 경찰서에서 사기사건을 처리하는 곳이 수사과 경제팀이다. 251개 경찰서마다 경제팀에 사기사건이 넘쳐난다. 경제팀에 지원하는 경찰관이 없어 야단이다. 넘치는 사건으로 지쳐서 기피부서가 된 지가 오래다. 오죽했으면 넘쳐나는 사건을 도저히 감당하지 못하자 사건 서류를 산속에 묻어버리는 경찰관까지 있었을까? 경찰청에서는 전국 경찰서 경제팀 인원을 보강하고 고소 접수단계에서부터 걸러내어 사건을 줄여 보려고 노력하지만 사기 사건은 갈수록 늘어나기만 한다.

옛말에 '도둑놈보다 도둑을 맞은 사람이 더 나쁘다.'라는 말이 있다. 도둑놈이야 당연히 지탄을 받아야 마땅하지만 챙길 만한 사람이 자기 물건을 제대로 관리하지 못하거나, 도둑을 맞은 뒤 함부로 남을 의심해서는 안 된다는 의미로 생겨난 말이다.

이렇듯 사기와 사기꾼이 판치는 세상에 사기만 당하지 않고 살 수 있다는 것도 큰 지혜다. 남편이 아무리 돈을 많이 벌어 와도 부인이 근검절약하지 않으면 돈을 모으지 못하듯 돈 관리도 버는 것 못지않게 중요하다. 한 번 당한 사기로 가계가 몰락할 수 있다. 내 주변에는 초등학교 교사로 평생을 근무하고 퇴임하면서 여유 있는 인생 2막을 기대했지만, 퇴직금을 몽땅 사기당하는 바람에 20년 넘게 쪽방에서 처절하게 지내는 분이 있다.

사기를 당한 후에는 경찰서를 찾아가고 유명하다는 변호사를 선임해 봐도 피해구제를 받는 예가 드물다. 범인을 검거하고 재판에 넘겨도 편취한 돈을 이미 탕진했으니 받아낼 도리가 없다. 정신 바짝 차리지 않으면 어느 정치인의 말대로 '한 번에 훅 가는' 무서운 세상이다.

사기꾼이 노리는 수법을 알면 사기를 예방할 수 있다. 사기꾼이 노리는 대상은 욕심이 많은 사람이다. 일확천금을 노리는 사람은 아주 좋은 먹잇감이다. 일하지 않고, 어렵지 않게, 자본을 덜 들이고 고수익을 올리고 싶은 사람을 찾는 것은 사기꾼의 첫 번째 시장조사인 셈이다. 좋은 땅을 소개한다거나, 저렴한 이자로 융자해준다는 유혹의 전화를 많이 받게 된다. '이런 전화에 관심을 갖는 사람이 있을까?' 하지만 그런 전화는 여전히 걸려온다. 왜? 장사가 되니까. 걸려드는 사람이 있으니까. 사기가 먹혀드니까. 천 명에게 낚시를 던져 한 명만 걸려들어도 수지가 맞으니까 목소리 예쁜 아가씨들을 고용해서 전화 요금 아까워하지 않고 무작위로 낚시를 던지는 것이다.

나쁘기야 사기꾼이 백번 나쁘다. 하지만 그 사기에 걸려드는 사람도 과실이 없다고는 볼 수 없다. 물론 유형에 따라서는 그렇지 않은 경우도 많다.

그러나 사기의 속성은 욕심 많은 상대방을 대상으로 그 욕심을 이용하여 욕심을 취하는 범죄다. 상대방의 욕심을 이용하여 욕심을 취하는 쪽이 사기를 치는 것이고, 그 욕심을 취하려다 욕심에 걸려드는 쪽이 사기를 당하는 사람이다. 넘어가지 말아야 한다. 그러기 위해서는 나부터 욕심을 부리지 말아야 한다. '세상에 공짜는 없다.'라는 말이 진리다. 이 진리만 믿으면 사기는 당하지 않는다. 러시아의 속담을 명심하면 더 안전하다. '공짜는 쥐덫 속의 치즈밖에 없다.'

(2) 비법(祕法)은 없다. 정도(正道)만 있을 뿐이다

'공부 잘하는 비법' 얘기만 나오면 자다가도 벌떡 일어나는 것이 한국 사람이다. 학생들도 그렇고 학부모도 그렇다. 한 달 안에 외국인과 회화가 가능하다느니 영어 단어가 자기도 모르게 술술 외워지는 비법이라느니 하는 광고를 보면 세상을 살 만큼 산 50~60대 나이에도 눈길이 가는데 공부에 멀미를 앓는 학생이나 부모 입장에서는 그보다 더 솔깃한 이야기가 어디 있겠는가?

진짜 그런 비법이 있을까? 다른 사람들은 공부의 비법을 알고 힘들이지 않고 공부하는데 나만 비법을 몰라 고생하고 있는 것은 아닐까? 공부라는 것이 워낙 어렵다 보니 자꾸 귀가 얇아지게 된다.

단언컨대 비법은 없다. 다만 정도正道만 있을 뿐이다. 공부하는 요령을 이야기할 때 '막고 푼다.'라는 말을 쓰기도 하는데 이 말이 '정도'를 잘 표현하는 말이라고 생각한다. 즉 물고기를 잡는 방법 중에는 여러 방법이 있다. 그물로 잡는 방법, 낚시로 잡는 방법, 스쿠버 장비를 이용하여 직접 물속에 들어가 잡는 방법도 있다. 대단한 발상이다. 고도로 발달한 사람만이 생각해 낸 비법이다. 그러나 이런 방법에는 허점도 따르게 마련이다. 쉽게 잡을 수는 있을지언정 그 안에 있는 물고기를 몽땅 다 잡아내기는 어렵다. 가장 원시적인 방법을 쓰면 힘은 들지만, 물고기를 한 마리도 놓치지 않고 잡을 수 있다. 물고기가 든 물을 모두 퍼내고 물고기를 잡는 방법이다. 물이 들어오는 물줄기를 막고 그 물을 다 퍼내면 그 안에 있는 물고기는 몽땅 다 잡을 수 있다. 과장된 표현이겠지만 비법보다 단순한 노력이 성과를 낼 수 있다는 뜻이다. 하지만 공부하는 사람은 이런 각오가 필요하다. 노력 없이 이루어지는 것은 없다. 이것이 원칙이고 진리이기 때문이다.

'공부의 신'으로 불리는 강성태 공신 닷컴 대표의 저서 『미쳐야 공부다-18시간 공부 몰입의 법칙-』이란 책을 읽다 보면 공부에는 왕도가 없고 최선을 다하는 노력일 뿐이라는 강 대표의 말에 공감이 간다.

강 대표는 중학교 2학년 시절까지 본인 표현에 의하면 '찌질이'로 지냈다. 같은 반 일진 친구가 자기 얼굴에 침을 뱉었다. 수치스러워 견딜 수가 없었다. 침을 뱉은 일진에 대한 원망보다 저항도 못 하고 자기 손으로 그 침을 닦아내야만 했던 자기가 더 원망스러웠다. 그 수치심을 참아내고 자기만의 힘을 기르기 위해 공부를 시작했다. 왕도나 비법을 찾지 않았다. 최대한 공부할 수 있는 시간까지 최선을 다해 공부했다. 그 시간이 18시간이었다. 그 결과 2001년도 수능 전국 상위 0.01%의 성적을 거두고 모두가 부러워하는 명문 대학에 들어가게 되었다.

나는 이처럼 왕도와 비법을 찾기보다는 최선을 다하는 공부 방식을 정직한 공부 방법이라고 하고 싶다. 최선을 다하지 않고 최고의 결과물을 기대하는 것은 바른 태도가 아니다. 누구든 정직하게 최선을 다하면 공부를 잘할 수 있다고 믿는다. 그것이 정도이기 때문이다.

나는 1980년에 순경으로 경찰관이 되었다. 순경이란 계급은 경찰 계급 11개 중 가장 낮은 계급이다. 경찰관의 계급은 순경부터 경장, 경사, 경위, 경감, 경정, 총경, 경무관, 치안감, 치안정감, 경찰청장인 치안총감에 이르는 순으로 되어 있다. 시험을 통하여 경정까지 승진할 수 있고 그 이상은 심사로만 승진할 수 있다. 나는 시험으로 승진할 수 있는 경정까지 다섯 번을 시험으로 승진했다. 근무하면서 공부를 한다는 것은 쉽지 않은 일이다. 더구나 여느 시험 못지않게 경찰 승진 시험은 경쟁률이 높다. 나는 다섯 번의 시험을 치면서 한 번도 코피를 안 쏟아 본 적이 없다. 공부할 시간을 짜내기 위해 생활 방식을 바꿨다. 출퇴근 시간을 줄이기 위해 사무실 근처 고시원에서 생활하고, 식사 시간을 줄이기 위해 구내식당을 이용하거나 김밥을 사다 책을 보며 먹었다. 공부하는 동안에는 명절도 휴일도 없었다. 1초도 헛되이 보내지 않는다는 마음으로 최선을 다했다. 그 증표가 코피다. 최선을 다한 노력의 결과는 시험을 볼 때마다 합격이라는 영광을 안겨 주었다. 그것도 우수한 성적으로. 이젠 추억이 돼버린 일이지만 그 추억을 더듬을 때마다 정직하게 공부했던 시절, 최선을 다해서 공부했던 순간이 자랑스럽고 대견하게 느껴진다.

왕도나 비법을 찾는 사람은 최선을 다하여 묵묵히 공부하는 사람을 앞설 수 없다. 노력 없이 큰 대가를 바라는 것은 정직하지 않은 태도이기 때문이다. 정직을 이기는 편법은 없다. 공부의 방식에도 이와 같은 정직의 원칙이 적용된다.

지금도 책상 앞에서 최선을 다하여 공부하는 의자 왕(?)들, 그리고 그들을 돌보는 부모님들에게 권하고 싶다. 지금 여러분이 하는 그 공부 방법이 정도라고, 힘들어도 그 정도를 가다 보면 힘든 만큼 기대하던 결과가 반드시 기다리고 있을 것이라고…….

강성태 대표의 충고가 다시 떠오른다.

"단 하루라도 최선을 다해 살아 본 적이 있는가? 하루를 보내고 나서 후회가 전혀 남지 않을, 더 이상은 움직일 힘도 남아 있지 않을 정도로 모든 것을 쏟아부었던 그런 날 말이다. 1년을 그렇게 보냈는지를 묻는 것이 아니다. 단 하루, 아침에 눈을 떠서 눈을 감기까지 고작 15시간 남짓한 시간 말이다."

(3) 한 번이라도 아쉬운 부탁을 하려면 정직하라

고스톱을 치면서도 조커 한 장은 들고 친다. 인생을 살면서 그대는 조커 몇 장이나 쥐고 사는가? 고스톱에서 조커는 한판의 승부에 영향을 미칠 뿐이지만 인생의 조커는 위급할 때 그대를 구해 줄 생명줄이 될 수도 있다.

나는 군 생활을 특전사에서 해서 낙하산을 여러 번 탔다. 낙하산을 타려면 등에 주 낙하산을 메고 앞가슴에는 예비 낙하산을 찬다. 주 낙하산에 문제가 발생하면 신속하게 주 낙하산을 해체하고 예비 낙하산을 펴서 안전하게 내려오기 위한 것이다. 예비 낙하산을 사용할 기회는 드물지만 예비 낙하산을 안 차면 불안해서 견딜 수가 없다. 허공에서 비상시에 대비할 아무런 장치가 없기 때문이다. 낙하산뿐만 아니라 안전이 필요한 경우에는 반드시 보조 장치를 갖추어야 생명과 신체를 보호할 수 있다. 비행기는 보조 엔진이 있고, 자동차에는 예비 타이어가 비치되어 있다. 또 배를 타면 비상시에 대비하여 구명복과 구명정을 갖추고 있다. 사람이 살아가는데도 비상시에 대비하는 보호 장치가 필요하다. 우리의 인생길에는 변고도 많고 위기도 많기 때문에 이에 대비하지 않으면 늘 위태로울 수밖에 없다.

기원전 1250년에 고대 그리스군과 트로이군 간에 전쟁이 일어났다. 트로이 왕자 파리스가 스파르타의 왕비 헬레네를 납치해 갔기 때문이다. 트로이 왕자에게 빼앗긴 헬레나를 본국으로 데려오기 위해서 그리스는 연합군을 결성하여 트로이로 들어가 10년간의 치열한 전투를 벌였다. 이때 그리스 연합국에 소속되어 있던 이

카타 국가의 왕이자 지략과 용맹을 겸비한 장수 오디세우스가 전쟁터로 떠나면서 외아들 텔레마쿠스를 친구인 멘토Mentor에게 맡겼다. 왕위를 이어줄 왕자가 허약했기 때문에 근심이 컸던 오디세우스는 당시 현자로 알려진 멘토에게 양육을 부탁했다.

오디세우스가 친히 고안한 목마의 계략, 일명 '트로이의 목마'에 의해서 트로이를 함락하고, 헬레네 왕비를 무사히 구출하면서 전쟁은 끝이 났다. 하지만 오디세우스는 전쟁이 20년 넘게 길어지게 되고 여러 가지 사정이 겹쳐 고국으로 돌아오는 기간이 늦어지고 있었다. 그동안 텔레마쿠스는 심신이 강건한 용사로 변모하여 갔다. 멘토는 텔레마쿠스를 한 나라를 이끌기에 충분한 인물로 키워냈다.

멘토가 텔레마쿠스를 길러낸 교육법에 따라 훗날 '멘토링Mentoring'이란 교육법이 나오게 됐다. 이 이야기가 후에 멘토의 유래가 되었다. 이 멘토의 유래에서 우리는 교훈을 찾아볼 수 있다.

첫째 일국의 왕도 친구에게 부탁하여야 할 사정이 생길 수 있다는 것이다. 사람은 누구나 혼자 살 수 없다. 이것이 인간 세상의 진리다. 무엇을 하는 사람이든지, 어떤 지위에 있는 사람이든지, 가난한 사람이든지 아니면 부자로 잘사는 사람이든지 다른 사람의 도움이 필요하다는 것이다. 이카타국의 왕 오디세우스가 친구에게 도움을 요청하듯 누구나 다른 사람의 도움이 필요할 때가 있다.

둘째는 오디세우스 왕은 참으로 정직하고 믿을 만한 왕이라고 추측할 수 있다. 왜냐하면, 그의 친구를 보면 그 사람을 알 수 있다는 말이 있듯, 오디세우스의 친구인 멘토가 현자라는 데서 우리는 오디세우스 역시 멘토 못지않은 현자였음을 짐작할 수 있다. 또한, 전쟁터에 나가 20년 넘게 소식도 없는 친구를 대신하여 그 친구의 아들을 훌륭한 인물로 키워낸 멘토의 인격을 볼 때, 그의 친구인 오디세우스 역시 그만한 사람일 것이라는 믿음을 가질 수 있다.

셋째는 진정성 있는 삶은 향기가 천 리, 만 리를 간다는 것이다. 기원전 1250년 전에 있었던 멘토의 참된 이야기가 오늘날까지 전해지고 있다. 그 이야기가 효시가 되어 오늘날 가장 중요한 멘토링이라는 교육 방식으로 이어져 가고 있으니 '참된 삶의 향기'가 얼마나 값진 것인지를 일깨워주고 있다.

6·25 전쟁이 일어나자 서울 시민들이 한시 바삐 피난을 떠나야 할 형편이었다. 은행에서 융자를 받아 작은 규모의 사업을 운영하던 어느 중년도 피난길에 오를 준비를 하던 중 자신이 빌린 돈을 갚아야 할 기일이 된 것을 알고 돈을 준비해 은행으로 갔다.

"여기 빌린 돈을 갚으러 왔습니다."

남자는 돈이 든 가방을 열며 은행 직원을 불렀다. 은행 직원은 남자를 보고 매우 난처한 표정으로 말했다.

"빌린 돈을 갚겠다고요? 전쟁 통에 융자장부가 어디 있는지도 모릅니다. 장부의 일부는 부산으로 보냈고, 일부는 분실됐습니다. 그래도 갚으시겠어요?"

은행 직원의 말에 남자는 잠시 어떻게 해야 할지 망설였다. 사실 갚을 돈을 은행 직원에게 준다고 해서 그 돈을 은행 직원이 자기 주머니에 넣지 않는다는 보장도 없었다. 하지만 남자는 여러 생각 끝에 돈을 갚기로 하고 영수증에 돈을 받았다는 도장을 찍어달라고 했다. 결국, 은행 직원은 남자의 뜻에 따라 돈을 받고 자신의 도장이 찍힌 영수증을 건네주었다.

6·25 전쟁이 끝난 후 남자는 가족들을 데리고 제주도에서 군납 사업을 시작했다. 신선한 생선을 공급하는 일을 맡게 되어 갈수록 물량이 많아지자, 그는 원양어선을 사야겠다는 마음을 먹었다. 그러나 수중에 돈이나 담보물이 전혀 없어 자신의 능력만으로는 도저히 배를 구입할 수 없었다. 남자는 사업 자금을 마련하기 위해 부산의 은행을 찾아가 융자를 신청했다. 그러나 은행에서는 전쟁이 막 끝난 후라 모든 것이 불확실한 상황에서 융자는 위험하다고 판단하여 그의 요청을 거절했다. 융자 받기를 포기하고 은행 문을 나서려다가 문득 자신이 전쟁 중에 서울에서 갚은 빚이 잘 정리되었는지 알아봐야겠다는 생각이 들었다. 발길을 돌려 예전에 받은 영수증을 은행 직원에게 보여주었다.

이 한 장의 영수증이 남자의 모든 상황을 바꿔 놓았다. 영수증을 본 은행 직원은 깜짝 놀라 소리쳤다.

"아! 바로 당신이군요. 피난 중에 빚을 갚은 사람이 있다고 전해 들었을 때 세상에 이런 사람도 있구나! 생각했습니다. 당신의 정직함은 은행가에서 전설처럼 회자되고 있답니다."

직원은 그를 은행장의 방으로 안내했고 은행장은 "당신처럼 진실하고 정직한 사업가를 만나 본 적이 없습니다."라고 말하면서 필요한 금액을 흔쾌히 융자해 주었다. 남자는 융자받은 사업 자금과 은행권의 신용을 바탕으로 성공적인 사업을 펼쳐 나갔다. 정직이란 어떠한 상황에서도 생각, 말, 행동을 거짓 없이 바르게 표현하여 신뢰를 얻는 것이다.

정직한 성품으로 한국의 존경 받는 경영자가 된 그가 바로 한국유리 공업주식회사의 설립자인 최태섭(1910~1998) 회장이다. 전쟁 중에도 정직한 성품으로 신뢰를 얻은 그는 어려운 시기에 정직을 밑천으로 사업을 번창시켜 국내 굴지의 기업을 키웠으며 급기야 유리를 수출하는 나라로 만들었다.

사람은 누구든지 도움이 절실할 때가 있게 마련이다. 궁지에 몰려 도움이 필요할 때도 있고, 더 크게 도약하기 위해 다른 사람의 도움이 필요할 때도 있다. 가족의 목숨이 위태로운 순간에 입원비를 위해 도움이 필요할 때도 있고, 잘 나가던 사업이 부도 위기에 몰려 급전이 필요할 때도 있다. 오디세우스처럼 가족의 부양을 다른 사람에게 부탁해야 할 형편이 닥칠 수도 있을 것이다. 절실한 어려움이 있을 때, 그 한 번의 도움이 인생의 지도를 바꾸는 중요한 계기가 될 수 있다. 그렇지만 도움이 필요할 때, 누군가에게 도움을 요청한다고 그때마다 친절하게 도움을 받을 수는 없다. 현실은 그렇게 은혜롭지만은 않다.

우리의 인생이 꼼짝없이 외통수에 걸렸을 때 당신은 어떻게 헤쳐 나갈 것인가? 이 외통수를 대비하여 당신은 조커 한 장은 지니고 있어야 한다. 우리 인생길의 조커 한 장 없이 산다는 것은 보험에 들지 않고 자동차를 운전하는 것과 다르지 않다. 인생길을 운전하는 우리의 조커는 정직이다. 정직이 신뢰의 원천이며 신뢰받는 사람으로 사는 보험이다. 외통수에 걸린 당신의 인생을 구제할 수 있는 유일한 길은 정직으로 신뢰를 두둑하게 쌓는 것이다. 막상 일이 닥쳤을 때는 벌써 늦다. 사고를 내고 보험에 가입하는 격이다. 아직 보험에 가입하지 않고 인생길을 운전하는 사람이라면, 만약의 상황을 대비한 조커 한 장 지니지 않은 사람이라면 지금 당장 정직과 친해지자. 바르게 살고, 바르게 신뢰를 쌓자. 돈도 들지 않는다. 마음을 착하게 먹으면 된다. 행동을 바르게 하면 된다.

(4) 정직하면 궁지에 몰려서도 화를 면할 수 있다

　과학수사연수원 부검실, 부검의가 변사체를 부검하기 시작했다. 부검의사 곁에는 두 사람이 더 있다. 한 사람은 열심히 사진을 찍는다. 시신의 전체 상태와 장기 하나하나를 요리조리 촬영한다. 그 옆에 또 한 사람이 부검의를 도와주면서 긴장된 마음에 마른 침을 삼키며 땀을 흘린다.

　죽은 사람의 사인을 밝히기 위해 시신을 다루지만 부검의는 물론이고 옆에서 사진을 찍는 사람이나 부검의를 보조하는 사람이나 여간 정성을 들이는 것이 아니다. 마치 자기 부모 시신을 다루듯 진실한 마음으로 예를 다한다. 사진을 찍는 사람은 윤 형사(사법경찰관)이고 부검 의사를 보조하는 사람은 박 형사(사법경찰리)다. 형사들 용어로는 윤 형사는 조장이고 박 형사는 조원이다. 군대 용어를 빌려 조장을 사수, 조원을 조수라고 부르기도 한다. 부검은 사인이 분명하지 않아 물에 빠져 사망한 것인지, 약물에 의한 사망인지, 외부 충격에 의한 사망인지 등을 확인하기 위해 시신을 해부하는 것이다. 부검의 결과는 범죄에 의한 사망 여부를 판가름하기도 하고, 범인을 검거하는 단서가 되기도 한다. 또한, 범인을 기소하고 형을 정하는 중요한 증거가 되기도 하므로 대단히 중요하다. 그 결과 못지않게 중요한 것이 절차이다. 형사소송법상 절차의 하자, 입증의 책임은 사법경찰관에게 있기 때문이다. 그 절차의 적정성과 증거의 신빙성을 위하여 부검 과정을 사진으로 찍어 수사 기록에 첨부하도록 되어 있다.

　이렇게 부검을 마치면 형사들은 쌓인 긴장을 풀고 부검의 현장에서 목격한 험한 모습을 잊기 위해서 설렁탕에 소주 한잔을 하고 그 날만은 좀처럼 다른 일을 하지 않는다. 형사 세계의 오래된 관행이다. 윤 형사와 박 형사도 시신을 유족에게 인도하고 소주 한 잔으로 피로를 달래고 집으로 향했다.

이튿날 형사계 사무실로 출근한 윤 형사가 박 형사를 사무실 밖으로 조용히 불렀다. 괄괄하던 윤 형사의 얼굴이 똥색이 되었다. 근심 어린 윤 형사가 아무 말도 못 하고 땅만 쳐다보며 종이컵에 든 커피만 입에 댔다 뗐다 한다. "왜? 무슨 일이 있으세요?" 몇 번이나 다그치는 조원에게 윤 반장이 한참 만에 입을 열었다. "큰일 났다. 어제 부검 사진이 잘못됐어. 카메라에 필름을 안 넣고 찍었어.", "그럼 한 장도 없다는 말이에요?", "그렇다니까?" 윤 형사의 말이 끝나기도 전에 박 형사가 그 자리에 주저앉고 말았다. 이걸 어쩐단 말인가.

부검의 기록이야 부검을 집도한 의사가 작성하기 때문에 문제가 없지만, 증거 사진이 있어야 하는데, 그 사진이 없다니. 시신은 유족에게 인도하여 장례를 치른 후였다. 이 말을 들은 박 형사는 하늘이 노랗게 보였다. 주저앉은 채 아무 말이 없던 박 형사가 엉덩이를 툭툭 털고 일어서면서 무겁게 입을 열었다. "어쩔 수 없죠. 다행히 시신은 화장하지 않고 매장을 했다고 하니 유족에게 양해를 구하고 무덤을 파서 시신을 찍을 수밖에요." 말은 그렇게 했지만, 박 형사도 앞이 캄캄했다.

어느 유족이 어제 묻은 아버지의 무덤을 파헤치라고 허락할 것인가? 윤 형사는 도저히 엄두도 못 냈지만, 박 형사는 변사자의 아들을 찾아갔다. 솔직하게 사연을 말하고 "우리의 잘못을 용서해주시고 무덤을 파서 사진을 찍게 허락해 주십시오." 진솔하게 말했지만 어림도 없다는 반응이다. 박 형사가 거듭 실수를 인정하며 애원하자 변사자의 아들이 돌아서기 시작했다. "아무리 생각해도 우리 가족들을 설득할 자신이 없다. 꼭 그렇게 해야 한다면 다른 가족 모르게 오늘 밤 안으로 무덤을 파서 사진을 찍고 흔적도 없이 원상태로 만들어라." 애원은 했지만, 도저히 기대하지 못했던 허락을 받았다.

그날 밤 윤 형사와 박 형사는 무덤을 파고 다시 시신을 찾아 사진을 찍은 다음 정중하게 예를 드리고 다시 묻어드렸다. 아들까지 세 명 외는 누구도 알지 못했다.

그 일이 있고 몇 년이 지나서 박 형사가 변사자의 아들을 만났다. 몇 년 전의 배려가 참으로 고마워 감사의 말을 전하면서 아들에게 물었다. "부탁하는 나도 내 부탁을 들어주기를 기대하지 못했다. 그런데 왜 그때 내 부탁을 들어주셨습니까?"

"너무 황당한 얘기라 어림도 없다고 생각했다. 그러나 당신들이 보여 준 행동 때문에 승낙했다. 첫째, 길바닥에 쓰러져 숨진 우리 아버지의 시신을 수습하는 모습을 보고 감동했다. 내 아버지의 시신이지만 선뜻 아들인 나도 만지기가 망설여질 정도로 부패한 시신을 당신들은 예를 갖춰 정성껏 수습해줬다. 아버지의 시신을 정성껏 수습하는 당신들에게 감사한 마음이 들었다. 둘째, 당신들은 실수를 변명하거나 거짓말하지 않았다. 정직하게 실수를 인정하고 용서를 구하는데 내 마음이 그만 녹아 버렸다. 셋째, 나 역시 필름이 제대로 감기지 않아 빈 셔터만 눌렀던 경험을 해봤다. 당신들의 실수가 나쁜 의도에서 나왔던 게 아니라는 걸 이해할 수 있었다. 그렇지만 가족들만은 이해할 수 없을 것 같아 나 혼자 결정한 것이다."

이 일이 있고 난 뒤 박 형사는 정년퇴임까지 더 진실하게, 더 겸손하게, 더 정직하게 살기로 결심했다고 한다. 왕년에는 형사 중의 형사로 이름 날리던 형사였으나 이제는 인생 2막을 살고 계신 선배 경찰관이 전해주는 체험담이다.

살다 보면 누구나 실수할 수 있다. 그 실수를 줄이려면 진실하게 살아야 한다. 진실 되게 살면 실수를 줄일 수 있다. 겸손은 실수의 충격을 완화해 준다. 또한 실수를 범했다면 정직하게 그 실수를 인정할 줄 알아야 한다. 정직하면 궁지에 몰려서도 화를 면할 수가 있다.

참신한 신앙을
바란다면 정직하라

(1) 유교, 선한 성품은 정직에서 나온다

유교는 공자(BC 552~479)가 그 당시까지 전승되어 온 문화와 사상을 집대성하여 체계화함으로써 성립하였다. 유교의 경전은 보통 사서삼경을 말한다. 사서란 논어, 맹자, 대학, 중용을 말하며, 삼경은 시경, 서경, 역경이다. 혹은 사서오경이라고도 하는데 오경은 위의 세 경서에 예기와 춘추를 포함한다.

유교의 경전은 하나같이 사람이 어떻게 하면 참다운 인간이 될 수 있을 것인가에 관한 내용이 주를 이루고 있다. 복잡하고 어쩌면 허공에 뜬 이야기처럼 들릴 수도 있겠지만 깊이 들여다보면 인간이 인간답게 살기 위해서는 정직하게 살아야 한다는 삶의 기반을 설파하고 있음을 알 수 있다.

유교 경전 중의 하나인 『중용』의 첫 문장에는 '천명지위성天命之謂

性(하늘로부터 부여받은 것을 인간의 본성이라고 한다)'이라는 말이 나온다. 이는 인간이란 하늘의 선한 성품을 그대로 이어받았기 때문에, 그에 맞추어 살려면 당연히 착하게 살아야 한다는 의미다. 또한 『중용』은 하늘의 도가 절대적 성실誠實에 있고 그것을 완성해 나가는 존재가 바로 인간이라고 말한다. 이 성실은 다름 아닌 중용으로 유교인들이 추구해 나가야 할 일생의 목표가 된다.

우리가 자주 인용하는 '수신제가 치국평천하'는 유교 경전인 『대학』에 나오는 구절이다. 대학에서는 몸을 닦기修身(수신)에 앞서 네 단계를 단계별로 밟아 나가야 한다고 한다. 즉 사물을 탐구하고格物(격물), 지극한 지혜를 얻으며致知(치지), 생각을 절대적으로 성실하게 하고誠意(성의), 자신의 마음을 바르게 해야 한다正心(정심). 이는 몸을 닦는 수신은 물론이고 수신 이전의 네 단계의 수행과정에서도 성의와 정심처럼 정직이라는 기본에 충실해야 한다는 가르침을 역설하고 있는 것이라 해석할 수 있다.

유교가 주장하는 수많은 덕목 가운데 가장 중심에 있는 덕목은 '인'이다. 불교를 '자비'의 종교, 기독교를 '사랑'의 종교라 부른다면, 유교는 '인'의 종교라 부르는데 그 이유도 여기에 있다. 인은 덕목의 완성을 의미하며, 모든 유교인들이 평생을 통해 자신을 닦으며 그 실천을 위해 노력해야 할 이상이기도 하다.

이러한 '인'에도 정직의 실천적 의미가 깔렸음을 그 해석을 통하여 찾을 수 있다.

"인이 무엇입니까?"라고 제자 안연이 공자에게 물었다. 공자는 "인이란 극기복례克己復禮니라."라고 답했다. 이는 소아적인 자기,

사욕에 찬 나를 극복하고 공동체의 규범인 예를 서로 잘 지켜 편안한 사회를 만들자는 것으로 풀이할 수 있다. 여기서 극기는 인격을 닦는 수기의 뜻을 나타낸다면, 복례는 예에 맞는 실천을 통해 다른 사람을 편안하게 해 주는 안인의 뜻을 나타낸다.

"그렇다면 인을 어떻게 실천할 수 있겠습니까?" 하고 묻자 공자는 "예가 아니면 보지도, 듣지도, 말하지도, 움직이지도 말라."는 충고로 답했다.

유교에 있어서 황금률이라 할 수 있는 '충'과 '서'의 가르침에서도 정직이 그 가르침의 중심에 있고 그 가르침의 기반이라는 것을 알 수 있다.

공자의 또 다른 제자인 증자는 스승의 가르침을 충忠과 서恕로 보았다. 충은 인을 실천하는 적극적인 면을, 서는 소극적인 면을 반영한다.

종신토록 좌우명으로 삼을 수 있는 한 말씀을 달라고 청하자 공자는 '서'라고 대답했다. 그 설명으로 '서'는 내가 원치 않는 것을 다른 사람에게도 하지 않는 것이라고 말했다. 이와 같은 공자의 가르침이 곧 정직한 사람의 태도라고 생각한다. 공자께서는 정직이라는 표현은 사용하지 않았지만 '내가 원하지 않는 일을 다른 사람에게도 하지 않는 것'은 정직한 사람이 가져야 할 도리이며 태도다. '서'에 대한 공자의 가르침이 정직의 실천을 강조한 것으로 이해할 수 있는 공자의 말씀이 또 있다.

공자께서는 내가 원치 않는 것을 다른 사람에게도 하지 않는 것에 그치지 말고 한 걸음 더 나아가 다른 사람에게서 바라는 바를 자기가 먼저 행하라고 충고한다. 자신이 서고 싶으면 다른 사람을 먼저 세워주고 자신이 잘 나가고 싶으면 다른 사람을 먼저 밀어주라고 강조한 대목이다.

어떻게 하면 참다운 인간이 될 수 있는가? 이것이 유교 경전의 중심 내용이라면 그 기반은 정직이다. 바른 마음, 바른 행동, 성실한 실천이 바탕이 되지 않고는 '인'도, 인의 실천 방식인 '충'과 '서'도 실현할 수 없기 때문이다. 유교의 가르침에 따르고 싶거나, 따르는 사람이라면 정직한 삶이 유교의 밑바닥에 깔린 실천이성임을 알아야 한다. 정직한 삶이야말로 유교인이 가야 할 올바른 길이다.

(2) 불교, 자비 사상의 뿌리는 정직이다

불교의 핵심적 사상은 자비이다. 세상 모든 존재는 불가분의 연관 관계를 맺고 있으므로 이것을 자각함으로써, 세상 모든 생명에 대한 경외심을 가지고 이것을 존중해야 한다는 것이다. 내가 중요하듯 남도 소중하다는 생각을 가져야 하고, 나를 아끼듯 다른 것도 아낄 줄 알아야 한다는 것인데, 이것이 바로 자타불이의 정신이다.

자타불이의 정신에서 자비의 사상이 나왔다면, 자타불이의 정신은 정직에서 나왔다고 볼 수 있다. 정직한 마음, 즉 하늘에서 준 우리의 순수한 마음에서라야 생명에 대한 경외심을 가질 수 있기 때문이다. 나를 소중하게 알고, 나의 신체와 생명에 대하여 존엄성을 가지는 자만이 남도 소중하고 존엄한 존재라는 것을 깨달을 수 있다. 이렇듯 정직한 마음, 정직한 행동이야말로 불교 사상의 근본임을 알 수 있다.

불교의 기본적인 교리로 사성제를 들 수 있다. '현실 세상에서의 고통의 원인과 그 결과로 고통이 나타나고, 이 고통을 벗어나려는 방법과 그 결과로 열반의 경지에 이르게 된다'는 내용이다.

사성제는 석가모니가 스스로 깨달음을 얻었으나 그 이치가 매우 복잡해 세상 사람들이 이해하기가 곤란하다는 것을 알고, 알기 쉽게 설명하기 위해 고안한 최초의 설법 내용이기도 하다. 사성제는 이론에 근거를 두면서도 오히려 실천을 강조한 교리다. 그러므로 불교도는 물론 일반 시민에게도 실천의 교훈으로 삼을 수 있도록 현실적이며 구체성 있게 설명하고 있다.

불교의 기본 교리인 사성제에서 우리가 눈여겨볼 것은 그 내용 속에는 정직이 중심을 이루고 있다는 것이다. 어느 종교든지 정직을 배척하는 종교는 없다고 하지만 기본 교리에서 정직을 드러낸 종교가 불교이다.

사성제를 이해하면서 그 속에 담긴 정직한 삶의 가치가 얼마나 소중한지를 살펴볼 필요가 있다.

사성제를 살펴보면 이러하다.

첫째, 현실 세계가 모두 고통이라 여기는 것으로 이를 고성제苦聖諦라고 한다. 고성제는 태어나는 것, 늙는 것, 병드는 것, 죽는 것 등을 포함하여, 현실 세계에 존재한다는 것 자체가 모두 괴로움이라는 것이다.

둘째는 그 괴로움에는 원인이 있다는 것으로, 어리석은 중생이 모든 사물은 변한다는 이치를 깨닫지 못하고 현실 세계의 인식에 집착하여 고통이 발생한다고 보았는데, 집착이 바로 그 원인이라고 하는 집성제集聖諦이다.

셋째는 괴로움은 완전히 멸할 수 있으며 괴로움을 없앤 상태가 해탈이라고 한다. 멸이라는 뜻은 '없앤다.'라는 뜻이다. 현실 세계의 고통의 원인인 집착과 탐을 없애고, 고통이 없는 청정무구한 해탈의 경지에 도달하는 것. 이것을 멸성제滅聖諦라고 한다.

넷째는 괴로움을 없애고, 최고·최후의 목표인 열반에 들기 위한 8가지의 바른 수행 방법이 있다고 보았다. 이것이 멸도성제滅道聖諦이다. 불도를 완전하게 이루어 일체의 번뇌를 해탈한 최고의 경지인 열반에 들게 하는 수행방법이 바로 팔정도다.

팔정도를 하나하나 살펴보면

① 정견正見: 올바른 견해를 의미한다. 즉 자기와 세계를 보는 바른 가치관을 가져야 한다는 것이다.

② 정사유正思惟: 바르게 생각하는 것이다. 현실 세계를 있는 그대로 바라보고 이치에 맞게 합리적으로 사고하는 것을 말한다.

③ 정어正語: 올바른 말을 뜻하며, 허망한 말 대신 진실한 말을, 입에 발린 말 대신 정직한 말을, 이간질하는 말 대신 화합시키는 말을, 험악한 말 대신 부드럽게 말하는 것을 가르치고 있다.

④ 정업正業: 올바른 행동을 할 것을 가르치고 있다. 정업은 살생하지 말고 방생하며, 도적질하지 않고 보시하며, 음란한 생활을 하지 말고 청정하게 생활하는 것을 말한다.

⑤ 정명正命: 바른 견해에 따라 전체적인 생활에서 바른 몸가짐과 마음가짐을 가지고 이를 실천하는 것이다. 정명은 실천적 과정에서의 방법을 강조한 것이다.

⑥ 정정진正精進: 올바르게 노력하라는 것이다. 이는 곧 불자로서의 구도 자세라고 볼 수도 있는데, 아직 발생하지 아니한 악이 생기지 못하게 하고, 발생하지 않은 선을 발생하게 하는 일이며, 옳은 일에는 물러섬이 없고 실천해나가는 정열과 용기를 뜻하기도 한다.

⑦ 정념正念: 욕심과 탐욕을 버리고 항상 해탈의 경지를 위하여 정신을 집중함으로서 얻어지는 바른 생각을 말한다. 참된 진리를 항상 명심하여 다른 잡념이 스며들지 않도록 하는 정사유와 함께 내면적인 마음을 확실하게 다스리는 것이다.

⑧ 정정正定: 바르게 집중集中한다는 뜻으로, 마음을 한곳에 모으는 것이다. 정정은 정념이 더욱 깊어진 상태로서, 정념의 성취로 몸과 마음의 조화가 이루어지고, 온갖 번뇌와 어지러운 대상이 모두 없어지게 되면서 모든 것이 빛나는 경지를 말한다.

인간의 온갖 번뇌에서 벗어나 불교도로서 최고의 목표인 열반에 들기 위한 8정도는 정직의 총체적 의미를 표현한 교리이다. 이보다 더 정직한 마음, 정직한 신체, 정직한 행동, 정직의 실천을 설파할 수 있을까. 더 뺄 것도, 더할 것도 없는 정직의 모든 것을 담아내고 있다.

불교는 현존하는 가장 오래된 종교이다. 기원전 6세기경 인도에서 고타마 붓다에 의해 성립된 후 지금까지 이어져 오고 있다. 특히 출가자인 승려만의 종교에서 벗어나 널리 민중에게까지 폭넓게 개방하여 대승불교로서 발전하고 있다. 이러한 불교의 영원무궁한 사상의 근원에는 정직이 있다는 것을 우리는 알아야 한다. 정직은 인간 사회의 본질이기 때문에 역사와 종교를 초월하는 가르침이 되는 것이다. 진정한 불교도라면 정직해야 한다. 불교의 중심 교리의 근원이 정직이기 때문이다. 일반 시민 역시 정직한 삶을 살아가야 한다. 시민 정신의 뿌리도 정직이기 때문이다.

(3) 기독교, 프로테스탄트의 정신은 정직에서 나왔다

기독교는 '사랑의 종교'로 상징된다. 하나님으로 섬기는 예수가 사람들의 죄를 짊어지고 십자가에 못 박혀 죽임을 당하고, 십자가에 못 박힌 지 3일 만에 부활한다. 사랑의 화신이 된 예수. 인간을 사랑하다 사람들에게 못 박혀 죽임을 당하면서까지 사람을 사랑한 예수. 예수는 원수까지를 사랑하라는 교훈을 실천했다.

기독교는 사랑의 종교에 머무르지 않는다. 사랑과 정의의 종교다. 정의를 세우고 부정을 몰아내자는 종교가 바로 기독교다. 정직의 가치를 강조하고 실천하는 종교가 기독교다.

기독교가 정의와 정직을 얼마나 소중한 가르침으로 여기는지는 지금 당장 확인할 수 있다. 대형 서점에 가서 정직에 관한 책을 찾아보라. 인터넷 서점이나 도서관에 가서 정직이라는 책이나 논문 또는 읽을 만한 자료가 있는지를 찾아보라. 안타깝게도 성인을 대상으로 하는 정직이란 자료는 찾아보기 어렵다. 그나마 기독교계에서 발간한 자료가 대부분을 차지한다. 요즘에 정직을 가르치고, 정직을 실천하자고 권장하는 곳이 얼마나 되는지 살펴보자. 올바른 인성을 길러내야 할 학교마저도 중학교에 올라가면서부터는 정직이란 말을 찾아보기 어렵다. 국가와 사회, 학교마저도 정직을 외면하는 상황에서 교회에서만큼은 설교 때마다 정직을 강조하고 있다. 정의로운 사회를 만들자고 외치고 있다. 나는 그래서 교회가 고맙다.

크리스천을 프로테스탄트Protestant라고 한다. 프로테스트Protest

는 '저항하다, 반대하다.'라는 뜻을 가진다. 16세기 마르틴 루터, 츠빙글리, 칼뱅 등은 부패한 가톨릭에 대항하여 종교개혁을 일으켰다. 그리고 부패한 로마 가톨릭에서 떨어져 나온다. '프로테스탄트'라는 말은 1529년 독일 스파이어 회의의 판결에서 마르틴 루터가 로마 가톨릭 세력에 저항Protestatio한 데서 생겨났다.

이렇듯 크리스천은 거짓, 불의, 어둠과 악에 저항하는 사람이다. 따라서 거짓과 불의, 악과 부정에 휩쓸려 가는 사람은 크리스천이 아니다. 당당히 그들에게 저항하는 사람이 크리스천이다.

크리스천의 삶의 방식은 세상의 다른 사람들과는 달라야 한다. 똑같은 삶을 살고서는 크리스천이라고 할 수 없다. 로마서 12장 2절은 '너희는 이 세대를 본받지 말고 오직 마음을 새롭게 함으로 변화를 받아 하나님의 선하시고 기뻐하시고 온전하신 뜻이 무엇인지 분별하도록 하라.'라고 말씀하신다.

크리스천은 '정직하게 이기는 사람이 하나님의 방법으로 이기는 자'라는 것을 아는 사람이다. '축복은 정직하게 살고, 정직하게 웃을 때만 나에게 돌아온다.'는 것을 믿고 실천하는 사람이다.

크리스천에게는 '얼마나 많이 벌었느냐?' 보다는 '어떻게 벌었느냐'가 더 중요하다. '얼마나 높은 곳까지 올라갔느냐'가 중요한 게 아니라 '어떻게 올라갔느냐'가 더 중요하다. '지금까지 어떻게 살아왔느냐?' 보다는 '앞으로 어떻게 살아갈 것이냐'가 더 중요하다.

현대인들은 결과를 중요하게 생각한다. 하지만 크리스천은 결과보다는 과정을 중요하게 여기는 사람이다. 수단과 방법을 가리지 않고 얻은 일시적인 성공이 영원한 성공이 되지 않는다는 것을 아는 사람이다. 성경에서는 정직에 대하여 강직하다.

- 악한 자의 집은 망하겠고 정직한 자의 장막은 흥하리라(잠언 14
  장 11절)
- 정직한 자의 성실은 자기를 인도하거니와 사악한 자의 패역은
  자기를 망하게 하느니라(잠언 11장 3절)
- 의인의 길은 정직함이여 정직하신 주께서 의인의 첩경을 평탄
  하게 하시도다(이사야 26장 7절)
- 청결하고 정직하면 반드시 너를 돌보시고 네 의로운 처소를
  평안하게 하실 것이라(욥기 8장 6절)

예수는 정직한 사람만을 크게 사용했다. 성경에 쓰임 받는 노
하, 아브라함, 이삭, 야곱, 요셉, 모세, 한나, 사무엘, 모두가 다 정
직한 사람이었음을 알 수 있다. 이는 예수의 쓰임을 받으려면 정직
해야 한다는 뜻이다. 예수의 부르심을 받고 그 뜻을 따르겠다고 나
선 크리스천이라면 정직하지 않으면 안 된다.

제리 화이트는 그가 쓴 『정직, 도덕 그리고 양심』이란 책에서 정
직을 네 가지로 나누어서 설명하고 있다.
첫 번째 정직은 일반적인 정직이다. 이것은 우리가 거짓말을 하
지 않는 것을 말한다.
두 번째 정직은 법률적인 정직이다. 이것은 법이 정한 틀 안에서
정직한 것을 말한다.

세 번째 정직은 내면적인 정직이다. 이것은 마음에 양심의 소리를 듣는 것이다.

네 번째 정직은 바로 성경에서 말하는 정직이다. 하나님 앞에서 정직한 것이다.

모든 정직이 남을 속이지 않는 것이다. 그런데 앞에 세 가지 정직이 남과 자신을 속이지 않는 정직이라면, 마지막 정직은 남과 자신 그리고 하나님까지도 속이지 않는 정직이다. 하나님까지 속이지 않는 정직이야말로 하느님이 보시기에 정직한 정직이라고 설명하고 있다.

크리스천이 아니라도 우리는 정직해야 한다. 남을 속여서도 안 되고, 나를 속여서도 안 된다. 법이 정한 틀에서도, 내 안의 양심에 저촉되어서도 안 되기 때문이다.

"나는 크리스천입니다." 하고 당당하게 말할 수 있으려면, 하나님이 보기에도 정직해야 한다. 크리스천은 거짓, 불의, 어둠과 악에 저항하는 사람이어야 하기 때문이다.

(4) 원불교, 정신개벽 사상의 뿌리는 정직이다

원불교가 세상에 나오면서 내건 구호는 '정신개벽'이었다. 물질이 개벽되고 있으니 이를 조종하고 활용하는 사람의 정신도 개벽하자는 것이다.

인류사회는 과학과 산업이 발전하면서 하루가 다르게 바뀌고 있다. 지금 우리가 사는 사회만큼 물질문명이 발전한 적은 없었다. 물질은 급속히 개벽하고 있는데 과연 그 물질을 다루고 활용할 사람의 정신은 개벽이 되었는가? 알파고와 사람의 바둑 대결에서 사람이 힘없이 패하는 것을 우리는 전 세계 중계방송을 통해서 똑똑히 보았다. 이것이 끝이 아니다. 단지 시작일 뿐이라고 염려하고 있다. 이제는 사람이 만든 기계에 사람이 지배받는 시대가 닥치지 않을 것이란 보장이 없다.

원불교의 창시자 소태산은 일찍이 이를 염두에 두고 있었다. '마치 철모르는 아이가 칼을 들고 있는 것과 같은 형국에 처해 있다.'고 비유했다. 이런 불행을 방지하기 위해서 정신개벽을 들고 나온 종교가 원불교이다.

소태산은 정신개벽의 처방으로 '진리적 종교의 신앙'과 함께 '사실적 도덕의 훈련'을 내놓았다. 그중에 '사실적 도덕훈련'이란 도를 닦겠다고 산속에 들어가 일생을 허망하게 보낼 것이 아니라 생활을 하면서 사회의 구성원으로서 책임을 다하고 수행도 하자는 것이다. 생활 속에서 마주치는 모든 일을 불공하듯 하라고 권한다. 이른바 불상이 없는 데가 없으니 생활 자체가 수행이 되어야 한다는 처처불상處處佛像의 수행을 강조한다. 이러한 수행이 무르익게 되면 육체가 튼튼해지고 정신이 성숙해진다고 믿는다. 이러한 수준까지 수행이 되어야만 하루가 다르게 발전하는 과학이나 물질문명에 휘둘리지 않는 '개벽인'이 될 수 있다고 보는 것이다.

소태산이 변산에서 수양을 하던 때에 있었다는 실화는 처처불상의 수행을 쉽게 이해할 수 있다. 어느 날 길을 가는 노부부에게 어디를 가느냐고 묻자, 그들은 며느리가 하도 말을 안 들어 실상사에 불공을 드리러 간다고 대답했다. 기회가 있을 때마다 사람들이 아무 정情이 없는 불상에 비는 것을 비난해 오던 소태산이 이렇게 말했다. "두 분은 생명이 없는 등신불에는 불공을 드릴 줄 알면서 살아 있는 부처에게는 왜 불공을 드리지 않습니까?" 노부부가 소태산의 이 의외의 말에 놀라자, 그는 다시 "며느리가 바로 살아 있는 부처입니다. 바로 이 부처에게 공을 드려야지 등신불에 불공을 드릴 필요는 없습니다. 이것은 두 분께 효도하고 불효하는 직접적인 권한을 가진 사람이 바로 며느리이기 때문입니다."라고 대답했다. 노부부가 어떻게 해야 하느냐고 다시 묻자, 소태산은 어차피 불공에 들어갈 돈을 가지고 한 달 동안 며느리가 좋아할 물건을 사다 주라고 대답했다. 이 말을 들은 노부부는 일주일 단위로 며느리가 좋아하는 물건을 사다 주자, 처음에는 의구심을 갖던 며느리가 결국 한 달 만에 완전히 개과천선했다는 것이다.

원불교도 다른 종교와 같이 계명을 가지고 있다. 불교나 기독교, 천주교가 십계명을 가지고 있는 것과는 달리 30개의 계명을 가지고 있다. 교도教徒들의 신앙심이나 수행 정도에 따라 세 등급으로 구분하여 '보통급', 그 위의 등급인 '특신급', 그리고 최고위

등급인 '법마상전급'으로 분류하여 각 십계명씩 30계명을 가지고 있다. 그중에 초보자용이라고 할 수 있는 보통급 십계명의 내용만을 살펴봐도 원불교가 다른 종교 못지않게 정직과 관련성이 많다는 것을 알 수 있다.

〈보통급 십계명〉
① 연고 없이 살생을 말며
② 도둑질을 하지 말며
③ 간음을 하지 말며
④ 연고 없이 술을 마시지 말며
⑤ 잡기(雜技)를 말며
⑥ 악한 말을 말며
⑦ 연고 없이 쟁투(爭鬪)를 말며
⑧ 공금을 범하여 쓰지 말며
⑨ 연고 없이 심교간(心交間) 금전을 여수(與受)하지 말며
⑩ 연고 없이 담배를 피우지 말라

이처럼 십계명 중에 살생, 도둑질, 간음, 악한 말, 쟁투, 공금 유용과 같은 내용은 정직과 직결되는 내용임을 알 수 있다. 원불교에서는 생활 자체가 수행이 되어야 한다는 처처불상處處佛像의 수행을 강조하는 종교인 만큼 다른 종교보다도 생활 속의 정직을 강조하고 있다. 정직도 생활 속에서 실천되고 습관이 되어 생활 자체가 정직해야 하는 점에서 원불교의 사상과 정직은 더욱 친밀성을 가진다.

(5) 종교별 10계명과 정직의 가르침

대부분 종교는 계명이 있다. 그 종교집단에 속한 사람들이 꼭 지키도록 요구하는 규정이다. 종교별 10계명을 살펴보면 교리의 윤곽을 이해할 수 있다. 종교별 계명(또는 계율)을 비교하면서 서로 다른 점과 유사한 점을 눈여겨보자. 종교별로 정직한 마음, 정직한 행동의 가르침에 대하여 어떻게 규율하고 있는지 주의 깊게 살펴보자.

〈유교〉

① 불효부모사후회(不孝父母死後悔)

부모에게 효도하지 않으면 돌아가신 뒤에 후회한다.

② 불친가족소후회(不親家族疏後悔)

가족에게 친하게 대하지 않으면 멀어진 뒤에 후회한다.

③ 소불근학노후회(少不勤學老後悔)

젊어서 부지런히 배우지 않으면 늙어서 후회한다.

④ 안불사난폐후회(安不思難敗後悔)

편안할 때 어려움을 생각하지 않으면 실패한 뒤에 후회한다.

⑤ 부불검용빈후회(富不檢用貧後悔)

부자로 살며 검소하지 않으면 가난해진 뒤에 후회한다.

⑥ 춘불경종추후회(春不耕種秋後悔)

봄에 밭 갈고 씨뿌리지 않으면 가을에 후회한다.

⑦ 불치원장도후회(不治垣墻盜後悔)

담을 제대로 고치지 않으면 도둑맞은 뒤에 후회한다.

⑧ 색불근신병후회(色不謹愼病後悔)

색을 삼가지 않으면 병든 뒤에 후회한다.

⑨ 취중망언성후회(醉中妄言醒後悔)

술에 취해 망령된 말을 하면 술 깬 뒤에 후회한다.

⑩ 부접빈객거후회(不接賓客去後悔)

손님을 제대로 대접하지 않으면 떠난 뒤에 후회한다.

〈불교〉

① 살생을 하지 마라

② 도둑질하지 마라

③ 술을 마시지 마라

④ 간음하지 마라

⑤ 말을 함부로 하지 마라

⑥ 속여서 이득을 취하지 마라

⑦ 길이 아니면 가지 말고, 때가 아니면 먹지 마라

⑧ 권력을 위해 서지 말고 욕심을 위해 앉지 마라

⑨ 금, 은, 보석을 가지고 다니지 마라

⑩ 악도 선행도 지나치게 하지 마라

〈천주교〉

① 하나이신 천주를 흠숭하라

② 천주의 이름을 헛되이 부르지 마라

③ 주님의 날을 거룩하게 지내라

④ 부모를 공경하라

⑤ 사람을 죽이지 말라

⑥ 간음하지 말라

⑦ 도둑질하지 말라

⑧ 거짓 증언하지 말라

⑨ 이웃 아내를 탐내지 말라

⑩ 남의 재물을 탐내지 말라

〈기독교〉

① 나 이외에 신을 믿지 말라

② 너를 위하여 우상을 만들지 말라

③ 여호와의 이름을 망령되이 부르지 말라

④ 안식일을 거룩하게 지키라

⑤ 네 부모를 공경하라

⑥ 살인하지 말라

⑦ 간음하지 말라

⑧ 도둑질하지 말라

⑨ 네 이웃을 해하려고 거짓 증거 하지 말라

⑩ 네 이웃의 집을 탐내지 말라

〈원불교, 최고위급인 법마상전급〉

① 아만심(我慢心)을 내지 말며

② 두 아내를 거느리지 말며

③ 연고 없이 사육(四肉)을 먹지 말며

④ 나태(懶怠)하지 말며

⑤ 한 입으로 두 말하지 말며

⑥ 망령된 말을 하지 말며

⑦ 시기심(猜忌心)을 내지 말며

⑧ 탐심(貪心)을 내지 말며

⑨ 진심(嗔心)을 내지 말며

⑩ 치심(癡心)을 내지 말라

어떤가? 종교는 달라도 십계명은 대체로 비슷하다는 것을 알 수 있다. 어떠한 종교도 정직의 사상이 배어 있지 않은 계명은 없다. 종교란 초자연적인 절대자의 힘에 의존하여 인간 생활의 고뇌를 해결하고 삶의 궁극적 의미를 추구하는 문화 체계이다. 종교에는 애니미즘이나 토테미즘과 같은 원시 종교를 포함하여, 한국의 종교는 물론 그리스도교, 불교, 이슬람교 등과 같은 세계 종교에 이르기까지 여러 형태가 있다. 그러나 모든 종교의 뿌리에는 정직이라는 사상이 배어 있다. 종교의 기본 사상이나 행동률인 계명과 계율을 통하여 우리는 이를 알 수 있다. 정직을 부정하는 종교는 있을 수 없다. 종교라면 정직을 빼놓아서는 안 된다. 정직은 우리 인간의 고뇌를 해결해 주는 삶의 궁극적 목표이기 때문이다. 인간이 추구해야 할 최고, 최후의 목표가 바로 정직이기 때문이다.

신앙이란 믿고 받드는 일이다. 신과 같은 성스러운 존재를 신뢰하고 복종하는 것이다. 어느 종교를 신앙의 대상으로 삼든지 제대로 된 신앙생활은 정직에서부터 시작해야 한다. 아무리 신앙심이 두텁다 해도 정직하지 못하면 그 신앙생활은 비뚤어진 신앙생활이다. 신앙생활을 하는 사람이 정직하지 못할 때 다른 사람보다 더 비난을 받는 것도 그런 이유에서다.

반면에 종교가 없는 사람도 자기만의 정직에 대한 계율을 마음속에 정해놓을 필요가 있다. 정직은 꼭 신앙생활을 하는 사람만이 지켜야 할 도리는 아니다. 더불어 살아가는 시민사회에서 정직은 함께 잘 사는 민주시민의 기본 윤리요, 서로 지켜야 할 약속이기 때문이다.

PART 3

나를 최고로
만들고 싶다면
정직하라

무서울 것 없이
살고 싶다면 정직하라

(1) 당당하고 싶으면 정직하라

트럼프와 아베에게 돌직구를 날린 한국인 대학생이 있어 화제가 되었다. 2015년 9월 미국 내 정치 토론회에 참석한 트럼프에게 재미교포 대학생이 송곳 질문을 던진다. 미국 공화당의 대선 후보 트럼프는 한국이 미국에 의지해 공짜로 안보를 한다는 주장을 펴왔다. 이런 트럼프의 발언에 대한민국 국민은 물론 미국 내 교민들까지도 말 한마디 못하고 답답해하고 있을 때 한국계 최민우 학생이 시원하게 돌직구를 날렸다.

"한국이 주한미군에게 아무것도 부담하지 않는다고 당신은 주장하는데 그것은 사실과 다르고…….."

순간 당황한 트럼프는 말을 끊더니 "당신, 한국 사람이 맞죠?"라고 국적을 묻자, 최 군은 곧바로 맞받아친다.

128

"아닙니다. 나는 텍사스 주에서 태어나 콜로라도 주에서 자랐어요."

미국 시민이란 답에 어찌할 줄 모르는 트럼프에게 최 군은 다시한 번 일침을 가한다.

"어디 출신인지가 중요한 게 아니고 사실을 바로 잡자는 겁니다. 한국은 매년 8억 6,100만 달러(한화 9천 800억 원)를 미국에 지급하고 있습니다."

다시 말을 가로막은 트럼프, 한국 부담은 '푼돈'이라며 억지를쓴다.

"푼돈에 불과합니다. 잠시만요, 잠시만요, 푼돈입니다. 우리가내는 돈에 비하면 푼돈에 불과합니다. 푼돈."

의기양양하던 트럼프가 공개석상에서 혼쭐이 나고 만다. 그 앞에 이제 갓 스무 살의 한국계 학생은 여전히 당당했다.

하버드대 3학년인 최 군은 2015년 4월 미국을 방문한 아베 총리를 향해서도 돌직구를 날린 바 있다. 아베 총리에게 진땀을 흘리게 하였다.

"모든 증거가 있는데도, 왜 일본 정부는 아직도 위안부 수십만명을 성 노예로 강제 동원한 사실을 인정하지 않습니까?"

돌직구를 날린 최민우 학생은 한국계 이민 2세이자 당시 하버드대 경제학과 3학년생이었다. 하버드대와 프린스턴대에 동시 합격한 수재로 하버드대에서 북한 인권 학생모임과 정치연구회 대표도맡고 있다.

"저는 교포 2세지만 부모님이 한국에서 태어나고 자랐으니 저도 한국 사람이잖아요. 그래서 당연히 관심이 있어야 한다고 생각합니다."

최 군의 말은 거침이 없었다. 최 군의 동영상을 본 누리꾼들은 "이 남자 '뇌가 섹시한 남자다' 한국에 와서 대통령을 해라!", "부모님께서 아드님 잘 키우셨네요. 그 소신, 신념, 용기에 박수를…….", "나라도 못하는 일을 해줘서 고마우이……."와 같은 댓글을 달며 좋아했다.

트럼프와 아베의 간담을 서늘하게 만들었던 최 군의 돌직구의 힘은 대체 어디에서 나왔을까? 정직이다. 정직의 힘이다. 정직에서 힘이 나온다. 정직에서 신념이 만들어지고, 정직에서 용기가 나온다. 최 군이 정직했고, 최 군의 조국인 대한민국이 정직해서 떳떳하고 당당해서 소신 있는 질문이 나올 수 있었다.

학생이 당당하려면 숙제를 해 가야 한다. 아무리 공부를 잘하는 학생도 숙제를 하지 않은 날은 당당할 수가 없다. 평소 선생님에게 잘 못 보였던 학생도 숙제를 잘해 간 날만큼은 당당하다. 선생님이 내준 숙제를 정직하게 해갔기 때문에 정직이 당당하게 만들어 주는 것이다.

직장에서 당당해지려면 회사의 규칙에 어긋나지 않고, 상사의 지시에 어긋나지 않으면 된다. 결재를 들어갈 때 당당하게 상체를 펴고 상사 앞에 설 수 있다. 소신껏 설명하고 상사의 말에 'NO'라고 말할 수 있다. 상사도 그런 직원을 좋아한다.

주한 일본 대사관 앞에 '평화의 소녀상'이 세워졌다. 2011년 12월 14일 위안부 문제 해결을 촉구하는 1,000차 수요집회 때 일본군 위안부 피해자들의 명예와 인권회복을 위해 만들었다. 피해자 입장에서는 당당하게 소녀상을 세우고 비가 오는 날에는 경찰관이 우산을 받쳐주고 눈이 오는 날에는 눈 맞을세라 누군가가 정성껏 모자를 씌워주지만 정직하지 못한 일본에서는 당당하질 못하다. 물밑에서 소녀상을 없애기 위한 꼼수만 부리고 있다. 잘못했다고 사과 한 번을 못 하는 일본, 정직성이 없다. 그래서는 당당할 수 없다.

누구든지 정직하면 당당할 수 있다. 소신과 용기도 정직에서 나온다. 내일 아침 선생님에게 당당하고 싶은 학생은 오늘 저녁에 숙제하라. 상사에게 당당하게 결재를 받고 싶은 회사원이라면 사규를 잘 지키고 상사의 지시에 충실하라. 결재를 받는 목소리에 힘이 생길 것이다. 당신의 아이들도 힘 있고, 소신 있고, 용기 있고, 당당한 사람으로 키우고 싶다면 정직부터 가르쳐라. 최민우 학생과 같이 거침없는 사람으로 성장할 것이다.

(2) 험한 세상에 살아도 쫓기는 신세는 되지 말자

2016년 5월 29일 서울 노원구 수락산 등산로에서 살인 사건이 발생했다. 60대 여성이 흉기에 찔려 숨졌다. 범인은 사건 발생 다음 날 자수했다. 61세 남성이었다. 그로부터 9일 후엔 수락산 건너편에 있는 사패산 등산로에서 살인 사건이 발생했다. 50대 여성을 살해한 범인은 범죄 발생 이틀 만에 자수했다. CCTV가 없는 산중에서 발생한 사고이며 목격자도 없어 경찰에서는 수사하기에 어려웠던 사건이었지만 범인이 경찰에 전화로 자수하여 쉽게 검거했다.

2015년 1월 10일 충북 청주시 흥덕구의 한 도로에서 젊은 남성이 뺑소니차에 치여 숨지는 사고가 발생했다. 피해자는 당시 임신 7개월째인 아내(25세)에게 주려고 크림빵을 사서 집으로 가던 길이었다. 당시 크림빵 사건으로 국민적 관심을 끌었던 사건이다. 범인은 19일 만에 자수했다.

이와 같이 범인이 자수하는 사례가 늘고 있다. 자수한 범인들과 이야기를 나누다 보면 과학수사의 발달로 언젠가는 잡힌다는 압박감이 크다고 한다. 하지만 더 큰 이유는 쫓기면서는 도저히 못 살겠더라고 속내를 털어놓는다. "사는 게 사는 게 아닙니다. 죄를 짓고 산다는 것이 이렇게 불안할 줄은 몰랐습니다. 경찰서에 들어오니 이제 살 것 같습니다. 더는 쫓기지는 않고 지낼 수 있을 테니까요."라는 것이 자수한 사람들의 한결같은 얘기다.

자수한 사람들도 그렇지만 붙잡혀 온 범죄자도 경찰서에 들어오면 홀가분하기는 마찬가지라고 한다. 도피생활을 끝낸다는 것이 무거운 짐을 벗어 놓은 듯 마음이 가볍다고 한다. 범인이 검거되어 유치장에서 잠자는 모습을 보면 그들의 얘기가 거짓이 아니라는 걸 알 수 있다. 잠자는 그들의 얼굴이 얼마나 편안한지 모른다. 잠자리가 불편할 텐데도 쫓기던 불안감은 어디 갔는지 깊은숨을 내쉬며 단잠에 빠져 잠자고 있는 모습을 보면 도피생활의 고단함을 짐작할 수 있다.

세상이 아무리 험하다 하여도 쫓기는 신세는 되지 말아야 한다. 쫓긴다는 것은 자유를 침해받는 일이다. 자유란 인간의 가장 소중한 가치다. 독일의 철학자 칸트는 "인간은 자연을 넘어선 자유의 존재다."라면서 자유의 소중함을 설명했다. 또한 "인간의 본질이 곧 자유이기에 참된 삶, 바른 삶, 도덕적인 삶은 곧 자신의 본성, 자신의 본질인 자유를 실현하는 삶이다."라고 했다. 자유를 빼앗긴 삶은 황폐하다.

그런데도 우리 사회는 쫓기는 사람이 너무 많다. 죄를 짓고 수배자가 되어 쫓기는 사람, 부모나 친구에게 거짓말하고 얼굴을 들지 못해 쫓기는 사람도 있다. 그런가 하면 자기 자신과의 약속을 못 지켜 스스로 쫓기는 사람도 있다. 어떤 이유에서든 쫓기는 사람은 되지 말아야 한다.

그렇다면 왜 쫓기는 신세가 되는 걸까. 쫓기는 사람들을 그 사람의 정직성이 강하질 못해서 그렇다. 사람마다 가지고 있는 정직성이 강하면 이런저런 유혹을 물리치는 힘이 생기는데 그 정직성이 약해서 유혹에 넘어가기 때문이다.

정직의 씨앗이 허약하면 저항력이 떨어져 부정의 충동을 이겨내지 못하게 되고, 정직이 건실하지 못하면 신뢰의 기반이 불완전해 믿음의 벽이 무너지게 마련이다.

쫓기지 않으려면 정직의 씨앗이 건실해야 한다. 우선 나 스스로에게도 쫓기지 말아야 한다. 그러려면 나와의 약속을 지킬 줄 알아야 한다. 가족에게도 거짓이 있어서는 안 된다. 가족에게 정직하지 못하면 가족에게도 쫓기는 사람이 될 수 있다. 친구나 동료에게도 진실해야 한다. 법을 어겨서는 더구나 안 될 일이다. 법은 우리 사회가 함께 지켜 서로의 자유를 침해하지 말자는 약속이기 때문이다.

내 안에 있는 정직의 씨앗은 건강한지 세심하게 살펴야 한다. 오늘 쫓기는 원인은 어제의 건실하지 못한 정직의 씨앗 때문이다. 내일 쫓기는 신세가 되지 않으려면, 내 안에 있는 정직의 씨앗을 오늘 건강하게 관리해야 한다.

(3) 쫓기는 형편에서도 살길은 오직 정직이다

우리는 선녀와 나무꾼이라는 동화를 잘 안다. 쫓기던 사슴의 애원을 듣고 나무꾼은 사슴을 숨겨 주어 목숨을 구해준다. 그 고마운 마음으로 사슴은 장가를 못 간 나무꾼에게 선녀와 살 방법을 알려준다는 얘기다. 아마 쫓기던 것이 사슴이 아니고 늑대였더라면 나무꾼이 숨겨 주었을까.

우리가 사는 사회는 단순하지 않다. 본인의 의지와는 달리 어려운 상황에 부딪히기도 하고 실수를 저지르기도 하는 것이 현실 세계다.

경찰관으로 근무하다 보면 여러 사례들을 목격하게 된다. 부러울 것 없는 부잣집 아이가 길가의 허름한 자전거를 훔치기도 하고, 공부 잘하고 착하기로 소문난 여자아이들이 문구점에서 물건을 사는 척하면서 예쁜 문구들을 몰래 가방에 숨겨 가다가 주인에게 붙잡혀 경찰서까지 끌려오는 경우도 많다. 큰 죄의식도 없이 저지르는 실수다. 이 학생들은 친구들과 만나면 몰래 가져온 문구들을 자랑하기도 하고 누가 예쁜 물건을 많이 빼 왔는지를 놓고 능력을 뽐내기도 한다.

따귀를 몇 번 올려붙이고 싶은 사람도 있다. 오죽하면 어느 퇴직 경찰관이 퇴임식에서 꼭 하고 싶은 말이라면서 "경찰관에게는 뺨 세 대를 때릴 수 있는 권한을 주었으면 좋겠다."고 했을까.

그런가 하면 안타깝기 그지없는 사연을 가진 범죄자도 있다. 어떤 경우는 내가 경찰관인 것이 후회스럽게 느껴질 때도 있다. 딱한 사정을 가진 사람을 죄인으로 처리해야 하는 때가 그런 때이다. 큰 의미에서는 국가와 사회를 위한, 선뜻 아무나 할 수 없는 일을 용기 있게 나서서 하다가 처벌의 대상이 되는 경우도 있다. 독도가 자기네 땅이라고 우기는 일본을 규탄하다 집회 및 시위에 관한 법률 등을 위반하는 분들이 그런 사람들이다. 행위 자체는 손가락질을 받아 마땅하지만, 전후 사정을 들어보면 딱하고 안쓰럽게 여겨지는 사람도 있다. 내가 직접 겪었던 일이다.

서울 강북경찰서장으로 일하던 때이다. 추운 겨울날 아침이었다. 경찰서장은 출근하면 맨 먼저 밤새 발생한 사건 사고와 처리 결과를 보고받는다. 그날도 평소처럼 보고를 받는데 당직 형사팀장이 "좀 특이한 청년이 들어와 유치장에 입감시켰습니다."라고 말문을 열며 보고를 한다. 보고를 더 들어보니 내용은 이랬다.

엊저녁에 한 청년이 파출소에 들어와 이리저리 둘러보면서 쭈뼛거려서 근무하던 경찰관이 "학생, 무슨 볼일이 있어 오셨어요?" 하고 물으니 대뜸 "내가 강도입니다. 강도짓을 해서 자수하러 왔습니다."라고 말하더라는 것이다. 이 말을 들은 경찰관은 이런 경험은 처음이라 "학생, 경찰관에게 농담하면 안 돼. 나이를 봐도 형들인데 실없이 농담하면 되겠어? 바쁘니 나가 일이나 봐요."라고 말하니 "죄송합니다. 농담이 아니에요. 제가 정말 강도짓을 해서 자수하러 왔어요."라고 하더라는 것이다. 그 말을 듣고서야 경찰관이 그 학생을 제대로 쳐다보며 이야기를 들어보니 진짜 강도라는 것을 알고 경찰서에 보고하고, 보고를 받은 형사팀에서 확인해 본 바 강도가 맞아 유치장에 입감시켰다는 것이었다. 형사팀장이 보고를 마치고 일어나면서 하는 말이 나의 귀에 꽂혔다. "강도라고는 하는데 청년이 참 착해요. 편의점에서 돈을 빼앗아 들고 나오면서도 종업원에게 '이 돈은 꼭 갚을게요.' 하고 도망갔대요. 그런 강도는 처음 보네요." 보고를 받은 나도 유치장에 있다는 그 학생이 궁금했다. 아침 일정을 서둘러 마치고 유치장에 있는 학생을 찾아가 물었다. 이제 갓 스물이 넘어 보이는 청년은 서장이 물어보자 차근차근 모든 사실을 얘기했다.

"죄송합니다. 큰 잘못을 저질렀습니다. 어떤 벌이라도 달게 받겠습니다. 하루라도 빨리 처벌 받고 나가서 무슨 일이든 해야 할 아버지를 모실 수 있습니다. 아버지와 어머니는 오래전에 이혼하여 따로 살고 있습니다. 두 분 다 어디서 어떻게 사는지도 모르지만 연락하고 싶지도 않습니다. 저는 홀할아버지를 모시고 살고 있습니다. 할아버지 형편도 안 좋아 제가 일해서 부양해야 하는데 몇 달째 일이 없어 한 푼도 벌지 못했습니다. 더구나 일할 곳을 알아보기 위해 공사판을 찾아다니다 보니 밥값이 없어 할아버지께 15만 원을 빌렸습니다. 그런데도 일할 곳은 찾지 못하고 할아버지와 돈을 갚기로 약속한 날짜가 지나서 할아버지께 너무나 미안했습니다. 어떻게 해서라도 할아버지의 돈을 갚아야지 하는 마음에 그만 편의점에 들어가 돈을 빼앗았습니다."

"그래서 얼마나 빼앗았나?"

"예, 18만 5천 원입니다. 그 돈은 제가 벌을 받고 나가게 되면

벌어서 반드시 갚겠습니다. 내가 나갈 때까지 할아버지가 돌아가
시지만 않으셨으면 좋겠습니다. 죄송합니다."

청년의 말을 듣고 나니 마음이 답답했다. 이 청년의 행위는 꼼
짝없이 강도였다. 편의점 아르바이트생에게 과도를 들이대고 돈통
에 있는 돈을 몽땅 털어 갔으니. 내가 이 청년과 같은 처지라면 나
는 과연 어떤 선택을 했을까. 이 청년의 행위가 강도라고 이 청년
혼자서 책임질 일인가. 자식을 낳아서 성장할 때까지 제대로 보살
피지 못한 부모는 책임이 없는 것인가. 젊은 청년이 며칠씩이나 굶
으면서 일자리를 찾아다녀도 공사판 일자리 하나 마련해주지 못한
이 사회, 이 나라는 이 청년을 벌할 수 있는 자격이 있는 것인가.
할아버지의 꼬깃꼬깃한 돈 15만 원을 갚아야 한다는 정직한 마음
에서 선을 넘어버린 이 청년이 나쁜 범인들과 교도소 생활을 하도
록 처벌하는 일이 정의로운 일인가. 법대로 처리하는 것, 그렇게
처리하는 것이 올바른 법 집행이며, 경찰관이 취해야 할 유일한 방
법인가.

나는 다시 청년에게 물었다.

"그럼 지금 석방되면 편의점에서 들고 나온 돈은 갚을 수 있
나?"

"없습니다. 그렇지만 일자리를 찾는 대로 일을 해서 반드시 갚
겠습니다."

"그럼 석방이 돼도 밥 사 먹을 돈도 없겠네?"

"예, 제가 가진 돈은 일 원도 없습니다. 밥 사 먹을 돈도 없어 며
칠을 굶다가 배가 고파 자수했습니다. 지금 나가도 밥 사 먹을 돈

도 없습니다."

얘기가 길어질수록 안타깝기만 했다. 담당 형사에게 구속만은 면할 방안이 없냐고 물어봤다.

"행위가 강도라 구속을 피해가기는 어렵습니다." 담당 형사의 말이 당연하다는 것을 모르는 바는 아니지만, 경찰서장이 담당 형사에게 선처를 사정하며 매달려 보고 싶은 심정이었다. "조서에 이 청년의 사정을 자세히 설명해서 구속만이라도 면할 수 있게 검찰에 의견을 올려 봐."

다행히 그 청년은 구속을 면하여 석방되었다. 다시 그 청년을 서장실로 불렀다.

"이것은 18만 5천 원이네. 나가는 대로 편의점에 들러 그 돈을 갚게. 그리고 이 돈은 자네 밥값이네. 사람이 굶고 살 수 없으니 할 일을 찾을 때까지라도 밥은 사 먹고 다니게. 이 돈을 갚을 생각은 말게. 대신 앞으로는 절대 나쁜 생각을 하지 말게."

돌아서는 그 청년을 바라보면서 그나마 답답했던 마음이 풀어졌다. 우리 아들에게도 줘보지 못한, 경찰관에게는 거금이었지만 아깝지 않았다. 단지 그 청년이 정직한 마음으로 이 세상을 살아가기를 바랄 뿐이었다.

(4) 내 안의 자유를 찾는 길은 오직 정직뿐이다

미국 오클라호마 대학의 한 연구팀이 열다섯 살 난 침팬지 '바슈'에게 140가지의 낱말을 가르쳤다. 그러고 나서 스스로 생각하여 표현할 수 있도록 유도해 보았다. 물론 이렇게 가르침을 받는 동안에 바슈는 최고의 대우를 받았다. 잘 먹고 편안하게 지낼 수 있었다. 여러 방법으로 바슈의 환심을 사가며 140가지의 단어를 가르치고, 이 단어들을 제 생각에 따라 연결하여 말을 만들도록 했다. 통상 140개의 단어를 알면 간단한 문장을 구사할 수 있다고 하는데 이 침팬지 역시 한 문장을 만들어 냈다. 침팬지의 첫 말에 연구진들도 놀랐다. 침팬지가 처음으로 나타낸 말은 'Let me out.'이었다. 나를 놓아 달라! 자유를 달라는 것이었다. 아무리 잘 먹이고 아무리 좋은 여건을 만들어 줘도, 갇힌 것은 갇힌 것이다. 이처럼 동물의 세계에서도 가장 소중하게 여기는 것이 자유이다.

살아 있는 모든 것의 소망은 '나를 놓아주세요.'다. 그 자유가 얼마나 귀하고 소중한가? 인간의 본성은 자유다. 그래서 인권의 출발은 자유로부터 시작한다. 자유가 없는 인간은 인간다울 수 없고, 자유의 박탈이 가장 큰 형벌이다. 자유 없이 행복 없고 진정한 행복에는 자유가 보장되어야 한다.

골프장에 가면 두 부류의 사람이 있다. 돈을 내고 골프장에 온 사람과 돈을 벌기 위해 오는 사람이다. 전자는 골퍼, 후자는 캐디다. 골퍼와 캐디 중에 누가 더 행복할까? 답은 당연히 골퍼다. 골퍼는 돈을 주면서도 즐겁다. 눈비를 맞으면서도 즐겁고 새벽에 눈비비고 일어나도 즐겁다. 자유가 있어서다. 반면 캐디는 돈을 벌면서도 즐겁지 못하다. 4~5시간 골퍼의 눈치를 봐야 하는 감정 노동으로 자유가 없기 때문이다.

이 원리를 모르는 상사는 직장에서도 자기 돈을 쓰고도 직원들에게는 꼴불견 상사로 찍혀 원성의 대상이 된다. 식사 시간마다 손아래 직원들에게 같이 가자고 하거나 회식을 즐기는 상사가 바로 이 원리를 모르거나 알면서도 실천하지 못하는 사람이다. 본인이야 손아래 직원에게 점심을 사주고 저녁 시간에 회식을 시켜 주는 것이 상사의 배려라고 생각한다. 하지만 손아래 직원의 입장에서는 중요한 자유를 빼앗기는 일이다. 물론 80~90년대만 하더라도 회식이 많은 회사가 근무하고 싶은 회사였고, 회식 기회를 자주 만들어 주는 상사가 능력 있는 상사였다. 당시만 해도 배가 고팠거나 과거 배고프게 살던 정서가 남아 있었다. 먹는 가치가 다른 가치 못지않게 중요했다. 그러나 이제는 욕구의 단계가 상승했다. 미국의 심리학자 매슬로의 욕구충족 5단계의 이론에 비유한다면 생리적·안전의 욕구 시대를 지나 존경과 자아실현 욕구의 시대다. 먹는 가치보다는 자유의 가치가 월등히 커진 시대다.

니체도 인간만이 구현할 수 있는 인간의 모습, 인간이라면 그렇게 살아야 할 이상적인 삶의 모습을 위버멘쉬Ubermench라고 보고 이 위버멘쉬는 자유정신Der freie geist의 소유자라고 하였다. 자유정신은 자기 극복적, 상승적 삶을 위한 모든 것의 의미와 가치를 새롭게 설정하는 정신의 자유로운 상태라고 한다. 또한 스스로 구성해 낸 의미체계와 가치체계를 가지고 자신의 세계를 구성하면서 자율적인 삶을 살아 나가는 것이라고 설명하고 있다.

인간은 이러한 인간 본질의 자유를 위하여 자기희생을 감수해야만 했다. 프랑스 혁명은 자유와 평등을 되찾기 위한 반발에서 시작되었다. 국민 공회는 자유를 위하여 루이 16세와 그의 부인을 포함한 1,119명을 콩고드 광장에 설치된 단두대에서 처형했다. 미국의 노예해방도 자유를 위한 것이고, 유관순 열사가 외쳤던 3·1 만세 운동도 일제의 억압으로부터의 자유를 찾기 위함이었다.

대한민국 헌법 제12조 제1항에는 '모든 국민은 신체의 자유를 가진다. 법률에 의하지 아니하고는 체포·구속·압수·수색 또는 심문을 받지 아니하며, 법률과 적법한 절차에 의하지 아니하고는 처벌·보안처분 또는 강제노역을 받지 아니한다.'라고 명시하고 있다.

이렇게 소중한 자유를 지키고 누려야 할 책임은 우리 자신에게 있다. 니체가 말한 대로 자유가 '인간의 모습', '인간이라면 그렇게 살아야 할 이상적인 삶의 모습'이라면 우리 스스로 그 자유를 지향하여야 한다.

인간의 자유는 외적인 자유도 중요하지만, 그에 못지않게 내 안의 자유도 중요하다. 내 안의 자유란 내 안에서 느끼는 심리적인 여유와 그 여유에서 오는 안정감이다. 외적인 자유가 보장된다 하여도 내 안에서의 자유가 보장되지 않는 자유는 진정한 자유가 아니다. 내 안의 자유, 즉 자유로운 마음을 유지할 수 있어야 한다. 내 안의 마음을 조종하는 건 바로 나다. 내가 나의 주인이기 때문이다. 우리는 주인의 당연한 권리로서 또는 의무로서 내 안에서 불안하고 초조한 마음 대신 여유와 안정감을 찾아야 한다. 그리고 그런 상태를 유지해 나가는 노력이 필요하다. 습관을 바꾸면 내 안의 자유를 찾을 수 있다. 불안하고 초조한 마음 대신 여유 있고 안정된 마음을 유지할 수 있는 습관을 소개한다.

첫째, 필요 없는 걱정을 하지 않는다

걱정 대부분은 걱정을 해도 해소되지 않는 걱정이라고 한다. 우리의 힘으로 해소되지 않는 걱정은 다시 또 다른 걱정을 낳고 그 걱정이 더 큰 걱정을 만든다. 걱정은 근심이 되고 근심은 자신의 의지를 약하게 한다. 초조하고 불안한 마음의 대부분은 걱정에서 온다. 걱정이 우리 안의 자유를 압박하는 것이다. 불필요한 걱정을 줄여야 한다. 걱정 대신 자신감을 느끼자. 근심 대신 희망을 품자. 내 마음에 어둠이 사라지고 쾌청한 기운이 돌 것이다. 자유가 넘쳐날 것이다.

둘째, 오늘 할 일을 내일로 미루지 않는다

물론 쉽지 않은 일이다. 그러나 하루하루 노력하다 보면 습관으로 굳어질 수 있다. 오늘 할 일을 내일로 미루지 않기 위해서는 우선 오늘 할 일을 무리하게 계획하지 않아야 한다. 나의 능력과 여건, 환경을 고려하여 충분히 가능한 선에서 하루의 목표를 정하는 것이 중요하다. 무리하게 목표를 정해 놓고 이루지 못하는 것보다는 그 목표를 줄여 잡고 초과 달성하는 것이 훨씬 낫다. 오늘 할 일을 오늘 중에 모두 해냈다면 그 성과에 대하여 스스로 칭찬하고 자랑스럽게 여기는 마음을 가져야 한다. 그럼으로써 내 안의 고귀한 자유를 느낄 수 있게 된다.

셋째, 등 뒤의 험담을 하지 않는다

그 자리에 없는 사람에게 험담하면 그 험담이 입 밖으로 나오는 순간부터 편안하질 못하다. 혹시 내가 한 험담이 당사자에게 들어가진 않을까? 걱정이 생긴다. 그래서 그 사람을 만나게 되면 그 사람의 눈치를 보게 된다. 혹시 내가 한 험담을 들은 것은 아닐까? 들었다면 나를 어떻게 생각할까? 생각 없이 내뱉은 험담 한 마디에 내 발이 저리게 된다. 스스로 자기의 심리적 자유를 억압하는 결과를 만든 것이다. 등 뒤의 대화는 상대방을 높이는 대화인지, 낮추는 대화인지 주의하여야 한다. 이야기하다가 당사자가 들어와도 계속할 수 있는 대화이어야 한다. 험담은 시기와 질투에서 나온다. 그 시기와 질투는 돌고 돌아 다시 나에게 돌아오게 마련이다. 당사자와의 관계를 파괴하고 내 안의 자유까지도 옥죄는 등 뒤의 험담은 삼가야 한다.

넷째, 세금은 고지서를 받는 즉시 낸다

세금이나 교통 범칙금 고지서가 나오면 습관적으로 기한이 될 때까지 기다렸다 내는 사람이 많다. 이유를 물어보면 '빨리 내면 손해 보는 느낌이 들어서' 또는 '아까워서'라고 한다. 어떤 사람은 '미워서' 고지서를 손에 쥐고도 기한이 돌아올 때까지 미루다 낸다고 한다. 그런데 좀 생각을 해보면 기한까지 기다려 낸다고 이익이 될 것이 없다. 내야 한다는 부담감에 스스로 압박감만 더할 뿐이다. 어차피 내야 할 세금이라면 일찍 내는 것이 심적 부담감을 줄일 수 있어 좋다. 매도 먼저 맞는 게 낫다고 하지 않는가. 먼저 내면 그것으로 부담감이 해소되고 만다. 그만큼 내 안에 자유를 얻을 수 있게 된다. 그런 습관을 지니게 되면 기한을 넘겨 할증금을 내는 실수도 줄일 수 있다.

진짜 성공을 원한다면 진짜로 정직하라

(1) 성공의 기준부터 정직하게 세워라

여러분은 성공의 기준을 가지고 있는가? 성공 기준이란 이 정도면 성공이라고 만족할 수 있을 것으로 스스로 정한 선이다. 나의 성공 기준은 이렇다.

첫째, 감사할 줄 아는 사람이다. 나에게, 상대방에게, 내가 사는 이 세상에 대하여 감사하며 사는 사람이 되는 것이다.

둘째, 하루하루 발전하는 사람이다. 어제보다는 오늘이, 오늘보다는 내일이 더 새로워지고 성숙해지고 그 성숙에서 기쁨을 얻는 사람이 되는 것이다.

셋째, 정직하게 사는 것이다. 삶의 여정에는 풍파·경쟁·환희도 있겠지만 정직하게 종점까지 가는 것이다.

넷째, 누군가에게 도움을 주는 사람이 되는 것이다. 나와 함께한 사람들이 나와 함께했기에 조금이라도 득이 되었다고 느낄 수 있는 사람이 되는 것이다. 최악의 상황에서도 다른 사람에게 손해를 주지 않는 사람이 되는 것이다.

다섯째, 웃는 사람이 되는 것이다. 외로움도 즐거움도 웃음으로 삭혀낼 수 있는 삶, 사는 동안은 물론이고 생명을 다하는 순간에도 웃으며 이별하는 사람이 되는 것이다.

성공을 기대하는 사람은 성공의 기준이 있어야 한다. 그 기준을 글자로 적어 놓으면 금상첨화겠지만, 마음속에라도 명확히 정해놓아야 한다.

과녁이 없이 활을 쏘아서는 과녁을 맞힐 수 없듯 성공의 기준 없이는 성공할 수 없다. 중요한 것은 그 성공의 기준이 정직해야 한다는 것이다. 목표가 정직하지 않으면 설령 그 목표가 달성되어도 행복으로 연결될 수 없기 때문이다.

성공과 행복의 관계를 살펴보면 성공과 행복은 그 본질이 같다. 성공이 행복이고, 행복이 곧 성공이다. 그래서 성공하면 행복하고, 행복하면 성공한 것이 돼야 한다. 그렇지만 성공의 기준이 정직하지 못하면 이 등식에 맞지 않는 성공과 행복이 된다. 즉 성공은 했는데 행복하지 못하고 오히려 불행만 가중되는 기이한 결과가 나타난다. 진정한 성공이 아닌데도 겉만 보고 성공한 것으로 착각하기 때문이다.

성공이란 목적한 바를 이루는 것이다. 목적한 바를 이루는 것에는 두 가지가 있다. 수단과 방법이 정당한 것과 정당하지 못한 것. 이 중에서 정당한 방법으로 이룬 것이 성공이고, 정당하지 못한 방법으로 이룬 것은 성공이 아니다. 정당하지 못한, 즉 정직하지 못한 방법으로 목적한 바를 이루어서는 행복할 수가 없다. 성공하면 행복이 자연히 따라와야 하는데 겉만 성공이고 속으로는 성공이 아니니 공식이 안 맞는 것이다.

　　예를 들면, 신혼부부 두 쌍이 있다. 두 집 모두 내 아파트를 장만하는 것이 꿈이다. 이 두 쌍의 신혼부부에게 아파트는 성공의 기준이다. 두 집 모두 꿈에 그리던 아파트를 샀다. 겉보기로는 두 집 모두 성공이다. 그런데 한 집은 열심히 일하면서 아끼고 절약해서 샀고, 한 집은 사기를 쳐서 샀다면 두 집 다 똑같은 성공인가? 겉으로는 두 집 모두 아파트를 가졌지만 그 본질은 천지 차이다. 열심히 일해서 아파트를 산 사람은 아마 구름 위에 떠 있는 것같이 기쁠 것이다. 남편은 부인에게 감사를 느끼고, 부인은 남편에게 고마움을 느끼며 행복을 맞볼 것이다. 하지만 사기를 쳐서 아파트를 산 사람은 어떨까? 뿌듯하고 행복한 마음 대신 마음에 켕기는 게 많을 것이다. 아파트에 입주는 했지만 이제나저제나 경찰이 수갑 차고 잡으러 올까 봐 불안하기만 할 것이다. 사기를 쳐서 아파트를 사는 것은 성공이 아니다. 지탄 받아야 할 범죄다. 범죄를 저지르고 성공했다고는 할 수 없다. 성공이 아니므로 행복할 리도 없다. 그래서 성공의 기준은 정직해야 한다. 기준이 정직해야 그 기준을 향해 가는 방식도 정직할 수 있고, 성공하고서도 값진 행복을 맛볼 수 있게 되는 것이다.

어떤 사람이 가난에 시달리다 못해 신에게 간절히 기도했다. "하느님 제발 제 소원을 들어 주십시오. 큰 부탁도 아닙니다. 살면서 어려움이 생기면 그때마다 소원을 들어주시기만 하면 됩니다." 신은 그의 성화에 못 이겨 소원을 들어주기로 했다. "너의 기도가 그렇게 간절하니 소원을 들어주마. 그러나 조건이 있다. 네 소원을 들어줄 때마다 이웃집 사람에게도 똑같은 것을 두 배로 나누어 주겠다. 그래도 괜찮겠냐?" 그는 좋다고 대답했고 이렇게 해서 그와 신과의 계약이 맺어졌다.

처음 얼마 동안은 매우 행복했다. 갖고 싶은 것이 있을 때마다 신이 그 소원을 들어 주었기 때문이다. 그러나 그는 점점 불행해지는 자신을 발견했다. 왜냐하면, 그가 백 냥이 생기면 이웃집 사람은 200냥이 생기고 그가 아들을 둘을 낳으면 이웃집 사람은 넷을 낳기 때문이다. 그는 마음이 아파서 더는 견딜 수가 없었다. 그는 마침내 모진 결심을 하고 신에게 부탁했다. "하느님, 이번에는 저의 눈 하나를 뽑아 주십시오." 그의 눈 하나가 뽑히면 이웃집 사람은 두 눈이 뽑힐 것을 생각하고 주문한 것이다.

시기와 질투에 내 눈이 멀면, 행복도 나에게 시기와 질투로 대하게 되어 있다.

자기가 꿈꾸는 성공, 그 성공의 기준부터 정직하지 않으면 우리의 성공은 통제되지 않은 배처럼 물결치는 대로 떠밀려 가다 난파할 수도 있다. 뉴스 시간마다 빠지지 않는 사건들을 본다. 성공한 것처럼 보이던 사람들이 고개를 못 들고 추락하는 모습들…… 성공의 기준에 정직이 빠진 대가는 참으로 혹독하다.

다른 사람은 어떤 성공 기준을 가지고 있을까? 나의 성공 기준과는 어떤 차이가 있는지 비교하면서 성공에 대한 관점을 새롭게 디자인하자. 새로운 가치를 찾아내고 자신의 기준을 높인다면 내 인생의 성공 가치도 그만큼 윤택할 수 있다.

다음은 미국의 시인이자 사상가였던 랠프 월도 에머슨의 성공 기준이다.

"진정한 성공이란 자주 그리고 많이 웃는 것, 지혜로운 사람들에게 존경받고 아이들로부터 사랑을 받는 것, 정직한 비평가에게 찬사를 받고 거짓된 자들의 배신을 참아내는 것, 아름다움을 분별할 줄 알고 다른 사람의 좋은 점을 발견할 줄 아는 것, 아이를 건강하게 키우든 정원을 가꾸든 아니면 세상을 바꾸든 자기가 태어나기 전보다 세상을 조금이라도 좋은 곳으로 만들어 놓고 떠나는 것이다. 당신이 한때 이곳에 존재했다는 이유만으로 단 한 사람의 생이라도 행복할 수 있다면 그것이 성공한 인생이다."

(2) 내 안에 정직의 횃불을 밝혀라

성공의 기준이 만들어졌다면 그 성공의 기준을 달성하겠다는 신념을 만들어야 한다. 신념이란 성공하겠다는 생각을 굳게 믿으며 그것을 실현하려는 의지를 말한다. 아무리 훌륭한 성공의 기준이 만들어졌더라도 그것을 실현하겠다는 신념 없이는 성공할 수 없다. 신념은 자기 긍정에서 만들어진다. 같은 환경 같은 조건에서도 어떤 사람은 할 수 있다는 신념을 가지게 되지만 어떤 사람은 전혀 불가능하다고 지레 겁을 먹고 포기하는 사람이 있다. 전자를 창조의 힘을 가진 사람이라 하고 후자를 파괴의 힘을 가진 사람이라고 한다.

내가 서울 성동경찰서 수사과장으로 근무할 때, 창조의 힘과 파괴의 힘을 직접 목격했다. 술만 마시면 동네를 요란하게 만드는 주취 폭력배가 있었다. 폭행과 무전취식으로 경찰서 단골손님(?)이 된 지도 오래되었다. 그 사람이 경찰서에 들어와 있는 날이 그 동네가 평온해서 살 만한 날이고 경찰서에서 나가는 날이 그 동네가 다시 시끄러워지는 날이다. 집안에는 성한 물건이 없다. 술만 취하면 때리고 부숴서 온전한 날이 거의 없었다.

하루는 술 취한 사람이 시장에서 행패를 부린다는 신고가 들어와 경찰서로 연행했다. 아, 또 그 주정뱅이가 행패를 부렸구나 하고 연행된 사람을 보니 그 주정뱅이가 아니었다. 주정뱅이보다는 한참 어린 사람이었다. 인적사항을 파악하고 가족관계를 알고 보니 그 주정뱅이의 둘째 아들이었다.

이럴 수가! 아버지의 길을 다시 아들이 따라가다니! 참으로 암담

했다. 이제 막 군에서 전역하였으니 취업을 하고 열심히 일할 나이인데 겨우 주정꾼 아버지를 닮다니……. 안타깝기 그지없었다. 내 방으로 불러 따뜻하게 차 한 잔을 주면서 안정을 시키고 물었다.

"왜 이렇게 됐어?"

"이게 다 아버지 때문이지요, 뭐."

"왜?"

"아버지가 만날 술에 취해 안팎에서 행패나 부리니 내가 뭘 배웠겠어요. 아버지만 아니면 나도 이렇게 되지 않았을 거예요."

얼마 뒤에 형이라는 사람이 동생을 찾아 왔다. 나는 그 형과 이야기를 나눌 기회가 있었다. 형은 서울에서 손꼽는 대학을 나와 대기업에 취직이 되어 반듯하게 살고 있었다.

"집안 환경도 어려운데 어떻게 이렇게 잘 되었나요?" 내가 묻자 머뭇거릴 틈도 없이 대답이 나왔다.

"아버지 덕분입니다."

"왜요?"

"어릴 때부터 아버지가 술주정뱅이로 사는 것이 정말 싫었어요. 나도 정신 바짝 차리지 않으면 아버지처럼 되겠구나 하는 생각이 들어 열심히 공부했습니다. 공부할 조건이 안 좋았지만, 열심히 공부하는 것만이 아버지와 같은 사람이 되지 않는 길이라 생각했습니다."

사람은 환경과 조건에 좌우된다는 말을 많이 들었다. 하지만 이 형제들을 보면서 생각을 바꿨다. 환경과 조건이 사람을 만드는 데 영향을 주는 것은 맞다. 하지만 그 영향이라는 것은 수동적인 것이 아니라 선택적이라서 어떤 영향을 받는지는 본인의 선택에 따라 달라진다는 것을 알게 되었다.

우리가 일반적으로 사용하는 신념이라는 말은 좋은 의미로 쓰인다. 즉 창조의 힘을 말한다. 성공하는 사람은 창조의 힘을 만들어내고 또 그 힘을 지속하기 위해 노력한다는 것을 알 수 있다. 신념 없이 성공한 사람은 없다.

성공을 꿈꾸는 사람이라면 명심해야 할 일이 있다. 성공의 기준이 정직하지 못하면 그것을 실현하겠다는 의지는 신념이 아니다. 성공의 기준이 정직하지 못하면 그 성공이란 무엇일까? 범죄일 개연성이 높다. 범죄를 실현하겠다는 의지는 신념이 아니라 범의犯意에 해당한다. 범의를 가지고 범죄를 저지르는 것을 고의범이라고 한다. 신념과 범의는 반대의 개념이다.

성공의 기준도 그 성공을 실현하겠다는 의지도 정직하지 않으면 안 된다. 진정한 성공을 위해서는 우리의 마음속에 정직한 신념의 횃불을 환하게 밝혀야 한다. 마음의 세계도 우열의 원칙이 적용되기 때문에 우리의 마음속에 신념의 횃불이 꺼지면 의심이나 좌절과 같은 패배주의가 우리의 마음속에 끼어들게 된다.

우열의 원칙이란 것은 이런 것이다. 사람이 암에 걸리는 것은 암세포가 강해서가 아니라 우리 몸의 저항력이 약해서 걸리는 것이다. 전쟁에서 적과 싸워서 지는 것은 적이 강해서 지는 것이 아니라 아군이 약해서 지는 것이고, 어둡다는 것은 어둠이 세서가 아니라 빛이 약해져서 어두워지는 것이다. 밤에 불을 켜면 바로 환해지고 다시 불을 끄면 어둠이 들어차는 것은 그런 우열의 원리가 작용하기 때문이다. 우울증도 마찬가지다. 우울한 마음이 세서 우울증이 오는 것이 아니라 우리의 마음속에 희망이 약해져서 우울해지는 것이다. 우리의 마음속에 패배주의를 몰아내려면 신념의 횃불을 환하게 밝혀야 한다.

신념이 행동을 지배한다. 긍정의 생각을 하는 사람이 믿는 원리다. 그래서 성공하는 사람은 신념을 가지는 것이고, 그 신념을 가진 사람이 성공하게 되는 것이다. 신념이 행동을 지배하는 좋은 사례가 있다.

지난 수천 년 동안 인간이 1마일(약 1,609m)을 4분 안에 달린다는 것은 불가능하다고 믿어 왔다. 그러나 1954년, 25살이었던 영국 옥스퍼드 의대생 로저 배니스터Roger Bannister가 1마일을 3분 59초 04의 기록으로 주파하여 세계를 놀라게 했다. 그렇게 굳게 믿고 있었던 '1마일을 4분 이내에 주파하는 것은 불가능하다.'라는 믿음을 깬 것이다. 그는 불가능의 장벽을 깨려고 신체훈련만 한 게 아니었다. 마음속으로 상상을 끊임없이 반복했다. 그는 4분 벽을 깨는 모습을 아주 강렬한 감정 속에서 수없이 반복해 머릿속에 생생한 그림으로 만들었다. 자신의 신경계에 그런 기록을 만들어내도록 명령을 내린 것이다.

전에는 누구도 4분 장벽을 깰 수 없었지만 로저가 그 기록을 깬 후 1년이 지나지 않아 37명의 다른 육상선수들도 4분 기록을 깼다. 그가 해낸 기록이 다른 선수들에게까지 영향을 미친 것이다.

그들 역시도 불가능하다고 믿었던 것을 가능하다는 확신으로 바꾸게 된 것이다. 그다음 해에는 300명이나 되는 선수들이 4분 기록을 깼다.

(3) 고통과 즐거움의 원리를 활용하라

성공하는 원리는 간단하다. 성공하는 사람으로 변하면 성공하고 실패하는 사람으로 변하면 실패하는 것이다. 변화가 사람을 만든다. 그렇다면 어떠한 작용에 의하여 사람은 변하는 걸까. 그 변화작용의 원리를 알아야 의도된 변화를 시도할 수 있다. 그 변화작용의 원리는 '고통'과 '즐거움'의 작용이다. 사람의 행동은 고통을 피하고 즐거움을 얻으려는 욕망에서 비롯된다. 간단한 원리지만 이 원리에 의하여 사람의 행동이 결정되고 그 행동이 성공도 낭패도 만들어 낸다. 우리가 변화하고자 하면 그 변화하기 위해 요구되는 행동과 즐거움을 연결하고 방해가 되는 행동에 고통을 연결하면 된다.

친구 중에 공부를 잘하는 사람이 있다면 그 친구의 습성을 관찰해 보라. 그는 공부하는 것에서 즐거움을 찾고 공부에 방해되는 일에는 고통으로 생각했던 사람이라는 것을 알아낼 수 있을 것이다. 반대로 나쁜 습관이 있는 사람이라면 그 사람은 분명히 나쁜 행동과는 즐거움을 연결하고 좋은 행동과는 고통을 연결한 사람일 것이다.

흡연자는 흡연에서 금연보다 더 큰 즐거움을 찾을 수 있으므로 담배를 피우는 것이다. 만약 이 흡연자가 금연하기 위해서는 흡연할 때의 즐거움보다 금연할 때의 즐거움을 더 크게 만들면 금연이 가능하다. 흡연에서 금연으로 변화하듯 새로운 변화를 기대한다면 고통과 즐거움의 연결을 그것에 맞게 바꾸면 된다.

'칭찬에는 고래도 춤춘다.'라는 말도 알고 보면 고통과 즐거움의 원리에 대한 말이다. 야생 고래가 바다에서 잡혀 와 좁은 수족관에서 지내며 사육사의 지시에 따라 볼거리를 연출하는 고래로 만들어진다는 것은 대단한 변화다. 이러한 변화를 만들어 내는 조련 기법은 간단하다. 사육사의 말을 들을 때 즐거움(먹이)과 연결하고 말을 듣지 않을 때 고통(먹이 안 줌)과 연결하는 것이다. 이런 방법으로 야생 고래를 보는 사람들로 하여금 환성을 지르게 하는 고래로 변화시킨다.

변화에는 고통이 따르기 마련이다. 특히 의도된 변화에는 반드시 고통이 따른다. 고통 없이 변화하는 것은 변화라고 할 수 없다. 보람도 없다. 고통의 정도와 변화의 가치는 비례한다. 즉 변화의 가치가 큰 것은 그만큼 변화를 위한 고통도 크다는 뜻이다.

누구나 꿈꾸는 것이 있게 마련이다. 이상형의 이성과 교제하고 싶은 사람도 있을 수 있고, 돈을 많이 벌고 싶은 사람도 있고, 골프를 잘 치고 싶은 사람, 국회의원이 되고 싶은 사람, 명강사가 되고 싶은 사람도 있을 수 있다. 그러나 그것을 이루었을 때 얻게 되는 이익과 즐거움보다 그렇게 되기 위해 실행할 때 느끼는 고통이 더 크다고 생각하면 시도하지 못하게 된다.

이상형의 사람에게 사귀자고 먼저 말을 건넸다가 거절당하면 얼마나 창피스러울까? 돈을 벌기 위해 사업을 벌였다가 투자한 돈을 몽땅 날린다면? 골프를 잘 치기 위해 연습을 더 많이 해야 하는데 그 시간에 다른 것을 못하면? 명강사가 되기 위해서는 남 앞에 서야 하는데 많은 사람 앞에서 창피를 당한다면? 선거에 출마했다가 낙선하면 그 충격이 얼마나 클 것인가? 이런 고통을 생각하면 행동으로 옮기지 못하고 마는 것이다.

이 변화작용의 원리는 정직한 행동으로의 변화에도 그대로 적용된다. 정직한 행동으로의 변화에도 고통이 따르기 때문이다. 특히 정직한 행동에는 우선은 손해 볼 수 있다는 고통까지 따르게 되어 있다. 무단횡단을 생각해보자. 도로를 무단횡단 하는 것은 법에 위반되는 행위다. 당연히 정직하지 못한 행위이다. 도로를 무단횡단 하면 멀리 떨어진 횡단보도까지 돌아가지 않아도 되거나 지하도로 내려가는 불편을 겪지 않고도 빠르게 건너가는 즐거움이 있지만 교통사고를 당할 수 있다는 고통, 경찰관에게 단속되어 범칙금을 물어야 하는 고통, 정직하지 못하다고 지탄받는 고통이 따르게 되어 있다.

무단횡단을 하지 않으려면 무단횡단으로 얻을 수 있는 즐거움을 고통으로 연결하여야 한다. 사고 위험의 고통, 단속을 당하는 고통, 법을 지키지 않는 시민이라는 질시를 받아야 하는 고통과 연결하면 무단횡단을 하지 않게 된다. 그렇지 않고 무단횡단의 즐거움만 생각하면 무단횡단의 습관은 고쳐지지 않는다.

흡연이나 도박, 마약과 같이 하지 말아야 하는 것들을 하지 않기 위해서는 그런 것을 했을 때 당하는 고통을 크게 부각해야 한다. 금연 교실에서도 많은 자료와 통계를 들어 흡연으로 인한 고통을 부각하는 데 이런 원리를 응용하여 교육 효과를 높이려는 교육기법이다.

하나하나의 행동들이 엮여서 삶이 된다. 마치 진주알 하나하나가 엮여서 진주 목걸이가 되는 것과 마찬가지다. 명품 진주 목걸이가 되기 위해서는 진주알 하나가 모두 반짝반짝 빛나는 명품이어야 하는 것은 당연하고, 목걸이 전체에 조그만 흠도 없어야 한다. 사람도 마찬가지다. 행동 하나하나도 중요하지만 우리는 삶 전체를 어떻게 만들어 나갈 것인가를 생각해야 한다. 우리의 삶 전체를 하나의 행동으로 크게 볼 필요가 있다. 누군가가 나를 평가할 때에는 나의 작은 행동 하나만을 가지고 평가하지 않는다. 삶 전체를 평가하는 것이다. 그렇듯 우리는 태어나면서 죽는 날까지 멀리 보는 안목으로 살아가야 한다.

우리의 삶 전체를 통하여 정직한 삶을 살기 위해서는 즐거움과 고통의 변화작용 원리를 전체의 삶에 적용할 필요가 있다. 정직한 삶을 위해서는 삶 전체를 통하여 정직하기 위해 수반되는 고통을 즐거움에 연결하고, 정직하지 않아서 얻을 수 있는 즐거움을 고통과 연결하는 결단이 필요하다. 인생을 살면서 정직한 삶을 살아가기 위해서는 고통과 손해도 클 것이다. 누군가의 시기와 질투도 의식하지 않을 수 없을 것이다. 그러나 이러한 고통은 더 큰 즐거움을 추구하기 위해 과감히 희생할 줄 알아야 한다. 그래야 위대한 삶, 명품 인생의 즐거움을 얻게 될 것이다.

(4) 정직의 가치를 믿어라

위대한 과학자 아인슈타인은 '성공한 사람이 되려고 하지 말고 가치 있는 사람이 되려고 하라. 가치 있는 사람이 성공한 사람이기 때문이다.'라고 말하면서 가치의 중요성을 강조했다. 그렇다면 가치란 무엇일까? 어떤 것에 가치를 둔다는 것은 그것을 '중요하게 여긴다.'는 뜻이다. 인간의 세계에는 가치가 있다. 하나하나의 작은 행동에도 중요하게 여기는 것이 있고, 직업에도 중요하게 여기는 것이 있고, 태어나서 죽을 때까지 이어지는 삶에도 중요하게 여기는 것이 있다. 이것을 가치라고 한다.

하루 중에도 중요하게 여기는 행동을 했다면 우리는 가치 있는 하루를 보냈다고 말한다.

좋은 직업이냐? 나쁜 직업이냐? 또는 직업에 귀천이 있느냐? 없느냐? 말이 나뉘지만, 가치에 따라서 달라진다고 본다. 가치가 있는 직업이 좋은 직업이고 가치가 높은 직업이 그만큼 귀한 직업이다. 그런 의미에서 나는 좋은 직업, 귀한 직업을 가졌다고 자부한다.

나의 직업은 경찰관이다. 경찰관이란 직업의 가치는 국가와 국민을 위해 봉사하는 것이다. 내 나라, 내 국민을 위해 봉사하는 것보다 더 크고 소중한 가치가 어디 있으랴. 직업으로서는 최고다. 최고의 가치가 있으니까. 나는 경찰관으로 근무하는 동안 최고의 직업을 가졌다는 생각으로 나의 사명에 충실했다. 소중한 가치를 가슴에 새기고 근무하니까 힘들고 어려운 일들도 참고 견딜 수 있는 능력이 생겼다. 그 가치를 소중하게 생각하다 보니 국가와 국민을 위한 경찰관으로서의 창조의 힘이 생기고 그 가치로부터 다시 자긍심과 보람을 느낄 수 있었다. 당연히 삶이 윤택해지고 그 윤택해진 삶이 새로운 활력을 찾게 되어 다시 그 가치를 더 아름답게 하는 선순환의 삶을 살아왔다고 자신 있게 말하고 싶다.

태어나서 죽을 때까지 이어지는 삶에도 중요하게 여기는 가치가 있느냐 없느냐에 따라 인생의 질이 달라진다. 그 가치를 실현하느냐 못하느냐에 따라 성공한 인생이 될 수도 있고 실패한 인생이 될 수도 있다. 따라서 우리가 고뇌해야 할 일은 중요하게 여기는 가치에 대한 관점이다. '무엇을 중요하게 여겨야 할 것이냐?'에 대하여 진지하게 생각해야 할 필요가 있다. 가령 돈과 명예, 권력과 같이 외재적인 것의 소유가 중요한지? 내 안에서 자신의 본질을 찾고 내 안에서 참된 기쁨을 얻는 것이 중요한지를 생각해 봐야 한다.

퇴계 이황은 사람이 추구하는 것이 자신의 존재(참 자아)에 뿌리를 둔 것인지 아니면 표피적인 욕구의 만족인지 깊이 따져 볼 필요가 있다고 했다. 그는 재물이나 권세, 명예와 같은 외재적인 것은 '사람들의 벼슬(인작)'이라 하여 그것을 삶의 목표로 여겨 추구한다면 그의 존재는 빈곤해질 수밖에 없으며, 불행을 면할 수 없다고 했다. 또한 '사람의 벼슬'은 연기처럼 이내 사라지기도 하고 파리처럼 잠시 모여들다가 날아가 버리는 것으로 일시적인 만족감 이외에 내밀한 삶의 즐거움을 주지 못한다고 보았다. 설사 그것들을 차지했다 하더라도 어느 순간 잃을 수 있다는 불안은 그러한 만족감을 크게 상쇄시킬 것이라고 말했다. 반면 내 안에 있는 것은 '하늘의 소명'을 깊이 자각하는 것으로 '하늘이 내려준 벼슬(천작)'이므로 참 행복을 얻을 수 있다고 믿었다.

또한, 미국 성공학의 대가로 알려진 앤서니 라빈스는 그의 저서 『네 안에 잠든 거인을 깨워라』에서 가치에는 목적으로서의 가치와 수단으로서의 가치가 있다고 설명하고 있다. 목적으로서의 가치는 우리를 충족시키고 인생을 풍요롭게 만들어 주지만 사람들은 수단 가치를 추구하기 바빠서 진정으로 원하는 목적으로서의 가치를 얻지 못한다고 지적하고 있다. 수단으로서의 가치는 목적 가치를 추구하기 위한 수단을 말한다. '사랑', '가족', '돈'의 가치를 놓고 보면 그중에 '사랑'은 우리가 궁극적으로 추구하는 마음 상태, 즉 목적으로서의 가치에 해당한다. '가족'과 '돈'은 수단으로서의 가치이다. 우리가 원하는 감정을 불러일으키는 도구에 불과하다는 것이다.

따라서 우리가 추구해야 할 가치는 목적 가치이다. 목적과 수단이 바뀌면 혼란에 빠지듯 돈과 권세와 같은 수단 가치를 마치 자신이 원하던 목적 가치인 것처럼 착각하여 전력을 다해 추구한다면 그 목표를 이루고 나서도 '이게 다야?'라는 허망에 빠지고 만다.

나는 정직의 가치를 소중하게 생각한다. 정직이라는 가치는 그 자체로서도 의미가 있지만 다른 가치의 의미를 더 강화하는 활성제 역할을 하기도 한다. 만약 앤서니 라빈스가 주장한 목적으로서의 가치에 정직이라는 가치를 더하면 최고로 훌륭한 가치로 만들 수 있다. 가령 행복이란 가치에 정직이란 가치를 결합하면 더 참된 행복이 될 수 있게 되지만 행복이라는 가치에서 정직하지 못한 가치가 섞이게 되면 그 행복의 질이 퇴색할 것이다.

또한, 퇴계 이황이 말한 외재적인 가치라 하더라도 정직이라는 가치가 결합하면 내재적인 가치로서의 의미를 지닌 가치로 승화할 수 있고, 외재적인 가치에 정직성마저 상실하면 허망을 넘어 추락하는 삶이 될 수 있다는 것이다. 돈이나 권세를 정직하게 추구하면 나름의 의미를 추구할 수 있게 되고, 거짓된 행동으로 추구한다면 범죄를 저지르는 결과를 초래하기 때문이다.

정직의 가치는 내재적인 가치이며 목적으로서의 가치이다. 인생의 가치 중에서도 가장 기본이 되는 가치이며 최종적인 가치이기도 하다. 정직의 가치를 추구하는 삶이란 그 과정에서는 다소 손해가 되고 고통이 따를 수도 있겠지만 끝내는 소중한 이익을 낼 수 있고, 참된 행복을 얻을 수 있는 가치이다. 우리가 삶을 마감하는 순간 느끼는 행복은 어디에서 얻을 수 있을까? 돈? 권력? 참된 삶? 그대가 선택하기 바란다. 만약 참된 삶을 선택하는 사람이라면 정직하게 살자.

미국 지식인들의 정직에 대한 평가를 보면 정직의 가치를 새삼 느낄 것이다. 미국에서 가장 권위 있는 역사학자, 정치학자 등 32명이 모여 미국의 역대 대통령 42명 중 가장 위대한 대통령을 뽑았다. 그 결과 정직의 상징인 제16대 링컨 대통령이 미국 역사상 가장 위대한 대통령으로 뽑혔다. 꼴찌를 차지한 대통령은 정직하지 못한 대통령의 상징으로 낙인찍힌 닉슨이었다. 닉슨은 워터게이트 사건으로 사임한 대통령이다. 워터게이트 사건이란 워싱턴

시내 워터게이트 호텔에 자리한 민주당 선거운동 분부에 FBI와 CIA 직원들이 배관공으로 위장하여 도청 장치를 설치한 사건이다. 도청 장비가 발각되고, 이 사건 뒤에는 닉슨이 있었다는 것이 재판과정에서 밝혀졌던 사건이다. 이 사건으로 의회의 탄핵에 직면한 닉슨은 끝내 사임하고 말았다.

진정한 행복을 원한다면
진정으로 정직하라

(1) 행복은 정직으로 만들어진다

나는 전철을 타면 습관적으로 하는 일이 있다. 전철 안 전체를 한 번 훑어본 후 그 안에 타고 있는 승객들 한 사람 한 사람의 표정을 살피는 일이다. 이 습관은 꽤 오래됐다. 경찰교육원에서 신임 경찰 교육을 받을 때 형법학을 배우는데 흥미 있는 내용이 있었다. 이탈리아의 법의학자 롬부로소의 범죄형 인간에 대한 내용이다. 롬부로소는 1876년에 발표한 논문 『범죄형 인간』을 통하여 인간의 외모로 범죄형 인간을 분류할 수 있다고 주장하였다. 과연 외모로 범죄형 인간을 구별할 수 있을까? 어떤 얼굴이 범죄형 인간일까? 그 범죄형 얼굴을 찾아보려고 여러 사람의 얼굴을 관심 있게 관찰해보는 습관이 생겼다.

전철 안에는 다양한 사람들이 많기 때문에 사람들을 관찰하기 좋은 장소다. 가까이 가는 사람, 멀리까지 가는 사람, 신문을 보고 가는 사람, 스마트 폰을 들여다보며 가는 사람, 눈을 감고 가는 사람이 있는가 하면 뜨개질을 하며 가는 사람도 있다. 사람들의 표정도 각양각색이다. 무심코 자기 가는 길을 가는 전철 안에서의 표정은 그 사람의 보통 때의 자연스런 표정이라고 할 수 있다. 어떤 얼굴이 범죄형 얼굴일까 아무리 살펴봐도 끝내 범죄형 인간은 구별해 내지 못했지만 그 사람의 성품은 어느 정도는 읽어 낼 수 있을 것 같았다.

전철 안에서 여러 얼굴을 유심히 보다 보면 얼굴을 찡그릴 대로 찡그린 사람이 있다. 얼굴에 긴장만 풀면 그나마 얼굴이 편안하게 보이련만 세상의 모든 무거운 짐은 혼자 짊어진 듯 무겁게만 보인다. 인상만으로도 경망스럽게 보이는 사람이 있다. 또 거만하게 보이는 사람, 쪼잔하게 보이는 사람도 있다. 반대로 얼굴은 비록 잘 생기지 못했으나 인품이 남달리 넉넉해 뵈는 사람도 있다. 어떤 사람은 본바탕은 참으로 잘생긴 얼굴인데 얼굴에 그늘이 가득 찬 사람도 있다. 그런 사람은 예쁜 얼굴이 아깝다는 생각이 든다. 저 그늘이 뭘까? 저 그늘을 어떡하면 걷어 낼 수 있을까? 혼자서 생각해 본다. 그런가 하면 얼굴이 편안하고, 근엄하며, 당당하고, 미소가 벙긋하면서 맑고 밝은 사람도 있다. 가끔 그런 얼굴을 볼 수 있다. 그런 얼굴을 볼 때마다 '지금 내 얼굴은 어떤 모습이지?' '나도 저런 얼굴을 만들 수 있을까?' 하는 생각을 가져 본다. 그런 얼굴을 닮고 싶어진다. 참으로 편안하고 행복해 보인다. 그런 사람은 얼굴에 주름이 있어도 그 주름이 인자하게 보인다. 흰머리가 있어도 고결하게 보인다.

이 책을 읽으시는 여러분의 얼굴은 지금 어떤 얼굴일까? 궁금하다. 여러분은 여러분의 얼굴이 다른 사람에게 어떻게 보이는지 생각해 본 적이 있는가? 스스로 그 얼굴을 보려고 거울을 들여다보면 그땐 벌써 거울을 의식한 얼굴이 되고 만다. 난 여러분에게 여러분의 얼굴을 한 번 보라고 권하고 싶다. 거울이나 다른 사람을 의식하지 않고 있을 때의 내 얼굴, 일상 중의 내 얼굴, 내 표정을 보면 여러분이 생각하고 있던 얼굴과는 많이 다를 수 있다. 마치 내 목소리를 녹음해서 들어보면 내 목소리가 생소하게 들리는 것과 같다.

마음이 고운 사람은 얼굴도 곱기 마련이다. 마음이 편하면 얼굴도 편하게 보인다. 마음에 분노가 있으면 얼굴에도 분노가 서리고, 마음이 슬프게 울면 얼굴도 따라서 울게 되어 있다. 일상의 삶이 고상하면 얼굴도 고상하게 변한다. 공자도 불혹이라 하여 나이 40이면 자기 얼굴에 책임을 져야 한다고 했다. 범죄심리학에서도 용의자의 미세한 표정에서 수사 단서를 찾아내기도 한다. 경찰관의 불심검문에 자주 걸리는 사람이 있다. 신바람 박사로 전 국민에게 웃음을 선사하던 고 황수관 박사도 경찰관에게 불심검문을 많이 받게 되어 10여 년에 걸쳐 표정을 바꿨다고 했다. 황 박사가 아침 마당 프로에 나와서 씨익 웃으며 강의하던 모습이 생각이나 이 글을 쓰면서도 웃음이 난다. 닮고 싶은 얼굴이다.

편안하고 근엄하며, 당당하고 미소 짓는 얼굴, 살구꽃처럼 맑고 밝은 얼굴은 어떻게 만들어질까? 답은 정직이다. 정직해야 그런 얼굴을 만들 수 있다.

정직이란 첫째, 자기 자신에게 거짓이 없어야 한다. 자기 자신에게 거짓이 없으면 마음이 편안해지고 얼굴이 근엄해진다. 마치 새 며느리에게서 큰절을 받는 시어머니의 얼굴처럼 품위가 넘치게 된다. 둘째, 상대방에게 거짓이 없어야 한다. 상대방에게 거짓이 없으면 마음이 당당해지게 되어 있다. 마음이 당당해지면 얼굴 가득 벙긋한 미소가 피어나게 되어 있다. 셋째, 하늘과 땅과 자연에 대하여 정직하여야 한다. 하늘과 땅과 자연에 대하여 정직하면 마음이 맑아진다. 마음이 맑아지면 얼굴은 살구꽃처럼 밝아진다. 일상의 삶을 정직하게 살게 되면 그 사람의 일상적인 얼굴도 그렇게 닮아가게 되어있다.

마음이 편하고 얼굴이 근엄하고, 마음이 당당하고 얼굴에 미소가 벙긋하고, 마음이 맑고 얼굴이 살구꽃처럼 밝게 사는 삶, 그것보다 더한 행복이 어디 있을까? 억지로 꾸며내지 않고 늘 그런 상태를 지속하는 삶, 이렇게만 산다면 무엇이 부럽고 무엇을 더 바라랴. 탐진치(탐욕, 성냄, 어리석음)라는 삼독을 깨고 8정도를 통하여 번뇌에서 해탈하여 열반에 든 부처님처럼 진정한 해탈, 진정한 열반, 진정한 행복을 찾을 수 있다. 방황하지 말자. 정직의 외길을 가자. 남의 눈치 보지 말자. 비록 다른 사람이 가지 않은 길이라도 그 길이 나의 길이라면 그 길을 가자. 그 외길이 진정한 행복을 찾아가는 오솔길이다.

(2) 마지막까지 지키고 싶은 것, 그것을 위해서 정직해야 한다

2015년 12월 1일, 한 해 마지막 달의 첫날이었다. 모처럼 크게 신경을 쓸 사건 사고도 없어 경찰서가 한가했다. 날씨는 맑았다. 점심을 먹은 후 잠시 사무실로 쏟아져 들어오는 햇살에서 온기를 느끼며 커피 한 잔을 마신다. 오랜만에 맛보는 여유다. 경찰관, 특히 경찰서장은 평온할 때가 내심 더 불안하다. 군대에서부터 체득된 비정상의 심리다. '그런 예감이 매일 맞을 수는 없어.' 스스로 비정상의 심리를 정상으로 되돌리려고 생각을 바꿔 먹으면서 찻잔을 다시 입으로 들어 올리려는데 전화벨이 울린다.

"사고가 발생했습니다. 교통사고인데 차량에 불이 붙어 차량은 모두 타고 함께 탔던 여성 한 사람이 사망하고, 운전자는 경상이라 치료를 위해 후송했습니다."

태안의 해안 지역을 담당하는 파출소장의 다급한 목소리다. '그러면 그렇지.' 맞아 떨어지는 예감이 밉다는 생각을 할 겨를도 없이 현장으로 나갔다. 해안가 울창한 소나무 숲을 지나는 한적한 도로에서 발생한 사고였다. 현장에서 느끼는 직감이 좀 이상하다. 도로의 경사도나 굽은 정도로 봤을 때 크게 위험성이 없는 곳인 데다 차량의 충돌 흔적과 비교하면 피해 정도가 너무 크다. 정밀 분석을 하기 전에 함부로 판단을 내리기는 어렵지만, 경찰관으로 근무하다 보면 정밀분석 못지않게 직감이 정확할 때가 있다. 교통사고조사 담당 경찰관들이 현장을 수습하고 증거물을 수집하고 있었지만 경찰서장인 나의 직감으로는 단순한 교통사고가 아니었다. 단순 교통사고라면 교통과장 소관 업무로 교통사고조사 경찰관들이 담당하지만 이 사건은 교통사고 외에 다른 범죄 관련성을 동시에 수사해야 할 것 같았다. 교통과장과 형사과장을 같이 불렀다. "이 사건은 형사과와 교통과가 합동으로 수사해서 원인을 정확히 밝혀보세요."

두 과장 모두 경찰서장의 말에 공감하였다. 며칠 뒤 과학수사연수원에서 부검결과가 나왔다. 사망자의 호흡기에서 그을음의 흔적을 발견할 수 없다는 내용이었다. 호흡기에서 그을음의 흔적이 발견되지 않았다는 것은 불이 났을 때 호흡을 하지 않았다는 것이고 이는 곧 불이 나기 전에 이미 죽어 있었다는 것이다. 그렇다면 답은 나왔다. 죽은 사체를 차에 싣고 와서 교통사고로 위장했을 개연성이 높았다. 운전자를 대상으로 사건의 내막을 밝히는 일만 남았다. 마침 여성의 신원을 확인한 형사의 보고에 의하면 그 여성은 운전자보다 여섯 살이 많은 마흔세 살로 두 사람은 연인 관계였다.

운전자가 화상치료차 입원해 있는 동안 수사를 빠르게 진행했다. 수사 결과 사건 전모가 밝혀졌다. 여성은 교통사고 19일 전에 제주도에 있는 여관방에서 남자친구에게 목이 졸려 살해된 것으로 밝혀졌다. 여성을 살해한 남자친구는 시신을 차에 싣고 제주도에서 여객선으로 바다를 건너 충남의 태안까지 와서 교통사고로 위장하기로 마음을 먹었다. 사전에 한가한 도로를 물색하고 그곳에서 차내에 인화물질을 뿌리고 불을 붙인 뒤 가드레일을 일부러 받은 것이다. 사건 일체가 확인되었으니 남자친구의 자백만 남았다. 물론 자백이 없어도 제주도 여관방에서 살인 도구로 사용한 전화선이나 이불과 벽에서 채취한 혈흔, 주유소에서 인화물질을 살 때

목격자의 진술 등 여러 증거로 범죄를 입증하기에는 충분했지만, 자백이 있으면 더 명확한 수사가 될 수 있으므로 자백이 필요했다.

운전자는 입을 열지 않았다. 시인도 부정도 하지 않았다. 치료가 끝나 경찰서로 동행하여 조사하는데도 묵묵부답으로 일관했다. 담당 형사가 이틀에 걸쳐 설득하자 무겁던 입을 열었다.

"내 요구사항을 들어 주면 얘기하겠습니다."

"그 요구사항이 뭔데요?"

"내가 검찰로 넘어가기 전까지 언론에 나지 않게만 해주면 모든 걸 말하겠습니다."

"기자들이 알고 내는 걸 우리는 막을 수가 없습니다. 다만 경찰에서 먼저 언론사에 자료를 내보내지는 않을 수 있습니다."

"알겠습니다. 그 조건만이라도 지켜주면 말하겠습니다."

살인범에게도 마지막까지 지키고 싶은 것이 있었다. 양심이었다. 명예 감정이었다. 이것이 바로 인격적 가치다. 살인범뿐만이 아니다. 누구나 사람이라면 그 가치를 소중하게 생각한다. 자기 내면에서 평가하는 양심의 가치, 사회로부터 평가받고 싶은 자기의 가치, 가족에게 평가받고 싶은 인격의 가치를 사람들은 죽음과 바꾸면서까지 지키고 싶어 한다. 다른 동물과 사람이 구별되는 것도 이런 가치 때문이다.

이 글을 쓰는 순간에도 YTN에 자막이 뜬다. 'ㅇㅇ그룹 ㅇㅇㅇ 부회장 검찰 수사 앞두고 양평에서 자살!' 명예감정이 목숨보다 더 소중하다. 명예감정과 목숨을 놓고 저울질하여 더 귀한 쪽을 택하는 것이다. 사회적으로나, 국가적으로나, 큰일을 해왔고, 앞으로 더 큰 쓰임을 받을 사람들이 극단적인 선택을 하는 것은 참으로 안타깝다. 이런 일을 사전에 막아야 한다. 메르스나 콜레라만 예방이 필요한 게 아니다. 본인도 모르게 양심이나 명예감정, 인격적 가치에 자기 해악의 행동을 하지 못하게 예방 백신을 맞혀야 한다. 그 예방 백신이 바로 정직이다. 가정에서도, 학교에서도, 직장에서도, 사회에서도, 나라에서도 지속해서 정직의 백신을 주사해야 한다. 그 피해를 예방하지 않고는 단란한 가정, 건강한 사회, 복지 국가를 기대하기 어렵다. 언제 황당한 일을 겪을지 맘을 놓을 수 없다.

범인이 고맙게 생각하는 경찰관은 수갑을 찬 모습을 가려 주는 경찰관이다. 이보다 더 고맙게 여기는 사람은 기자들에게 사진이 찍히지 않도록 얼굴을 가려주는 경찰관이다. 그들은 추한 모습을 보이지 않으려고 갖은 애를 쓴다. 명예롭지 못한 얼굴이 알려지는 것을 죽기보다 더 싫어한다. 그러나 가린다고 모든 게 다 가려지는 것은 아니다. 중요한 것은 그런 상황까지 가지를 말아야 한다.

오늘 곪아 터지는 것은 어제 난 상처 때문이다. 오늘 상처를 내면 내일 그 상처에서 피고름이 나온다. 실수로 상처를 냈다면 내버려 두지 말고 비록 아픔이 있더라도 치료를 받아야 한다. 상처에 따라서는 수술을 받아야 하는 경우도 있을 것이다. 그 상처를 키우지 않고 곪지 않게 하려면 감추지 말고 드러내야 한다. 약을 바르고 주사를 맞아야 한다. 물론 이런 아픔을 겪기 전에 상처를 만들지 말아야 한다. 바르게 행동하고 살피고 조심하면 상처는 예방할 수 있다.

　우리는 비록 험난한 세상, 혼란스런 세상에서 살아가더라도 나의 이름에 누가 되지 않게 살아야 한다. 인생을 길게 내다보아야 한다. 죽어서까지도 명예를 남길 수 있는 삶을 살아야 한다. 마지막까지 보여주고 싶지 않은 것, 그것을 보여주고 싶지 않거든 정직하게 살자. 마지막까지 지키고 싶은 것 그것을 지키려면 정직하게 살자.

(3) 건강과 정직과는 어떤 관계가 있을까?

행복을 이야기하면서 빼놓을 수 없는 것이 건강이다. 건강 없이 행복할 수 없다. 인간의 행복을 건강이 떠받친다면 그 건강은 정직이 떠받친다는 사실을 이야기하고 싶다.

나는 의사가 아니다. 다만 변사자에 대하여 그 사건의 경위를 조사하고 범인을 검거하거나 후속 조치에 대하여 판단, 처리하는 일을 하는 경찰관으로 36년을 근무했다. 숱한 주검을 보고 그 주검의 원인과 주검에 이르게 된 사연을 접해보았다. 변사자란 자연사, 즉 병으로 죽거나 노환으로 죽는 것이 아니라 사망의 원인이 밝혀지지 않았거나 자살, 사고 등으로 죽은 사람을 말한다. 변사자 중에는 자살자가 가장 많다. 그 자살자마다 동기가 있다. 그 동기가 안타깝지 않은 경우는 한 사람도 없지만, 그중 가장 안타깝게 느껴지는 것 중의 하나가 우울증 환자의 자살이다. 갈수록 우울증 환자의 자살이 늘고 있다. 우울증으로 인한 자살은 정확히 말하면 자살이 아니다. 본인의 의지가 아니라 정신적 불안 장애로 인한 병사에 가깝다. 자살의 직접 원인이 정신 불안증이기 때문이다. 다만 우울증을 가져온 정신불안의 원인이 문제다.

우울증은 유전적, 체질적인 원인과 사회생활에서의 스트레스, 적개심이 자신으로 향하는 심리상태, 자존감의 감소 등이 그 요인이라고 한다. 그중에서도 '상실'이 가장 큰 원인이라고 한다. 자신에게 의미 있는 무엇인가를 잃어버리게 되면 그 충격으로 인해 우울증 증세를 보이게 된다. 사람마다 다르겠지만 돈, 명예, 미모, 사랑하는 사람 등을 잃어버리게 될 때 그럴 가능성이 높다. 우리는 여기서 '상실'이 어디에서 오는가를 생각하지 않을 수 없다. 우울증은 갈수록 늘고 있다. 그렇다면 우리가 살아가고 있는 이 사회의 어딘가에는 우울증의 원인이 되는 '상실'이 그만큼 증가하고 있다고 단정할 수밖에 없다. 나는 그 상실의 원인을 '정직성의 상실'에서 찾고 싶다. 우리 사회가 정직성을 상실함으로써 또 다른 가치의 상실을 가져오고 그 상실로 인하여 우울증이 증가하게 되는 사회 병폐로 확산된다고 보는 것이다. 그런 의미에서 볼 때 정직성의 상실은 다시 두 가지로 나누어 볼 수 있다.

첫째, 가치관의 상실이다. 사람이 살아가는 데는 순차적인 인과관계의 단계가 있게 마련이다. 가령 성실히 일하면 일한 만큼의 성과가 있고 그 성과가 쌓여서 부를 이루고 다시 그 부에 따른 도리를 알게 되고 그 도리에 맞게 더 큰 가치를 추구함으로써 결국 자기실현의 단계에 다다르는 절차 같은 것이다.

이러한 절차를 밟아 가는 것이 순리이고 지극히 정상적인 인과관계의 원칙이다. 그러나 현대사회는 이러한 절차적 단계가 붕괴하여 뒤죽박죽 얽히고설키다 보니 정신세계가 어지러워지는 것이다. 단군 이래 한 번도 경험하지 못한 짧은 시간 안에 이룬 부의 창출, 그 과정에서의 정직성 상실과 스트레스의 만연, 적응할 역량도 없는 새로운 문화의 도래에 따른 충돌을 감당하기 어렵게 된 것이다.

둘째, 신뢰의 상실이다. 전통적, 관성적 믿음의 원칙이 상실된 것이다. 가령 전통사회에서 당연시되어왔던 자녀에 대한 믿음의 상실, 남편에 대한 믿음의 상실, 돈과 명예, 사회제도에 대한 믿음의 상실 같은 것이다. 믿음의 상실이란 정직에 대한 기대의 상실

이다. 당연히 그러리라 기대하지만, 상대방이 그 기대에 어긋나게
나오게 되는 것이다.

정직성의 상실이 우울증 원인의 한 요인이라고 한다면 우울증
예방을 위한 대책은 간단하다. 정직성을 높이는 것이다. 정직성을
높여 신뢰 사회를 만들어 가는 것이 필요하다. 신뢰사회가 인간의
신체적 정신적 건강과도 연결된다는 사실을 새삼 깨달아야 한다.

흡연이 건강에 해롭다는 것은 상식이다. 담배는 누가 피우는가?
바로 본인이다. 남이 피워서 담배 연기를 내 입에다 불어 넣어 주
지는 않는다. 흡연자들은 전적으로 자기의 의지 때문에 담배를 피
우고 자기 의지가 없어서 끊지를 못하는 것이다. 담배를 피우는 사
람들은 양치질할 때면 '욱, 욱' 소리를 내면서 심하게 구역질을 한
다. 이럴 때마다 내심 금연을 결심한다. '끊어야지, 끊어야지.' 하
지만 그 순간만 지나면 본인도 모르게 담배를 물고 있다. 끊는다고
하면서 못 끊는 것은 본인에 대한 거짓이다. 본인과의 약속을 어기
는 것이고 심하게 표현하면 본인을 속이는 것이다.

흡연자에게 금연을 권하는 뜻에서 일부러 자극적인 용어를 쓰는
것이니 이해를 바란다. 금연을 못 하는 이유는 어떤 말을 해도 변
명으로 밖에 들리지 않는다. '나는 의지가 약한 사람입니다.'라는
변명에 급급하다. 자기를 속이지 않으면 담배는 끊을 수 있다. 정
직하면 금연할 수 있다. 금연을 못 하면서 "담배가 건강에 그리 해
롭지만은 않아, 스트레스를 해소하는 효과도 상당해."라고 변명하
지 말자. 솔직해져 보자. 의지가 약해서 못 끊는 것도 아니다. 정

직하지 못해서 못 끊는 것이다. 백번 양보해서 건강에 해롭다는 것을 접어두고라도 흡연자에게서 나는 악취는 어찌할 건가? 본인에게 정직한 것이 정직한 사람의 첫째 덕목이다. 이제 정직해지자. 정직한 마음이면 담배는 끊을 수 있다. 담배는 백해무익한 것이기 때문에 정직한 마음으로 보면 피워야 할 이유가 없기 때문이다.

과음과 마약 복용도 마찬가지다. 본인도 원치 않는 과음과 마약, 그대로 지속해서는 안 된다. 정직한 마음만 먹으면 막아낼 수 있다. 지금 마시고 싶은 욕구를 막아내지 못하면 술이 건강을 마셔버릴 수 있다. 쓰러진 술병을 베개 삼아 영원히 잠든 불쌍한 취객들도 저 세상에서 그 한 잔을 원망하고 있을지 모른다.

술만 마셨다 하면 파출소에 들어와 술이 대단한 빽(?)인 양 누구도 원치 않는 광란의 마당놀이(?)를 한바탕 즐기고 가는 단골손님들에게 한 말씀 드리고 싶다.

"자신의 건강을 위하여, 우리 사회의 안녕을 위하여 지나친 음주는 삼갑시다. 아침에 맑은 정신에서 한 결심을 정직하게 지키면 됩니다. 그렇게 남부끄러운 마당놀이를 파출소에 와서 하시면 술이 깬 후 막심한 후회가 따를 수 있습니다. 벌금을 내야 하는 후유증도 추가될 수 있습니다. 술을 마시지 않고 민속촌에 가서 하시면 돈을 받으면서 할 수 있습니다."

건강과 정직은 떼려야 뗄 수 없는 관계다. 건강해지고 싶지 않은 사람이 어디 있을까? 건강하고 싶다면 정직에도 관심을 기울여야 한다. 내 생각, 나의 행동이 정직할 때 내가 바라는 건강도 정직할 것이다.

(4) 향기 나는 인생으로 살고 싶다면 정직하라

꽃 중에 가장 아름다운 향기를 품은 꽃으로 단연 연꽃을 꼽을 수 있다. 연꽃은 진흙탕 속에서 자라지만 진흙에 물들지 않는다. 오히려 그 진흙을 정화하면서 고고한 자태를 피워낸다. 연잎 위에는 한 방울의 오물도 머무르지 않는다. 연잎에 물이 떨어지면 돌돌 굴려 떨어뜨린다. 물방울이 지나간 자리에도 그 어떤 흔적을 남기질 않는다. 연꽃이 연못에 피면 시궁창 냄새는 사라지고 향기가 연못에 가득하다. 한 자루 촛불이 어둠을 가시게 하듯 한 송이 연꽃은 시궁창을 향기로 채운다. 연꽃은 어디에서 자라든 푸르고 맑음을 간직한다. 오물이 즐비한 바닥에 뿌리를 내리더라도 청정함을 잃지 않는다.

인간도 연꽃을 닮을 필요가 있다. 그 연꽃의 향기보다 더 고상한 향기를 낼 수 있는 지혜를 배울 필요가 있다. 사람에게도 향기가 있다. 사람의 향기는 내면에서 피워내는 향기다. 그래서 그 어떤 꽃향기보다도 더 짙다. 더 멀리 더 오래 간다.

충남 서산시 지곡면 환성리 2구 마을에는 매년 '머슴의 날'이 되면 '사람의 향기'를 추모하는 제사를 지낸다. 이 마을에서 부자로 살았던 이창호 씨의 향기를 기리는 행사다. 이창호 씨는 해방 전후 세대로 가난한 농촌에서 그 가난을 극복하기 위해 열심히 살았다. 간척사업으로 농토도 늘리고 성실하게 노력해서 동네 부자로 살게 되었다. 살림살이가 커지자 머슴도 여러 명 두었다. 당시의 머슴들은 집에 두고 온 가족들의 끼니가 가장 큰 걱정거리였다. 본인들이야 주인집에서 배는 굶지 않고 먹는다지만 집에 있는 부인이나 자식들은 세 끼를 다 찾아 먹지 못하던 형편이었다. 어느 정도 산다고 하는 집에서도 하루 세 끼를 다 먹지 못하고 살던 시절이었으니 가장이 남의 집 머슴으로 간 가정에서야 오죽했으랴. 이창호 씨와 그의 부인은 머슴들 가족의 끼니를 챙겼다고 한다. 끼니때가 되면 머슴 가족들을 모두 불러와 굶지 않게 했다. 머슴들의 가족만이 아니었다. 끼니때가 되면 부잣집 대문간 주변을 어슬렁거리는 동네 사람들을 불러들여 함께 나누어 먹었다. "내가 이만큼 살게 된 것은 마을 사람들이 도와준 덕분이다. 내가 이 마을과 마을 주민을 돌보지 않으면 내 도리가 아니다."라는 말을 달고 다녔다. 이창호 씨는 마을 한가운데에 있는 당시에도 금싸라기 땅을 마을을 위해 기증했다. 마을에서는 그 터에 마을회관과 경로당을 지어서 주민 복지센터로 사용하고 있다.

이창호 씨가 돌아가자 그의 부인은 남편 못지않게 마을과 마을 사람들에게 덕을 베풀었다. 남편이 돌아가기 전에 남편의 병시중을 지극정성으로 하면서 가사를 챙겨준 머슴에게 논밭을 떼 주었다.

그 어떤 부자도 선뜻 생각하지 못하던 은전이었다. 부인은 자기네 집에서 머슴으로 일했던 사람들의 자식까지도 정성껏 돌봤다. 본인이 연로하자 장성한 자녀들에게 "나를 챙기려 하지 말고 우리 집에서 힘들게 머슴살이를 했던 사람들의 자식들을 챙겨라.", "우리가 이만큼 살게 된 것은 마을 사람들이 도와준 덕분이다. 마을사람들을 챙겨라."라며 대를 이어 어려운 이웃을 챙겼다. 이 지역에서는 매년 음력 2월 초하루를 '머슴의 날'로 정해 마을 주민들이 모여 음식을 나눠 먹고 농악을 즐기는 세시풍습이 지금까지 내려오고 있다. 이제는 머슴이 없어진 세상이지만 '머슴의 날'이면 이곳 환성리 마을에서는 온 동네 주민들이 모여 마을회관 앞에 세워진 이창호 씨의 공덕비에 음식을 마련하고 제사를 지낸다. 연꽃의 향기는 꽃이 지면 사라지지만, 사람의 향기는 세대를 넘어 이어지고 있다.

연꽃의 향기보다 더 아름다운 향기는 곳곳에 많다. 우리가 사는 세상이 시궁창 냄새가 풀풀 나는 진흙 구덩이 속 같지만 그나마 코를 막지 않고 살아갈 수 있는 것은 연꽃처럼 정화해주는 사람의 향기가 있기 때문이다. 이번에는 소록도에서 피웠던 사람의 향기를 찾아가보자.

2016년 4월 국립소록도 병원에 '천사 할매'로 불리는 마리안느 스퇴거(82세) 수녀가 찾아 왔다. 마리안느 수녀는 43년간 전남 고흥 소록도에서 한센인을 돌보다 2005년 돌연 모국 오스트리아로 귀국했다. 이 병원 100주년을 맞는 날 병원을 찾아 온 것이다. 마리안느 수녀는 28세 때인 1962년 2월 24일 소록도에 왔다. 한 살 아래인 친구이자 동료 마거릿 피사렛 수녀가 3년 먼저 도착해 있었다. 마리안느는 농부의 딸이었고, 마거릿 수녀는 의사의 딸이었다. 둘은 오스트리아 인스부르크 간호학교에서부터 같은 방에 살았다. 어렸을 때 2차 세계대전의 참상을 목격한 뒤 생명을 지키는 데 생을 바치자고 결심했다고 한다.

소록도에서 일하는 동안 마리안느 수녀는 '소록도의 엄마'로 불렸다. 마스크와 장갑, 방역복으로 무장한 병원 직원들과는 달리

흰 가운만 걸치고 짓물러 달라붙은 환자의 손·발가락을 맨손으로 떼어 소독했다. 피고름이 얼굴에 튀어도 개의치 않았다. 환자들은 마리안느와 마거릿 두 수녀를 이렇게 기억했다.

"아침마다 병실을 돌면서 따뜻한 우유를 나눠줬다. 밥을 넘길 수 없는 환자들이 우유를 먹고 생명을 연장할 수 있었다. 웬만한 분들은 우리를 만지는 것조차 두려워하는데 두 수녀님은 환자와 마주 보고 앉아서 자기 무릎에 환자 발을 올려놓고 냄새를 맡은 뒤 상처를 치료했다……."

애정만 베푼 것이 아니다. 두 수녀가 오스트리아 가톨릭 부인회 후원을 받은 덕분에 소록도에 의약품을 보급하고 영아원과 결핵 병동을 지을 수 있었다. 결혼 후 섬 밖으로 나가는 이들에겐 정착금을 만들어 주었다. 정작 자신들은 43년간 단 한 푼도 보수를 받지 않았다.

두 수녀는 2005년 11월 22일 편지 한 장만 남기고 돌연 소록도를 떠났다. 행여나 직원들이 따라올까 봐 광주로 나와서 편지를 부쳤다고 한다. 마리안느 수녀는 "우리도 결심하기까지 정말 어려웠다. 마음이 무거웠지만, 몸이 아파서 어쩔 수 없었다."고 당시의 마음을 털어놨다. "여기서 죽고 싶었는데 대장암에 걸려 세 번 수술을 받게 돼 떠나야 했어요. 더는 일할 수 없는데 짐이 되긴 싫었지요. 그날 우리도 많이 울었습니다."

마리안느 수녀는 요즘 오스트리아의 작은 마을 마트레이에 산다. 치매를 앓고 있어 요양원에 있는 마거릿 수녀를 찾아보는 게 일과라고 한다. 그녀는 오스트리아에서 빈곤층이 받는 최저 수준의 국가연금을 받으며 생활하지만, 한국 측에서 제안한 노후 보장과 금전 지원은 극구 사양하고 있다. 한 번뿐인 인생을 살면서 향기를 지닌 사람으로 산다는 것은 쉽지 않은 일이다.

그대에게는 어떤 향기가 나고 있나? 어떠한 향기를 내는 사람이 되는가는 그 사람의 인생관에서 결정된다. 인생관이 만들어지고 변화하는 시기는 세 번 있다고 한다. 사춘기, 중년 그리고 죽을 무렵이다.

사춘기는 주변 환경에 대해 종속적인 위치에 있던 어린아이의 단계에서 독립된 성인으로 넘어가는 관문이다. 사춘기에 이르면 어른들이 주입해준 관점이나 가치에 대해 의문을 품고 자기 나름의 인생을 찾아 고민하게 된다.

나는 누구인가?라는 질문으로부터 시작하여 세상을 어떻게 봐야 할 것인가? 어떻게 살 것인가? 무엇이 내게 가장 소중한가? 등에 이르기까지, 독자적인 가치관 내지는 인생관을 형성하려고 몸부림치는 시기이다.

중년은 사회생활에서 어느 정도 기반을 잡고 틀을 형성해나가는 시기다. 삶의 바탕이 되어준 사춘기에 형성된 가치관을 새로이 재조정할 필요가 있게 되는 시기다.

세 번째 변화의 시기는 죽을 무렵이다. 일종의 인생 총 정리의 기회다. 살아온 인생을 정리하고, 회계하면서 자기의 가치관에 다시금 의미를 찾는 시기다.

머지않아 죽게 될 터여서 삶의 역정에 큰 영향을 끼친다고 보기는 어렵지만, 인생 전반을 갈무리하고 죽은 후에도 평가받고 싶은 가치를 차곡차곡 정리해서 후세에 남기는 작업이 필요하다.

그대는 어떤 향기를 품고 싶은가? 자신에게 물어보자. 나는 어떤 인생관으로 살아가고 있는가? 아직 결정하지 못했다면 '정직의 인생관'을 추천한다. 정직한 인생관이 아름다운 향기를 만들어 낼 것이다.

세계화 시대의 국가 경쟁력은 정직이다

(1) 소비자는 정직을 산다

현대인은 생산자인 동시에 소비자이다. 팔기만 하고 사지 않거나, 사기만 하고 팔지 않는 사람은 아무도 없다. 물건을 만들어 파는 사람은 당연하겠지만, 공무원이나 변호사 또는 바다에서 고기를 잡는 어부도 생산자이며 소비자이다. 이 책을 보는 그대도 소비자이다. 소비자인 그대는 무엇을 구매하는가? 가령 면도기 하나를 산다고 가정해보자. 전기면도기, 날 면도기, 일회용 면도기 중에 어떤 종류를 선택할지를 생각할 것이다. 그중에 전기면도기를 사기로 했다면 국산을 살 것인가? 외제를 살 것인가? 또는 제조국과 관계없이 가격이 싼 것을 살 것인가. 고급형을 살 것인가? 과연 가격이 싸다는 의미는 단순한 가격표만 비교할 것인가? 질이나 디자인까지 고려할 것인가? 소비자의 판단도 간단하질 않다. 결국,

맘에 드는 면도기 하나를 사서 계산을 하고 나올 것이다. 그렇다면 그대가 고르고 골라 선택한 것은 어떤 면도기일까? 나는 장담하건 대 그대는 믿음이 가는 면도기를 골랐을 것 같다. 나의 선택을 받은 물건은 나의 믿음을 가장 많이 받은 물건이다.

세계화 이전에 우리는 '국산품 애용'이 국민의 도리이자 미덕으로 알았다. 내가 초등학교 다닐 때 '국산품 애용'이라는 리본을 가슴에 달고 다녔다. 선생님들은 교문에서 리본을 달았는지 확인했다. 교장 선생님은 코흘리개 시골 어린이를 운동장에 세워 놓고 전교생 조회를 통하여 국산품을 애용하는 것이 애국이라고 목소리를 높였다. 외제 담배를 피우다 단속이 되면 마치 매국노라도 된 듯 고개를 들지 못했던 시절이 있었다.

자유무역이 활성화되면서 더는 정부가 나서서 국산품 애용을 장려하지 못할 처지가 되었다. 자유무역협정에 어긋나지 않으면서도 한국의 농산물 판매를 늘리기 위해 내건 구호가 '신토불이'였다.

그러나 이제는 신토불이도 국내 소비자의 마음을 사지 못하고 있다. 소비의 차원이 너무 많이 변한 것이다. '국산품이냐 외제품이냐'는 이제 소비자의 관심사항이 아니다. 싸고 질 좋은 물건을 잡는다. 싸고 질이 좋다는 의미는 무엇일까. 믿음이다. 어느 제품이 믿음이 가게 만들고, 믿음직하게 유통하고, 믿음직하게 사후관리를 해 줄 것인가를 판단하고 구매를 결정하는 것이다. 결국, 소비의 가장 큰 심리는 제품의 정직성이다. 소비자는 정직을 구매한다. 물론 소비자는 제조국이 어디인지, 어느 회사 제품인지를 확인한다. 이는 단지 믿을 수 있는 나라의 제품인지, 믿음이 가는 회사의 제품인지를 확인하는 절차일 뿐이다. 삼성은 세계 유명한 메이커이면서도 한국 회사라는 것을 홍보하지 않는다. 그러나 이케아IKEA는 스위스 회사임을 강조한다. 본국의 문화, 기술력이 회사의 이미지 관리에 도움이 되느냐 안 되느냐에 따라 홍보방식이 달라진다.

소비자는 정직을 구매한다는 것을 입증해주는 사례가 있다. 한 우산 회사에서 제작 과정 중 실수로 우산에 결함이 생기게 되었다. 하는 수 없이 회사는 이것을 염가판매로 처분하기로 했으나 도무지 팔리지 않았다. 모 광고회사가 이를 인수해서 판매를 시작했다. 우산은 날개 돋친 듯 삽시간에 팔렸다. 과연 그 이유가 무엇이었을까? 그 광고 회사는 이 상품을 팔기 위해 다음과 같은 광고문을 신문에 게재했다. "흠이 있는 우산을 싼값에 팝니다. 하지만 사용하기에는 불편이 없습니다." 사실을 있는 그대로 밝혔다. 고객을 구름 때처럼 몰리게 한 힘은 바로 '정직'이라는 무기였다.

나는 얼마 전 서울 고속버스터미널 전철역을 지나다 걸음을 멈췄다. 보수 공사장 옆에 있는 팻말이 눈길을 끌었다. '늦더라도 제대로 고치겠습니다.' 지금까지 이런 내용의 안내판은 보질 못했다. 믿음이 생겼다. 그래, 잘 고쳐야지. 많은 사람이 오가고 나 또한 다니는 길인데 급하다고 대충 고쳐서 사고가 나면 안 되지. 공사 기간이 다소 오래 걸리더라도 감수해야지. 제대로 고치겠다는데 다그치면 안 되지. 그곳 공사장에서는 믿음으로 협조를 구하고 있었고 나는 기꺼이 불편을 감수하겠다며 그 팻말을 내건 사람에게 믿음을 주고 있었다.

상품을 파는 사람이건, 서비스를 파는 사람이건, 노동을 파는 사람이건 왠지 내 물건이 잘 팔리지 않는다면 내 주위를 살펴보자. 내가 파는 믿음의 상태가 싱싱한지 시들었는지를. 싱싱한 믿음이라야 팔린다. 그 믿음은 정직에서 나온다는 것도 잊지 말아야 한다.

자유무역 시대의 국제 거래에서는 그 믿음에 대한 의존도가 더 높다. 세계 각국의 물건이 같은 매장에 진열되는 시대다. 인터넷을 통하면 선택의 폭은 더 넓다. 바야흐로 제품을 생산한 나라의 정직성, 제품을 생산한 회사의 정직성, 제품을 만든 사람의 정직성, 제품 자체에 대한 믿음이 구매의 기준이 되는 시대다. 결국 소비자는 정직을 구매하는 것이다.

(2) 국가 경쟁력, 정직이 전략이다

대한민국의 국가 경쟁력은 어느 정도일까? 스위스 국제경영개발대학원IMD이 2016년 국가경쟁력 순위를 발표했다. 한국은 평가 대상 61개국 중 29위로 전년 25위에 비해 4계단 떨어졌다. 정부는 가습기 살균제 사건으로 '기업윤리' 문제가 불거지면서 기업 효율성이 큰 폭으로 하락하여 전체 경쟁력에서 밀려난 것으로 분석했다.

전체 1위는 홍콩, 2위는 스위스, 3위는 미국이 차지했다. 아일랜드(16→7위), 네덜란드(15→8위) 등 유로존 국가의 순위가 대체로 전년보다 상승했으며 중국(22→25위), 한국 등 아시아 국가는 순위가 떨어지는 경향을 보였다. 한국은 G20 국가 중 8위, 아시아태평양 14개국 중 10위, 인구 2천만 명 이상 28개국 중 11위를 기록했다.

IMD 국제경쟁력 평가는 정부 효율성, 경제성과 기업 효율성, 인프라 등 4개 분야로 나뉘어 진행된다. 부문별 경쟁력을 살펴보면

- 정부 효율성 부문은 26위
- 경제성과 부문 순위는 21위
- 기업 효율성 부문 순위는 48위
- 인프라 부문은 22위

가장 낮은 평가를 받은 기업 효율성 부문의 구성 내용에는 태도 및 가치, 경영 관행 등의 평가 부문이 포함되는데 여기서 40~60위권으로 크게 하락했다. 또한, 고객 만족도 순위는 46위로 낮았다. 기획재정부는 기업의 낮은 윤리의식과 투명성 저하가 국가경쟁력의 하락으로 이어지고 있다며 기업시스템 개선 노력을 강화할

것이라고 밝혔다.

우리는 이 자료에서 귀중한 교훈을 얻을 수 있다. 대한민국의 국제 경쟁력을 높이기 위해서는 현재 낮은 평가를 받고 있는 기업인의 태도와 가치, 경영 관행, 고객 만족도를 높이는 전략이 필요하다는 것이다. 즉 효율성이나 경제성과 못지않게 신뢰성 향상을 위한 윤리성, 투명성을 강화해 나가야 한다는 방향을 잡을 수 있게 된 것이다. 신뢰성을 높이지 못하고는 경쟁력을 갖출 수 없게 되었다.

개인의 경쟁력이 본인이 소속된 기업의 경쟁력이며 국가 경쟁력이 된다. 국민, 기업, 국가의 경쟁력의 기본은 신뢰이며 그 신뢰는 정직에서 나온다. 경쟁력이 돈이다. 돈이 인프라이고, 돈이 복지고, 돈이 국방력이고, 돈이 비전이다. 돈은 다시 새로운 경쟁력이 되는 것이 경제논리다. 세계가 자유경쟁 체제로 접어든 상황에서 세계의 돈을 불러들이기 위해서는 개인도, 기업도, 국가도 신뢰를 쌓는 것이 전략이 되어야 한다. 정직이 전략이 되어야 한다. 정직은 경제적인 면에서도 참으로 중요한 가치다.

독일의 폭스바겐이 잔머리(?)를 굴렸다. 기술 좋기로 명성이 나있는 이 회사가 그 좋다던 기술로 소비자를 우롱했다. 주행시험으로 판단이 될 때만 배기가스 저감장치를 작동시켜 환경기준을 충족하도록 엔진 제어 장치에 장난친 것이다.

한국은 독일에 대한 사랑이 상당하다. 특히 기술에 대한 신뢰가 확신에 가까웠다. 정직의 이미지가 강하게 풍겼던 나라였다. 독일의 국민차인 폭스바겐은 국내에서 수입 국민차로 불리면서 큰 사랑을 받았다. 아우디 판매량과 합치면 수입차 시장에서 BMW와 벤츠를 넘어 1위를 달리는 브랜드였다. 이번 사건으로 인해 폭스바겐이라는 브랜드와 폭스바겐 그룹에 속해 있어 형제 브랜드라 할 수 있는 아우디는 물론 독일이라는 국가에 대한 신뢰까지 무너지고 있다. 폭스바겐은 이 사건 조사과정에서 또다시 잔머리(?)를 굴렸다. 이제 한국의 소비자들은 신뢰상실을 넘어 '분노'로 바뀌어 가고 있다.

폭스바겐은 대기환경 보전법 개정안 시행 사흘 전 자발적 판매 중단이라는 '꼼수'를 부려, 비슷한 사례가 있었던 미국에 비해 훨씬 낮은 수준의 과징금을 물었다.

잘못을 시인하고 사과하고 믿음직한 대책이 발표될 줄 알았던 한국 소비자들을 우습게 본 것이다. 정직한 나라로 믿고 있었던 독일, 한국에서 그 나라의 대표적인 기업으로 알려진 폭스바겐이 한국 소비자에게 눈 밖에 나고, 다시 분노하게 하고 있다는 것은 안타까운 일이다. 폭스바겐 매장이 줄줄이 문을 닫고 있다. 중고시장에서 차 값은 폭락하고 있다. 폭스바겐을 믿고 차를 샀던 소비자들은 날벼락을 맞은 상태지만 그들의 피해는 아무도 신경을 쓰지 않고 있다. 잃어버린 신뢰를 회복하지 않는 한 앞날은 순탄치 않을 것이다. 잔머리를 굴리는 회사, 소비자를 우롱하는 판매자, 정직하지 못한 제품이 어떻게 추락하는지를 폭스바겐이 보여주게 될 것이다.

그런가 하면 '정직과 신용'을 기업이념으로 하는 기업이 있다.

라면을 주로 생산하는 '삼양식품'이다. 사원들이 구현해 나가고 성취해야 할 방향과 행동강령이 '정직과 신용은 우리 생활을 풍요하게 만든다.'이다. 기업 이념인 '정직과 신용'의 기본 정신을 바탕으로 회사 심벌마크에는 '항상 새로운 마음, 새로운 자세로 신용과 진실을 추구한다.'라는 의미를 담았다. 사원들이 일상 근무를 하면서 행동의 지표로 삼아야 할 '우리의 신조' 5가지 중 첫째가 '진실한 기업을 이룩하자.'이다. 사가 노랫말에도 '~정직과 신용으로 험한 길 헤치며~'가 주된 내용이다.

이 회사에 신입사원이 들어오면 가장 먼저 하는 일이 '정직과 신용'을 머리와 가슴에 담는 일이다. 기업 이념이며 사훈인 '정직과 신용'을 말보다 행동으로 보여주자는 의지를 다진 후 사원으로서의 첫 발을 내 딛는다.

이 회사 사원들은 이렇게 말한다. "정직은 인간이 생활해 나가는 데 가장 중요한 덕목 중 하나입니다. 더욱이 불특정 다수의 대중을 상대로 기업을 운영하려면 정직하게 상대를 대해야 하지요. 생산제품 하나하나가 정직한 마음씨의 결정이 되어야 하고, 거래 관계에서도 정직을 기조로 삼습니다. 정직의 덕목이 현실로 구현될 때 사람들은 회사를 신용하게 되며 그러한 신용이 바탕을 이룰 때 사원들이 일할 보람을 갖게 되고, 기업 활동은 더욱 활발해져서 회사는 발전하게 됩니다."

이 회사는 1989년 '쇠기름사건(당시는 우지사건으로 불렸다)'을 겪으면서 위기를 맞기도 했다. 물론 당시 보건사회부 장관의 '라면 무해 판정'과 무죄판결을 받으면서 들끓던 여론이 진정되고 일단락되었지만, 정직의 가치를 소중하게 체험하게 되었다. 정직과 신용을 핵심가치로 계승하고 있는 기업, 제2의 주식인 라면을 1963년 국내 최초로 생산하고, 1969년 월남에 라면을 첫 수출하기 시작하여 현재 미국, 러시아, 유럽을 비롯하여 동남아, 중동, 중남미 등 세계 30여 국가에 수출하고 있다. 특히 1988년 서울 올림픽 기간 동안 세계 각국에 이 회사의 라면과 컵라면이 소개되면서 라면류, 스낵, 유가공 제품도 외국인들에게 사랑을 받게 되어 한국적인 맛을 세계 각국에 전파하고 있다.

정직이라는 전략. 쉽지 않은 전략이다. 하루아침에 정직해지기도 어렵다. 하지만 어려운 방법이 최선인 경우가 많다. 어려운 길이 가야 할 길일 때가 많다. 험하고 외로운 길, 남이 가지 않은 길, 모두가 할 수 없다고 외면하는 길, 그 길을 걸어가지 않고는 지금과 다른 나, 지금과 다른 기업, 지금과 다른 국가를 만든다는 것은 기대하기 어렵다. 우리는 할 수 있다. 세계 제일의 경쟁력을 자랑하는 날이 반드시 올 것이다. 대한민국이니까. 대한민국에는 우리 기업이 있으니까. 우리 기업에는 정직한 내가 있으니까.

(3) 우리는 과연 일본을 이기고 있는가?

1982년 대한민국 국민의 분노가 하늘을 찔렀다. 일본의 역사교과서 왜곡에 분노를 억누를 수 없었다. 36년간의 박해가 다시 시작되는 것 같았다. 우리 국민은 반일을 넘어 극일을 하고 싶었다. 진정 일본을 이기자는 데 단 한 사람도 이견이 없었다. 대한민국의 자존감이며 자존심이었다. 그 뜻을 기리는 의미로 독립기념관을 건립하자는 의견이 나오고 모두가 동참했다. 이때만큼 대한민국이 통합한 때도 드물었다. 남녀노소 성금을 모았다. 학교에서도, 직장에서도, 농민도, 어민도, 공무원도, 회사원도 극일을 생각하며 독립기념관 건립을 위한 국민 모금에 동참했다. 나라 사랑과 극일의 마음을 담아 독립기념관을 만들게 되었고 1987년 8월 15일 제42주년 광복절 기념식과 함께 준공 개관하였다. 대한민국의 자존감이 세워진 것이다. 대한민국 국민의 가슴 속에 극일의 불씨가 타오르기 시작하였다.

대한민국의 자주성 회복과 극일을 위한 국민의 마음은 거기서 머물지 않았다. 1995년에는 중앙청으로 불리던 구 조선총독부 건물을 폭파했다. 폭파 장면을 전 세계에 생중계했다. 폭파 후 당시 김영삼 대통령은 "일본 놈들의 버르장머리를 고쳐놓겠다."는 폭탄 발언도 서슴지 않았다. 이 건물은 일제가 식민통치의 위엄을 과시하고자 경복궁 근정전 바로 앞에 세웠던 건물이다. 이후 19년간 일제 식민통치와 수탈의 본거지로서 악명을 떨쳤지만, 광복 후에는 제헌국회 개회식과 초대 대통령 취임식장으로, 정부청사로 쓰기도 했다.

김 전 대통령은 "치욕스러운 역사를 지우는 것이 무엇보다 중요하다"며 일부 반대 여론에도 불구하고 철거를 강행했다. 먼저 첨탑 등 부분 철거가 시작되자 일본 정부는 공식성명을 냈다. "우리가 지은 건물이니 건물 통째로 이전하겠다. 모든 비용은 우리가 부담하겠다." 이 소식을 전해들은 김 전 대통령은 바로 그다음 날 조선총독부 건물을 폭파했다.

총독부 건물이 해체되는 장면을 텔레비전으로 보면서 우리 국민은 극일의 감격을 맛보았다. 이 장면 하나로 당시 국정 지지율은 80%를 넘어서기도 했다.

2016년, 광복 71주년을 맞았다. 독립기념관이 문을 연 지 29년이 지났다. 구 조선총독부 건물이 폭파된 지도 21년이 지났다. 과연 극일은 이루어졌을까.

일본의 비즈니스 저널에서 한국 경찰청의 통계를 인용해 기사를 냈다. '한국인은 예전부터 사회 전반에 거짓말과 사기행위가 만연했지만, 경제 불황이 심해지면서 사기범죄가 더욱 늘고 있다.'고 주장하는 내용이다. 한국에서는 2000년 위증죄로 기소된 사람은 1,198명, 무고죄는 2,956명, 사기죄는 5만 386명이었는데 2013년에는 위증이 3,420명, 무고가 6,244명, 사기가 29만 1,128명으로 급증했으며 이는 "일본의 66배에 이르는 것이며, 인구 규모를 고려하면 165배나 많은 것"이라고 썼다. 놀라운 것은 한국의 사기 피해액이 43조 원에 달하며 이는 한국이 세계 제1의 사기대국이자 부패 대국이라고 주장했다. 이건 극일이 아니다. 부끄러운 일이다.

2012년에 있었던 일이다. 서울 장충동 파출소에 112 신고가 접수됐다. 경찰관이 출동해 보니 외국인 관광객이 많이 찾는 호텔 앞에서 택시 운전사와 일본인 부부 관광객 간에 언쟁이 벌어지고 있었다. 일본인 신혼부부 중에 남자가 참담한 표정으로 입을 연다.

　"명동에서 택시를 타면서 요금을 주었는데 저 기사분이 안 받았다고 떼를 쓰고 있으니 조치를 취해 주세요."

　택시 기사는 한 수 더 뜬다.

　"내가 요금을 받았으면 X새끼입니다. 절대 받지 않았습니다."

　경찰관이 나타나자 자기주장을 위해 서로 언성이 높아지더니 점점 말투가 거칠어진다. 택시기사는 옆 눈질로 경찰관을 보면서 내뱉는다. "젊은 사람들이 돈이 없으면 자기네 나라에서 앉아 있을 것이지 뭐 한다고 외국 여행이나 다니고 지랄이야." 뒤끝을 흐리면서 혼잣말이 이어진다. "X바리 XX들……."

　단순한 착각일지 모른다면서 서로 잘 기억해 보라고 권유해 보았지만 자기주장만 내세우니 경찰관도 현장에서 해결할 수가 없었다. 파출소에 와서도 달라지지 않았다.

　일본인 관광객은 "내가 한국을 잘 몰라 택시를 타면서 5만 원을 주었습니다. 거스름돈을 받아야 하는데 오히려 택시비를 안 냈다고 하니 황당합니다." 택시 기사는 "5만 원은 그만두고 5천 원도 받은 적이 없습니다." 경찰관이 택시기사에게 제의했다. "가지고 있는 돈을 꺼내볼 수 있을까요?" 택시 기사는 돈을 꺼내 보였다. "자, 이게 전부입니다. 여기에 저 사람들에게 받은 돈이 없습니다." 책상 위에 펼쳐 놓은 돈 중에는 5만 원 권 지폐가 한 장 있었다. 경찰관이 그 5만 원 권을 유심히 들여다보자 택시 기사가 말했다. "그 5만 원 권을 의심하지 마세요. 그 돈은 아침에 일 나올 때 가지고 나온 겁니다." 택시기사는 거침이 없었다. 경찰관도 난감했다. 누구 말이 맞을까. 이때 일본인 부인이 뭔가 생각난 듯 말문을 열었다. "우리가 한국에 오면서 한국 지폐 5만 원 권을 바꿔왔습니다. 모두 신권으로." 옆에서 그 광경을 보고 있던 파출소장이 뭔가 생각난 듯 끼어들었다.

"기사님, 5만 원 권 지폐 좀 보여주세요. 그리고 일본인 선생님, 가지고 있는 5만 원 권이 있으면 좀 보여주세요."

서로가 내어놓은 돈을 대조해 보았다. 그리고는 택시기사의 지폐가 일본인 돈의 일련번호 중간 번호라는 것을 알아냈다.

"기사님, 보세요. 기사님의 돈 번호가 이분들이 가지고 있는 돈의 중간번호가 맞죠? 이는 기사님이 가지고 있는 돈이 이분들에게서 받은 돈일 수 있다는 확률이 높습니다. 이 정도에서 기사님이 착각한 것으로 서로 양해하고 돌아가시지요." 택시기사는 수그러들지 않았다. 절대로 그런 일이 있을 수 없다고 강변한다.

다시 파출소장이 나섰다. "그렇다면 어쩔 수 없지요. 정식 수사 절차를 밟겠습니다. 형사 입건될 수도 있습니다. 기사님 이곳으로 앉으시지요. 조서를 작성하겠습니다." 그때야 기사의 태도가 달라졌다. "제가 착각한 것 같습니다. 거스름돈을 드릴 테니 여기서 끝내주시지요." 택시기사는 돌아갔지만 담당 경찰관이나 파출소장은 뒷맛이 씁쓸했다. 일본인 관광객에게 한국 사람으로서 낯이 서질 않았다.

극일, 우리 국민의 한결같은 마음이다. 그러나 명심해야 한다. 감정에 젖어서, 막연한 기대만으로는 극일을 이룰 수 없다. 진정한 극일을 하여야 한다. 그러기 위해서는 정직성에서도 일본을 이겨야 한다. 마음과 행동이 정직하지 못하면서 이길 수는 없다. 대한민국이 세계 어느 나라 국민보다도 정직하다는 평가를 받을 때 진정 그들을 이길 수 있다. 백번 후퇴해서 일본만이라도 이겨야 한다, 반드시. 우리는 이길 수 있다. 일본인보다 교통법규를 잘 지키자. 한국인은 신호등을 무시하고 무단횡단하기 일쑤다. 교통사고 많은 나라다. 일본인은 보는 사람이 없는데도 신호를 지킨다. 일본인보다 근검절약하자. 일본인은 근검절약이 부자의 비결이라고 생각한다. 일본인은 목에 칼이 들어와도 약속을 지킨다. 그들에게 약속은 생명과 같다. 한국인은 약속을 지키지 않는다. "중요한 일이 생겨서", "차가 밀려서" 하고 변명하기에 급급하다. 한국인은 어디 한탕 해서 떼부자가 될 것이 없는가만 생각한다. 그러다 보니 사기꾼이 많고 사기대국, 부패대국이라는 오명을 쓰고 있다. 일본인보다 준법정신이 강해야 한다. 일본인보다 약속을 잘 지키면 그것이 극일이다. 정직한 한국인이 되는 길이 일본을 이기는 길이다.

(4) 태평양 시대의 주도권은 대한민국이 쥔다

'21세기 태평양시대의 주역은 한국인일 수밖에 없다는 확실한 증거를 가지고 있다.' 김동길 교수의 칼럼 내용이다. 김 교수가 그 확실한 내세우는 증거는 다음과 같다.

첫째, 세계 석학들의 주장이다.

서양의 쇠퇴를 예견한 슈펭글러Oswald Spengler라는 학자는 『서구의 몰락』이라는 저서를 통하여 인간의 삶에도 출생, 성장, 쇠퇴 그리고 사멸이 있듯 국가나 문명권도 그런 숙명적인 길을 갈 수밖에 없으므로 유럽은 이제 쇠퇴하는 것이고 사멸의 비운을 피할 길이 없다고 봤다.

토인비Arnold J. Toynbee 같은 대석학도 『시련에 직면한 문명』이란 책에서 서구의 문명이 막다른 골목에 왔음을 경고하였다.

영국 옥스퍼드 대학의 현대사 교수 바라클라우Jeffrey Baraclough는 대서양시대는 이미 지나갔고 "태평양의 새 시대가 등장하였다."고 밝힌 바 있다.

둘째, 21세기 주역이 될 요건 세 가지를 들었다.

예일대학의 유명한 서양사 교수인 폴 케네디Paul Kennedy는 한국에 와서 한 강의에서 "21세기의 주역이 될 민족에게는 높은 수준의 민주주의가 있고, 높은 수준의 도덕이 있고, 높은 수준의 생산성이 있는 민족이어야 한다."고 말했다.

셋째, '세계 석학들의 예견'에 '21세기 주역이 될 공식'을 대입하여 결론을 내렸다.

태평양의 동쪽에는 가장 가까운 곳에 전통적 문화를 간직하고 있는 나라가 셋이 있다. 한국, 중국, 일본이다. 그중에서 어느 한 민족이 주도권을 장악할 수밖에 없다는 것이 역사 발전의 원칙이다.

일본의 민주주의는 겉보기와는 다르다. 우리보다 훨씬 앞서 있는 것 같지만, 아직도 개인이라는 개념이 명확하지 않다. 민주주의가 거의 불가능하다는 면에서는 중국도 다를 바가 없다. 만리장성을 완성했다는 진시황에서 비롯된 절대권력은 모택동에게 전달되었고 또다시 덩샤오핑에 의해 계승되었다. 중국의 천안문사태가 민주주의의 부재뿐 아니라 불가능함을 시사하고 있다. 당국에 의한 언론 통제가 완전무결하다는 것은 중국의 민주화를 비관적으로 전망하게 한다.

21세기에는 일본도 중국도 한국의 민주주의를 본받을 수밖에 없다. 이 어지러운 현대사의 소용돌이 속에서 피와 땀으로 민주주의를 체험하고 터득한 국민은 한국인뿐이다.

한국을 비롯하여 중국과 동남아의 여러 나라를 침략하고 강탈한 과거를 조금도 부끄럽게 여기지 않는 일본은 도덕을 논할 자격이 없다. 중국은 현실주의로 일관해온 민족이다. 노자도, 장자도, 공자도, 맹자도 내세來世를 이야기하지 않았고 다만 행복론에 치우쳤을 뿐이다. 수신제가 치국평천하修身齊家治國平天下가 고작이었다. 우리나라의 "순교 정신"이라는 것은 그들이 상상조차 못 할 높은 도덕의 세계였다. 이차돈이 흘린 순교의 피 위에 한국의 불교가 자리 잡고 있다면 그 장래를 기대해 볼 만도 하다. 천주교를 위해 이승훈, 김대건 등이 뿌린 피는 더 말할 나위도 없거니와 103명이 동시에 성인의 반열에 모셔지는 식전을 요한 바오로 2세가 직접 이 땅을 찾아와 집례하였으니 그런 나라가 이 지구 위에 또 어디에 있겠는가. 우리나라의 이 위대한 종교들이 한국인을 전 세계에서 가장 정직한 국민으로 반드시 만들고야 말 것을 확신한다.

최고 수준의 민주주의를 몸소 행하는 나라, 한국. 가장 높은 수준의 도덕의 나라, 한국. 세계에서 가장 정직하고 가장 사랑이 차고 넘치는 한국인이 철저한 민주적 질서 속에서 최선을 다하여 땀 흘려 일한다면 한국이 새 시대에 가장 생산성이 높은 나라가 되리라는 것은 의심의 여지가 없지 아니한가. 그런 꿈만이 태평양 시대에 한국을 살리고 세계를 살린다.

김 교수는 마지막으로 "한국 국민이 전 세계에서 가장 정직하고 가장 자비로운 국민이 되는 길은 '나I am~' 하나가 먼저 가장 정직하고 가장 자비로운 개인이 되는 그 길뿐이다."라는 말을 잊지 않았다.

나도 21세기의 세계의 주도권은 대한민국이 쥘 것이라고 확신한다. 우리는 홍익인간이라는 건국이념과 교육 이념을 따르고 있다. 단군신화에 따르면 천신 환웅이 이 땅에 내려와서 우리의 시조 단군을 낳고 나라를 열게 된 이념이 홍익인간이었다. 홍익인간이 우리나라 교육이념으로 채택된 것은 미 군정 시절부터였으며, 1949년 12월 31일 법률 제86호로 제정·공포된 교육법 제1조에 '교육은 홍익인간의 이념 아래 모든 국민이 인격을 완성하고, 자주적 생활능력과 공민으로서의 자질을 구유하게 하여, 민주국가 발전에 봉사하며 인류공영의 이상 실현에 기여하게 함을 목적으로 한다.'고 천명했다. 이러한 위대한 건국이념과 교육이념을 가지고 있는 나라가 우리나라 말고 어디 있을까. 그 역사가 5천 년이 넘었다. 위대한 건국이념은 선비 주의와 마을 공동체, 민주화라는 자랑할 만한 가치로 이어지고 있다.

102만 명에 이르는 공무원이 있다. 정직과 청렴을 가장 큰 가치로 알고 살아가는 사람들이다. 2005년 기준으로 종교인이 8,213만 2,225명(종교별로 주장하는 신도 수의 합계)으로 실제 국민 수보다도 많다. 종교인은 정직의 가르침을 본받고 따르는 정직의 실천자들이다. 공무원과 종교인, 그 밖의 지식인, 건전한 시민의식을 가진 국민들이 본인의 사명을 정확히 알고 정직한 마음으로 본인의 역할에 최선을 다한다면 태평양 시대의 주도권은 대한민국이 쥘 것이 확실하다.

PART 4

정직으로
나를
혁명하라

정직으로
자신을 혁명하라

(1) 당신의 피와 골수에 정직이 물결처럼 흐르게 하라

피는 사람의 신체에 생명을 유지하게 한다. 피는 우리 몸 안의
세포에 산소와 영양소를 공급하고 세포의 신진대사에 의해 발생하
는 이산화탄소와 노폐물을 회수하여 운반하는 역할을 한다. 보통
은 혈액이라고 부른다.

이 피가 맑아야 한다. 우리 몸은 통상 안정적일 때 심장 박동 수
는 1분에 약 70회. 한 번 뛸 때마다 70~80ml의 혈액을 몸속 모든
세포조직으로 보낸다. 심장에서 보내진 혈액이 몸 전체에 산소와
영양소를 배달하고, 노폐물인 이산화탄소를 수거해서 심장으로 돌
아오기까지 걸리는 시간은 최소 30초에서 최대 1분 이내이다. 단
1분 이내에 혈액은 중요한 임무를 수행하면서 몸 구석구석까지 뛰
어다닌다는 얘기다.

혈액이 맑아야 빠르게 몸 전체 혈관(12만 5,000km, 지구 두 바퀴 반)을 돌아다닐 수 있다.

피가 탁하면 현대 의학에서 말하는 '혈전', 동양의학에서 말하는 '어혈瘀血'이 발생하게 된다. 이로 인하여 혈액 순환에 문제가 발생하고, 만병의 근원이 되는 것이다. 우리 몸이 건강을 유지하려면 피를 깨끗하게 하여야 한다. 더러워진 피는 빨리 제거하여야 한다.

피를 만들어 내는 곳이 골수다. 골수는 뼈의 안쪽 공간에 위치한 부드러운 조직이다. 이곳에서 하루에 적혈구 20억 개, 혈소판 70억 개, 과립구 8억 개를 만든다. 만약 골수에 문제가 생길 경우 어떤 문제가 발생할까. 면역을 담당하는 백혈구가 그 기능을 제대로 수행하지 못하게 된다. 백혈구가 하는 일은 혈액과 조직에서 이물질을 잡아먹거나 항체를 형성함으로써 신체를 보호하는 일이다. 우리는 이 병을 백혈병이라고 한다. 우리 인간이 가장 끔찍하게 여기는 병이다.

우리 몸의 백혈병은 끔찍하게 여기는 인간이 과연 우리 영혼의 백혈병은 얼마나 알고 있을까. 인간의 육체에 백혈병이 있다면 인간의 영혼에는 패악한 마음이 있다. 백혈구가 제 역할을 못해서 백혈병이 발생하듯 우리의 영혼에도 양심이란 기능이 제대로 활동하지 못하면 패악한 성격이 활개를 치게 된다. 우리의 마음도 육체의 피만큼이나 청결해야 한다. 그래야 우리 마음에 착하고 건강한 영양소를 공급할 수 있고 영혼의 신진대사에 의해 발생하는 불순한 생각이나 노폐물을 회수하여 처리하는 역할도 제대로 할 수 있다.

양심의 흐름에 거침이 없어야 한다. 거짓되고 사악한 심보가 혈전이 되고, 어혈이 되어 양심의 흐름을 방해하면 영혼에 패악한 암 물질이 발생하게 된다. 영혼의 암은 백혈병보다도 무섭다. 백혈병은 전염성이 없지만, 영혼의 암은 자칫 주변 사람에게 전이될 수도 있다. 사람은 어울리는 사람을 닮게 되는 습성이 있기 때문에 패악한 사람과 어울리는 사람까지 패악한 사람이 되기 쉽다. 백혈병은 한 사람의 생명을 위협하지만, 영혼에 암에 걸리면 자신은 물론 많은 사람의 생명과 재산을 위협하게 한다. 정직하지 못한 사람이 시공한 성수대교가 무너지고, 삼풍백화점이 붕괴하는 것을 우리는 똑똑히 보지 않았는가.

나의 피와 골수에 백혈구가 제 기능을 수행하도록 해야 한다. 그래야 건강한 육체를 보전할 수 있다. 마찬가지로 내 영혼의 피와 골수에도 정직이 물결처럼 흘러야 한다.

그렇지 못하면 거짓되고 사악한 혈전이 뭉치고 그 혈전이 커지다 보면 양심의 통로를 막아버릴 수 있다. 양심의 통로가 막히는 날 그대의 영혼도 돌연사를 맞게 될 것이다.

(2) 인생의 항로에 정직의 나침반을 달아라

내가 중학교 2학년 때의 일이다. 온 가족이 모인 자리에서 아버지께서 하실 말씀이 있다고 하셨다. 가족들의 시선이 아버지에게 쏠리자 아버지는 선뜻 입을 열지 못하시고 두 눈에서 주르르 눈물을 흘리셨다. 1년여 전부터 병고를 치르신 아버지는 건강할 때도 몸이 아프실 때도 지금껏 한 번도 이런 일이 없었기 때문에 가족들도 의아해했다. 아버지는 가슴에 메인 것이 많은지 복받치는 가슴을 진정하시고는 조용히 입을 여셨다.

"한세상을 살면서 내가 한 일이 과연 무엇인지 모르겠다. 윤봉길 의사는 나처럼 농촌에서 태어났어도 나라를 위해 큰일을 하시고 가셨다. 안중근 의사도 자기 몸을 나라에 바치셨다. 너희들 할아버지는 동학운동 참가자들이 체포되어 밧줄에 묶여 처형장으로 끌려갈 때 그 밧줄을 끊어 도주하게 함으로서 많은 사람의 생명을 살리시기도 했는데 나는 고작 나 한 몸만을 위해 살다 이렇게 끝나고 마는 것 같다. 나도 나라를 위해서 사회를 위해서 의미 있게 살고 싶었는데 이제 그럴 기회가 없을 것 같구나. 인생이 긴 줄만 알았다. 다음에, 또 다음에 뜻을 펼칠 날이 올 줄만 알고 살았는데 이제 그 끝에 와 있다니 너무나 허망하다. 인생이 이런 것인 줄 진작 알았더라면 진작 더 뜻 있게 살다 갈 것을……."

우리 형제들은 말없이 아버지의 모습을 바라보고 있었다. "왜 안 하던 얘기를 하고 그러셔? 빨리 나아서 하고 싶은 일을 하면 되지! 마음 단단히 먹고 건강이나 찾으세요." 분위기를 바꿔보려는 어머니의 말씀에 조금은 진정하시던 아버지가 다시 입을 떼셨다.

"나는 이렇게 가지만 너희들은 뜻 있게 살아라. 사람이 생겨날 땐 다 몫이 있단다. 그 몫을 다해야 한다. 우선 나라를 위해 필요한 사람이 되어야 한다. 그게 가장 뜻 있는 일이다. 이웃에게는 베풀면서 살아라. 남의 눈에 눈물 나게 하면 결국 내 눈에서 피눈물이 나게 된다. 비록 사는 것은 남루하더라도 정직하게 살아야 한다." 말씀을 마치시고는 속이 후련한지 물 한 그릇을 비우시면서 한참 동안 마음을 진정하셨다.

나는 우리 아버지가 일만 하시는 농사꾼인 줄 알았다. 눈만 뜨면 논밭에 나가 얼굴이 벌겋게 달아오르도록 일하고, 생각은 농사일에나 머무는 촌로인 줄만 알았다. 그런데 학교에서나 배우던 말씀을 하시는 걸 보니 아버지가 달리 보였다. 아버지의 마음속에도 애국의 정신이 들어 있었고, 이웃에게 베풀며 살고 정직하게 살아야 한다는 가치관도 가지고 계셨다는 것을 그제야 알았다. 아버지께서 이루지 못한 뜻을 대신 자식들이 펼쳐달라는 마음도 알아챌 수 있었다. 아버지의 뜻을 영원히 잊지 말자는 생각에서 할아버지가 동학군을 구할 때 사용했다는 누런 놋쇠 단도를 중학교 박물관에 기증하기도 했다.

이제 아버지는 돌아가시고 안 계시지만 아버지가 생각날 때마다 남산 안중근 기념관에서 영정사진으로 뵌 안중근 의사와 덕산 충의사에서 영정사진으로 뵌 윤봉길 의사 그리고 아버지의 모습이 서로 연결되어 자주 눈에 어린다. 아버지가 마음속에 담고 있던 만큼 나는 나라를 생각하는 마음을 가지고 있는가? 나라를 위해 내가 할 일은 무엇이 있을까를 늘 생각하게 한다.

아버지의 그 말씀 이후 '정직'을 내 인생의 나침반으로 삼았다. '바르게 살자, 정직하게 살자, 겸손하게 살자'는 좌우명으로 살아가고 있다. 앞으로도 이 좌우명은 변함없이 내 인생의 나침반이 될 것이다.

　내 인생 항로에 정직의 좌우명을 더욱 굳힌 것은 경찰관이 되면서다. 신임 경찰 교육기관인 경찰교육원(당시는 경찰종합학교였다)을 수료하고 대한민국의 젊은 경찰관으로 임용되면서 거듭거듭 맹세한 것이 있다. 정직한 사람, 정직한 경찰관이 되는 것이었다. 학창시절, 군대 생활을 거치면서 정직을 좌우명으로 삼아 살아왔지만 그 좌우명을 신념으로 굳히게 된 계기가 경찰교육원의 교육이었다.

　당시 경찰교육원의 교육에 새바람이 불었다. 1980년도 '정의 사회 구현'이라는 신군부 국정 이념이 경찰교육에도 그대로 불어 닥쳤다. 경례 구호도 '충성'에서 '새 경찰'로 바뀌었다. 지금 들으면 가소로울 수도 있겠지만 그때는 '경찰이 새롭게 태어나 세상을 정의롭게 바꾸자.'는 것이 경찰교육의 목표였다. 당시 강력하게 추진한 새 경찰 교육이 새내기 경찰인 나의 마음에 꽂히게 되고 정직이라는 신념으로 굳혀지는 계기가 되었다.

　'경찰이 바뀌어야 한다. 구태를 벗어나지 못하면 경찰도, 국민도 불행해진다. 나부터 정직한 경찰관이 되자!'는 각오를 젊은 경찰관으로 출발하는 나의 가슴에 새기게 되었다.

　그러면서도 한 가지 거슬리는 건 '정의'였다. '정의'도 얼른 보면 좋은 말이지만 너무나 추상적인 용어다. 얼른 손에 잡히지 않는 말이다. 당시도 그랬지만 지금도 '정의'라는 뜻을 쉽게 말할 수 있는 사람이 드물다. 몇 년 전 『정의란 무엇인가?』란 책이 베스트셀러가 되었다. 정의에 대하여 관심이 많았다. 너도나도 사서 인기 도서가 되었지만 정작 그 책을 끝까지 읽은 사람은 불과 몇 명 되지 않았다는 후문이 있었다. 너무나 어렵고, 두꺼워 한참을 읽어도 무슨 얘기인지 도대체 알 수가 없으니 책을 덮을 수밖에 없었다는 것이다.

지금도 초등학생에서 대학교수에 이르기까지 누구에게나 "정의가 무엇인가요?" 하고 물으면 얼른 대답할 사람이 몇 명이나 될까? 참 어려운 말이다. 손에 잡히지 않는 말이다. 국민이 이해하기 어렵고 실천하기 어려운 '정의 사회 구현'이라는 말을 국정 이념으로 내걸다 보니 결국 성공하지 못한 국정으로 끝나버리고 말았다.

국정 지표나 회사 사훈, 가훈, 개인의 좌우명은 쉬운 말일수록 효과적이다. 뜻도 모르는 좌우명을 걸어놓고 실행을 바랄 수는 없기 때문이다.

정의와 비슷하면서도 보다 구체적이고 쉬운 말이 정직이다. 정직이란 말은 초등학교부터 익힌 말이다. 초등학생들에게 정직이 무엇이냐고 물어보면 '거짓말하지 않는 것' 또는 '잊어버린 물건을 주인에게 돌려주는 것'이라고 바로 대답한다.

그런 의미에서 나는 정직을 좋아한다. 정직이란 나의 좌우명을 사랑한다. 내가 살아가는 정신으로 삼아 내 인생길을 인도하는 나침반으로 삼은 것을 자랑으로 여긴다. 바다를 항해하는 선박이 나침반이 없으면 목적지에 갈 수 없다. 큰 바다를 누비는 선박일수록 나침반에 의존하지 않을 수 없다.

포목점 점원으로 일하던 프랑스 청년이 있었다. 하루는 호텔에 숙박하고 있는 은행가에게 옷감을 팔고 돌아왔다. 그런데 받은 돈을 계산해 보고는 두 배나 더 받은 것을 알았다. 청년은 이 사실을 주인에게 알렸지만, 주인은 시큰둥하게 말했다.

"우리 잘못은 없네. 그냥 두게."

청년은 주인의 만류에도 불구하고 호텔로 가 은행원에게 사과하고 나머지 돈을 건네주었다. 포목점 주인은 청년의 지나친 정직에 화를 내며 그를 해고했다. 이튿날 은행가는 청년이 자기 때문에 일자리를 잃게 된 것을 알게 되었다.

"나와 함께 일해보지 않겠나?"

청년은 은행가를 따라 파리로 가서 은행원이 되었다. 청년은 은행에서도 성실하게 일했고, 정직함을 잃지 않았다. 그 청년의 이름은 장 바티스트 콜베르. 그는 나중에 프랑스의 재무장관이 되어 중상주의 정책을 추진하여 프랑스의 국부를 증대시키는 데 크게 기여했다.

당신은 당신의 인생길을 인도해주는 나침반을 가지고 있는가. 없다면 지금이라도 나침반을 달자. 그리고 큰 바다로 향하자. 해안가나 빙빙 돌기에는 당신의 엔진이 너무 아깝다. 지금 당장 정직한 나침반을 달자. 그리고 원대한 항해를 시작하자.

(3) 신념과 노력, 정성으로 정직의 탑을 쌓아라

어떤 사람이 될 것인가. 어떤 인생 작품을 만들 것인가는 굳은 신념을 가지고 있느냐 그런 신념이 없느냐에 따라 달라진다. 신념도 없고, 노력도 없고, 정성이 없이는 아무것도 만들어 낼 수 없다. 정직한 사람이 된다는 것도 마찬가지다. 거짓말하지 않고, 나쁜 짓 하지 않고, 양심에 반하는 일을 하지 않는 소극적인 정직만으로는 부족하다.

정직한 사람, 정직한 삶을 살기 위해서는 다음과 같이 강직한 신념으로 정직을 실천하지 않으면 안 된다.

첫째, 정직한 삶을 살겠다는 신념으로 무장되어야 한다.

하고자 하는 일을 해내고 말겠다는 의지가 없으면 우리 인간은 발전할 수 없다. 정신이 살아 있어야 흔들리지 않고 가고자 하는 길을 끝까지 갈 수 있다. 신념으로 정신이 무장되어 있을 때 어떠한 역경과 시련도 극복할 수 있다. 특히나 정직은 겉으로 드러나지 않고 내 안에 잠재된 정신세계에서 출발한다. 신념이 약하면 내 안에서 쌓아 올리던 탑이 본인도 모르게 허물어질 수 있다. 불이 꺼지면 어둠이 밀려오듯 정직의 신념이 무너지면 산만한 잡념이 나의 정신세계를 차지하게 된다.

나는 우리 애들에게 정직한 사람이 되어야 한다고 어릴 때부터 밥상머리 교육을 많이 했다. "너희들이 먹고 자고 학교에 가는 돈은 국가에서 준 돈이다. 아빠가 경찰공무원이라 국민이 낸 세금으로 우리가 이렇게 생활하는 것이니까 고마운 줄을 알아야 한다. 국민의 피와 땀이 서린 고귀한 돈이다. 이슬처럼 맑은 돈이다. 국민이 준 돈으로 공부하는 학생은 공부도 열심히 하고, 정직하게 살아야 하며, 어른들을 보면 인사도 잘해야 한다. 그것이 우리에게 월급을 주는 국민의 고마움에 보답하는 도리란다."라고 기회 있을 때마다 교육을 했다. 교육이란 당장 그 효과가 보이지는 않지만 지속하다 보면 대단한 효과가 있다. 마치 콩나물시루에 물을 주면 물은 주르르 흘러버리고 마는 것 같지만, 그 흐르는 물에 콩나물이 자라는 것과 같다. 친구네 집보다 못 살아도 못 산다는 푸념 한 번 안 하며 자랐다. 사춘기를 겪으면서도 크게 엇나가지 않고 자라 주니 고마울 뿐이다. 거기다 "나도 아빠처럼 정직하게 살겠습니다."라고 신념에 찬 말을 해줄 땐 믿음직하기까지 하다.

둘째, 노력과 훈련이 필요하다.

노력 없이 이루어지는 일은 이 세상에 아무것도 없다. 훈련 없이 숙달되는 것도 있을 수 없다. 이것이 노력과 훈련과 성공의 방정식이다. 정직하게 살다 보면 우선은 손해 보는 것도 많다. 그렇지만 이것은 우리의 마음을 시험에 들게 하는 가벼운 고통에 불과하다. 우리가 가는 길은 외길이 아니다. 여러 갈래다. 그중에는 옳은 길과 올바르지 못한 길이 있다. 옳은 길이 더 험할 수도 있고 멀리 돌아가는 길일 수도 있다. 그래도 옳은 길을 찾아 그 길을 가야 한다. 바르지 못한 길에는 늘 사탕발림이 있게 마련이다. 그 사탕발림의 달콤함을 경계할 줄 알아야 망신을 당하지 않는 법이다.

맹자의 고자 편에 나오는 말을 귀담아들을 필요가 있다. 하늘이 어떤 사람에게 장차 큰 임무를 맡게 할 때는 반드시 먼저 그 사람의 마음을 괴롭히고, 그들의 살과 뼈를 지치게 한다. 배를 굶주리게 하고, 그들의 생활을 곤궁하게 만든다. 이는 큰 임무를 맡을 사람에게 마음을 분발케 하고, 자기의 성질을 참을 수 있게 하고, 어떤 고난과 어려움도 과감하게 이겨낼 수 있도록 만들기 위함이라는 것이다. 정직한 삶을 살기 위해서도 고난과 어려움을 이겨내는 노력과 훈련이 필요하다.

셋째, 지극정성을 들여야 한다.

내 안에 정직을 가꾸기 위해서는 지극한 정성이 필요하다. 석탑을 쌓아 올리는 석공의 마음으로 정성을 들여 내 안의 정직을 차곡차곡 쌓아 올려야 한다. 정직이라는 석탑은 정성을 들일 만한 가치가 충분하다. 정성을 들이면 들인 만큼 견고하고 아름다운 탑을 만들 수 있기 때문이다.

사람의 양심은 유명한 대법관보다도 더 명확한 판결을 내린다. 일과를 마치고 잠자리에 들 때 마음이 뿌듯하면 그날은 정직하게 산 날이다. 반대로 왠지 께름칙한 날은 정직의 수은주가 낮은 날이다. 양심이 정직의 수은주를 정확히 나타내 준다.

일신우일신日新又日新의 자세로 그날그날 자신의 삶을 살펴서, 정직한 마음이 날이 갈수록 빛을 발할 수 있도록 정성을 쏟아야 한다. 마음속으로만 정성을 들여서는 실천력이 떨어진다. 나도 보고, 가족이 보고, 다른 사람도 의식할 수 있고, 평가할 수 있도록 행동으로 나타낼 수 있는 정직의 실천이 필요하다.

(4) 정직의 시작은 지금, 나부터, 쉬운 것부터다

정직하지 않은 사람이 있을까? 지나가는 사람에게 '당신은 왜 정직하지 않으냐?'고 따져 물으면 어떤 반응을 보일까? 당장 멱살잡이를 할지 모른다. 나만큼 정직한 사람 있으면 나와 보라고 큰소리를 칠 것이다. 한 사람 한 사람에게 물어보면 정직하지 않은 사람이 없다. 우리나라 전 국민이 하나같이 정직한 사람이라면 우리는 유토피아에 사는 것이다. 그러나 과연 우리 사회가 그렇게 정직할까? 대한민국 전체를 놓고 평가할 땐 그다지 정직하지 못하다.

2015년 국가별 부패인식지수CPI 평가 결과 우리나라는 100점 만점에 56점을 받아 168개 조사대상국 중 37위를 차지하였다. 이는 경제협력개발기구OECD 가입 34개국 중 27위로 하위권에 머무는 수준이다.

이 통계를 보면 우리 국민의 객관적인 부패인식지수는 매우 낮다. 나는 정직한데 다른 사람 때문이라고 변명할 수만은 없다. 한 사람 한 사람이 자각하지 않고 개선하지 않는 한 달라지지 않는다.

마치 공무원 사회에서 친절도 평가를 할 때와 마찬가지다. 한 사람 한 사람에게 친절도를 스스로 측정하라고 하면 모두 높은 점수가 나온다. 그러나 외부기관에 의뢰하여 전체를 평가하면 실망스러운 결과가 나온다. 남의 탓을 하기 때문이다. 남 탓으로 돌리는 문화를 바꾸지 않으면 친절도가 개선되지 않듯 정직 지수도 나아지지 않는다.

대한민국 전체가 정직하기 위해서는 첫째, 나부터 정직해야 한다. '똥 묻은 개가 겨 묻은 개 나무란다.'는 말이 있다. 내가 완벽해야 한다. 다른 사람이 똥 묻었으니 겨 묻은 나는 문제 되지 않는다고 생각해서도 안 된다.

둘째, 가정이 정직해야 한다. 가정은 가장 좁고 낮은 단계의 사회다. 또한, 바깥 사회로 나가기 위한 훈련의 장이기도 하다. 가족 구성원 모두가 정직의 소중함을 알고, 실천할 때만 원만한 가정이 만들어진다. 구성원 모두가 품격을 갖춘 시민으로 바깥 사회로 나갈 수 있도록 충분한 교육과 훈련이 가정 안에서 이루어져야 한다. 시민으로서의 갖춰야 할 기본 교양을 함양하지 못하고 가족 구성원이 사회에 나가게 되면 본인은 물론 그 사회 전체가 어려워진다.

셋째, 사회가 정직해야 한다. 거짓이 판치고, 정직이 손해 보는 사회가 되면 그 사회는 믿음이 없어진다. 마치 고장 난 선박이나 날개 부러진 비행기를 탄 승객처럼 위험에 빠지기 쉽다.

넷째, 국가도 정직해야 한다. 정직은 국가의 경쟁력이다. 세계화 시대에 전 세계의 기술 문명은 상향평준화의 기류로 빠르게 확산하고 있다. 자동차를 만들지 못하는 나라가 없다. 단지 얼마나 정직하게 만드느냐의 차이가 있을 뿐이다. 얼마나 믿을 수 있는 물건이냐. 얼마나 정직한 나라에서 만들었느냐가 중요하다.

정직한 사람으로 살기 위해서는 지금 당장부터 실행에 옮겨야 한다. 내가 직장에 들어가면, 내가 결혼하고부터, 내가 살 만하게 되면……. 어떠한 이유나 구실이 필요 없다. 지금부터 바로 실천하고 쉼 없이 실행하여야 한다. 내 임무, 내 할 일, 내 행복을 미룰 수 없듯이 지금 당장부터 정직한 사람으로 다시 태어나자. 지금까지 걸어온 것은 잊어버려라. 지금부터 정직하면 정직한 사람이 되는 것이다. 나아지지 않으면 나빠질 뿐이다. 지금 움직이지 않는다는 것은 떠내려가는 것이다. 지금 바로 나의 정직 엔진에 시동을 걸어 앞으로 나아가기 바란다.

쉬운 것부터, 작은 것부터 정직하게 처리해야 한다. 눈도 바르게 떠라. 보는 것도 정직하게 보라. 곁눈질로 흘겨보는 습관이 있었다면 그것부터 고쳐라. 혼자서도 얼마든지 할 수 있다. 듣는 것도 정직하게 가려서 들어라. 말도 바르게 해보자. 어깨도 바르게 펴고, 걸음도 바르게 걸어라. 그리고는 정직의 단계를 한 단계 높여라. 정직과 거짓을 구별하는 능력도 키우고, 정직하지 못한 것을 찾아내고 고치는 일도 해보자. 정직한 주장을 펼쳐보기도 하라. 그리고 다시 정직의 단계를 한 단계 높여라. 정직의 가치를 실현하여 나의 위상을 높여나가자.

지리산의 정상 천왕봉(1,915미터)은 헬기로 오를 수도 있다. 하지만 헬기를 타고 천왕봉을 오르면 한발 한발 걸어서 올라가는 등산의 맛은 느낄 수 없다. 나는 지리산을 자주 가는데 갈 때마다 느끼는 게 있다. 누구든지 지리산 정상까지 오르기란 여간 힘들지 않다. 숨도 차고, 발에 물집도 잡힌다. 한참을 가다 보면 배도 고프고, 땀이 비 오듯 쏟아지기도 한다. 급하다고 한두 시간에 오를 수 있는 산도 아니다. 등산을 시작했을 때의 힘이 완전히 소진되고 지치고, 지루하고, 괴로운 여정을 거친 다음에야 정상에 도달할 수 있다. 천왕봉에 다다르기 직전에는 급경사를 올라야 한다. 마치 천왕봉의 아름다움을 보여주기 전에 극도의 시련을 줘서 아름다움의 극치를 더하려는 고매한 지리산 신령의 깊은 의도가 있는 것 같기도 하다. 지리산의 묘미는 사실 여기에 있다. 정상을 눈앞에 두고 한 발짝 한 발짝 내딛기가 여간 힘들지 않다. 포기하고 싶은 마음이 굴뚝같다. 그렇지만 지리산을 좋아하는 사람들은 그걸 마다하지 않는다. 천왕봉까지 올라간다는 그 자체를 중요하게 여기는 것이 아니라 한 발짝 한 발짝 걸어서 천왕봉까지 올라간다는 자기 인내에 더 큰 의미를 둔다. 인생살이도 마찬가지가 아닐까? 목적지에 도달하는 그 자체가 중요한 것이 아니라 정상을 향하여 한 발짝 한 발짝 정성들여 걷는 것이 더 중요하다. 애틋하게 걷는 한 발짝 한 발짝에서 등산의 가치를 찾듯 순간순간 땀 흘리고 정성을 들이고 거짓 없이 살아가는 애틋함에서 인생의 고상한 가치가 묻어나지 않을까.

Honest 12

정직도 지혜로워야 빛이 난다

(1) 칸트냐? 니체냐?

이 책 첫 장부터 정직한 사람이 되어야 한다고 주장해 왔다. 이제 이 정도까지 왔으니 새로운 질문을 하지 않을 수 없다. '거짓말은 절대 해서는 안 되는가?', '적당히 거짓말을 하는 것은 허용되는 것인가?', '허용된다면 어느 선까지 괜찮은 것일까?'의 문제다. 이는 정직을 실행하는 데 기준이 되는 중요한 문제이다.

우리의 현실은 배가 고픈데도 체면을 차리기 위해 괜찮다고 하기도 하고, 남녀 간에 함께 살면서 사랑한다고 마음이 없는 말을 하기도 한다. 또 오랜만에 만난 동창생의 얼굴이 수척해 보여도 좋아졌다거나 예뻐졌다며 인사말을 주고받기도 하는데 이런 것도 해서는 안 되는 거짓말인가? 이런 의문을 가져보지 않을 수 없다. 그뿐 아니다. '창작활동으로 소설을 쓰는 것은 왜 손가락질을 받지 않는가?'와 같은 문제도 제기할 수 있을 것이다. 그러나 이 문제에 대한 시원한 답변을 듣는다는 것은 아쉽지만 기대하기는 어렵다.

이 문제에 궁극의 질문과 답을 해온 동서양의 철학자들조차 각자의 의견만을 내세울 뿐 지금껏 한목소리를 내지 못하고 있다. 두부를 칼로 자르듯 명쾌한 선을 그어주면 좋으련만 그렇지도 못할뿐 아니라 앞으로도 기대하기는 어려울 것 같다. 그렇다면 결국 그에 대한 문제는 각자 해결해야 할 과제인 셈이다. 참으로 아쉽지만, 독자 여러분의 과제로 넘긴다. 다만 우리보다 먼저 이 문제에 대하여 진지하게 고민하고 나름대로 의견을 제시한 철학자 두 명을 소개한다. 칸트와 니체다. 이 두 철학자는 우리에게 매우 익숙하기도 하지만 우리가 알고 싶은 '거짓말이 어디까지 허용되는가?'에 대하여 서로 다른 주장을 내놓고 있다. 이 두 철학자의 주장을 들어보고 우리들의 과제를 푸는 데 도움이 되길 바란다.

먼저 칸트의 주장이다. 임마누엘 칸트Immanuel Kant(1724~1804)는 근대 계몽주의를 정점에 올려놓았고 독일 관념 철학의 기초를 놓은 프로이센의 철학자이다.

칸트는 거짓말은 무조건 진실성에 반하는 것으로 보았다. 칸트는 '윤리형이상학'에서 자기 생각에 반하는 것을 의도적으로 다른 사람에게 전달하는 것, 즉 거짓말을 하는 것은 자기 인격성을 포기하는 기만적인 인간 현상이라고 질타했다.

거짓말은 진실성, 솔직성, 진정성, 정직성을 훼손한다는 것이다. 거짓말은 '고의적인 비진리 일반'이라고 주장한다. 거짓말은 경솔하게 행해질 수도 있고 전적으로 선한 의도에서 행해질 수도 있지만, 이 모든 경우에 거짓말이라는 형식 그 자체는 '인간 스스로 인격에 대한 범죄'인 동시에 '인간을 스스로 눈에 경멸스럽게 보이게 하지 않을 수 없는 천박한 짓이다.'라고 했다.

프랑스 철학자 벤야민 콩스탕은 이러한 칸트를 비판했다. 칸트의 주장대로 '진리를 말하는 것은 의무이다.'라는 도덕 원칙을 조건 없는 것으로 받아들인다면 모든 사회를 불가능하게 만들 것이라고 하면서, 불가피한 상황에서는 거짓말을 해도 잘못이 아니라고 보았다.

또한, 그는 진리를 말하는 것은 의무이지만 그것은 권리와 불가분적이기에 '진리에 대한 권리를 가진 자'에게만 해당한다고 주장했다. 그는 다른 사람을 해칠 수 있는 위험이 있음에도 진리를 말할 권리를 가진 것은 아니라고 생각했다. 따라서 진리를 말함으로써 사람을 해할 위험이 있을 때는 거짓말을 하는 것이 허용될 수 있다는 것이다.

이러한 비판에 대해 칸트는 다시 '진리에 대한 권리를 갖는 것'이라는 콩스탕의 표현은 무의미하다고 반론했다. 진리에 대한 의무에는 예외가 없다고 했다. 진리 자체에 대해 객관적으로 권리를 갖는다는 것은 각각의 사람들이 그들의 의지로 주어진 명제가 참혹은 거짓이라고 주장하게 될 것이기 때문이다. 거짓말을 하는 것은 어떤 경우에도 진리에 대한 권리일 수 없다는 것이다.

칸트의 거짓에 대한 입장은 결연했다. '도덕적 존재자로서 인간은 자기 자신에 대한 진실성의 책무를 지고 있다. 자신의 내적 심판자 앞에서 양심을 바탕으로 순수하게 진정성 있는 고백을 해야 한다. 예를 들어 어떤 사람이 스스로 선한 목적이나 의도를 앞세워서 거짓말을 하게 되면, 그는 자기 자신에 대한 의무에 반하는 행위를 한 것이며, 따라서 진실성이라는 최상의 원칙을 훼손하는 것이다. 그렇게 훼손된 최상의 진실성의 원칙은 비진실성의 해악을 초래해, 결국 타인과의 관계에까지 퍼져나가서 타인의 권리를 침해하거나 훼손하게 된다. 그래서 거짓말은 절대로 해서는 안 된다.'고 주장한다.

다음은 니체의 주장을 들어보자. 프리드리히 빌헬름 니체Friedrich Wilhelm Nietzsche(1844~1900)는 독일 태생의 철학자로 실존철학의 선구자로 꼽힌다.

니체는 1873년의 미발표 유고 「비도덕적 의미에서의 진리와 거짓에 관하여」라는 글에서 진리와 거짓은 결코 대립적인 것이 아니라고 말했다.

거짓과 위장은 개체 보존을 위하여 지성이 사용하는 주된 힘이라고 주장한다. 기만, 아첨, 거짓과 사기, 등 뒤의 험담, 체면을 차리는 행동, 가면과 은폐, 허영심 등은 모두 우리가 생존을 위해 발전시킨 위장 기술이라는 것이다. 이런 위장기술로 무장한 개인이 다른 개인들과 사회적으로 무리를 지어 실존하고자 할 때 비로소 진리와 거짓의 구별이 생겨난다고 말했다. 또한 인간은 관계를 맺으면서 서로에게 진실할 것을 요구한다. 모든 공동생활은 분명 진리에 바탕을 둔다. 사람들은 서로의 거짓이 일으킬 나쁜 결과를 예측하기 때문에 진리의 의무가 생겨난다고 주장했다.

니체는 거짓을 받아들일 수 있는 것으로 간주하는 곳에서는 거짓이 허용된다고 말하면서 만약 거짓이 해롭지 않다면, 거짓의 아름다움과 기품을 말할 수 있다고 주장한다.

또한 거짓을 하려면 예술적으로 하라고 한다. 살기 위해서는 거짓이 필요하며 오히려 그렇게 말해야 할지도 모른다고 한다. 살기 위해서는 해롭지 않은 거짓말을 할 줄 알아야 한다는 주장이다. 예술은 결코 우리의 삶을 해치거나 파괴하지 않는다. 우리가 어떤 대상을 보고 아름답다고 말한다고 해서 그것이 해로운 경우는 별로 없다. 우리의 삶을 아름답게 만들 수 있는 것이 바로 예술적인 거짓이기 때문이라고 역설하고 있다.

(2) 율법주의자는 되지 마라

아버지와 아들이 살고 있었다. 아버지는 아들이 훌륭하게 성장하기를 바랐다. 본인이 살아오면서 느끼고 경험한 이야기를 아들에게 많이 해줬다.

"좋은 친구를 많이 사귀어라. 사람이 살아가려면 좋은 친구가 있어야 한단다. 좋은 친구란 좋은 일이 있을 때보다 안 좋은 일이 있을 때 더 요긴한 친구란다."

이런 이야기를 듣던 아들은 아버지에게 용돈을 많이 달라고 졸랐다.

"친구를 사귀려면 돈이 많이 듭니다."

아들은 아버지의 말을 구실로 용돈을 많이 받아 쓸 수 있었다. 아들이 자라서 이제는 독립할 시기가 되었다. 아버지가 아들을 불렀다.

"그래, 좋은 친구는 많이 사귀었느냐?"

"예, 친구가 수두룩합니다."

"그렇다면 너의 친구들이 얼마나 좋은 친구인지 알아보자."

"그걸 어떻게 알아볼 수 있어요?"

"그건 내가 알아서 하마."

그날 저녁 아버지는 돼지를 한 마리 잡았다. 그리고는 그 돼지를 검은 천으로 둘둘 말아 지게에 올려놓고 그 지게를 아들에게 넘겨주었다.

"오늘 밤에 이것을 지고 친구를 찾아가라. 친구에게 '내가 실수로 그만 사람을 죽였다. 나 혼자는 겁이 나서 처리할 수 없어서 너를 찾아 왔다. 이 사체를 묻으려 하는데 같이 좀 가자.'라고 부탁을 해봐라. 흔쾌히 응하는 친구가 있다면 그 친구는 좋은 친구이니까 그 돼지를 같이 나누어 먹어라."

아들은 아버지의 말대로 검은 천에 둘둘 말아 놓은 돼지를 지게에 지고 친구를 찾아갔다. 첫 번째 친구를 만났다. 아버지가 시킨대로 말하고 도움을 청했다. 아들의 말이 떨어지자마자 그 친구는 집 안으로 들어가며 말했다.

"빨리 돌아가라. 그리고 누구에게도 우리 집에 왔었다는 얘기를하지 마라. 그리고 앞으로는 내 집 근처에 얼씬도 하지 마라."

두 번째, 세 번째 친구를 찾아갔지만 아들의 말을 들어 주는 친구는 아무도 없었다.

이것을 지켜보고 있던 아버지가 그 지게를 지고 아버지의 친구를 찾아갔다.

"이보게 친구, 내가 큰 실수를 했네. 그만 사람을 죽였어. 겁이나서 혼자는 시체를 처리하지 못하고 자네한테 찾아 왔네. 어렵지만 같이 묻으러 갈 수 있겠나?"

이 말을 들은 아버지의 친구는 "자네처럼 착한 친구가 큰 실수를 했구면, 살다가 실수 한번 하지 않는 사람이 어디 있겠나. 얼른같이 가세!" 하고 삽을 들고 따라나설 채비를 하였다.

그걸 본 아버지가 친구를 얼싸안으며 "고맙네. 자네 같은 친구가 있으니 난 참 행복한 사람일세." 하고는 지게에서 돼지를 내려같이 먹었다. 내가 초등학교 시절 아버지에게서 직접 들은 얘기다. 물론 좋은 친구를 사귀라는 이야기지만 여러분은 친구로부터 이런 제의를 받았을 때 과연 어떻게 하겠는가?

　머릿속에 담고 있는 정직을 현실 상황에서는 어떻게 적용하여
야 할 것인가의 문제다. 정직은 현실에서 적용되고 행동으로 실천
될 때 그 의미가 있는 것이다. 지혜롭지 못한 지식은 쓸모가 없듯
정직의 본래 가치를 실현하기 위해서는 머릿속에서나 맴도는 정
직, 탁상공론식 정직은 의미가 없다. 실생활에서 응용되고 활용될
수 있는 정직이어야 한다. 그러나 이 문제 역시 단순한 문제는 아
니다.

　마치 법을 어떻게 운용하고 집행할 것인가의 문제만큼 복잡하고
어렵다. 정직을 어떻게 실천할 것인가와 법을 어떻게 운용하고 집
행할 것인가의 문제는 비슷한 점이 많다. 법 집행의 원칙을 응용하
면 정직의 지혜로운 실천에 도움이 될 수 있을 것이다. 법을 운용
할 때는 '율법주의'를 경계해야 한다. '율법주의'란 법의 정신을 이
해하고 따르는 것이 아니라 법의 규정, 그 자체를 신봉하는 것이
다. 또한 법이 필요하고 법이 없어서는 안 되는 것도 사실이지만
모든 문제를 법에 의존하고 법으로만 해결하려는 '법률 만능주의'
도 경계하지 않으면 안 된다.

　법의 집행 원칙에는 첫째, 합목적성의 원칙이 있다. 이는 법이
존재하는 그 시대의 사회나 국가의 이념에 부합하여야 한다는 원
칙을 말한다. 법은 그 시대를 반영하고 그 시대를 규율하게 된다.
따라서 법은 그 시대 사회가 추구해나가는 가치 기준과 목적에 부
합하여야 한다.

법이 합목적성에 부합할 때 정의롭게 사회를 유지하고, 질서를 유지하는 규범으로 작용하게 된다.

둘째, 법적 안정성의 원칙이다. 법적 안정성이란 법이 국민의 일반생활을 규율하고 법이 안정적으로 기능하고 작용하는 것을 말한다. 법이 국민으로부터 신뢰를 얻기 위해서는 법이 안정적으로 정착되어 일반인으로부터 확신을 얻어야 한다. 사람들의 일상생활에서 가끔 분쟁이 발생하였을 때 흔히 하는 말로 '법대로 하자.'라는 말이 있다. 이는 법이 인간 상호 간의 이해관계를 규율하고 대립을 해소하는 장치로서 작동하고 있다는 것을 의미한다. 이러한 상태가 법이 안정적으로 기능하고 있다는 것을 의미한다.

법이 안정적으로 국민의 생활을 유지하는 데 기여하기 위해서는 법이 일반인의 법 감정에 부합하여야 한다. 물론 법은 준엄하게 지켜져야 하지만, 법이 진정으로 국민들에게 외면 받지 않으려면 국민의 일반 상식과 부합하여야 한다.

지혜를 발휘하면 법의 집행도, 정직의 실천도 보다 현명하게 할 수 있다. 율법주의든지 합목적성이든지 법적 안정성에는 그에 따른 원칙이 있게 마련이지만 한 원칙만 강조하고 한 쪽을 가볍게 보아서는 안 된다. 그 원칙들이 서로 씨줄과 날줄로 엮일 때 법이 제대로 집행될 수 있다. 모든 원칙의 균형을 유지하는 것이 주요하다. 그 균형을 유지하는 것이 지혜가 아닐까 생각한다. 이야기를 통해서 그 지혜로운 사람을 만나보자. 그리고 정직을 실천하는 지혜를 길러보자.

어떤 마을에 장기를 잘 두는 양반 하나가 살았는데 얼마나 장기를 잘 두는지 지금까지 한 번도 져 본 적이 없었다. 뒷산 절에 사는 스님 한 분이 제법 장기를 잘 둔다는 소문을 들었다. 천상천하 유아독존이라! 하늘 아래 일등이 둘이 있을 수 없지 않은가! 슬그머니 오기가 발동한 이 양반이 뒷산 절로 찾아가 마당을 얼쩡거리다가 스님을 만나 한판 붙자고 했다. 제의를 받은 스님은 "좋소. 장기라면 나도 한 장기 하는데, 그냥 하면 재미가 없으니 내기를 합시다. 지는 사람의 배꼽을 딱 한 냥짜리 엽전만큼 도려내는 것으로 합시다."

어쭈! 요것 봐라! 양반은 설마 자기가 질 리는 없다 싶어서 그러자고 장기를 두었는데 그만 단판에 스님에게 지고 말았다.

그런데 스님이 진짜로 칼을 가지고 나와서 빨리 배꼽을 내놓으라고 하는 게 아닌가.

"스님, 지금 장난이 지나치시오. 이깟 장기 한 판으로 참말로 배꼽을 도려낼 참이오?"

"약속은 약속이니 지켜야 할 것 아니오? 지키지도 않을 거면 약속은 왜 한단 말이오?"

결국, 둘이 다투다가 고을 원님에게로 갔다. 원님은 난처해졌다. 양반 편을 들면 약속을 어기는 것이고 그렇게 되면 고을의 백성들도 앞으로 약속을 우습게 여길 것 같고, 그렇다고 스님 편을 들면 산 사람의 배꼽을 도려내야 하니 이거 보통 머리 아픈 게 아니었다.

답이 생각이 나지 않아 머리를 조아리고 있을 때 원님의 똑똑한 아들이 옆에서 말했다.

"어떤 일이 있어도 약속은 꼭 지켜야 합니다. 스님은 약속대로 하시오."

스님이 "그것 봐라!" 하며 칼을 높이 들자 다시 말했다.

"그런데 약속한 대로 정확하게 한 냥짜리 엽전만큼만 도려내야 합니다. 만약 눈곱만큼이라도 더 도려낸다면 스님의 배꼽에서 그만큼 떼어낼 것이오."

스님이 높이 들었던 칼을 내려놓았다. 아무리 생각해도 딱 엽전 한 냥만큼만 도려낼 자신이 없었다. 잘못하다간 자기 배꼽에도 칼이 들어올 것 같은 생각이 들었다. 자기에게 이로울 것이 없는 것 같아 그냥 없던 일로 하자고 해서 사태가 마무리되었다.

(3) 내가 옳은 것보다 같이 행복한 것이 더 중요하다

혜민 스님의 『멈추면 비로소 보이는 것들』을 보다가 가슴에 와 닿는 문장이 있었다. '내가 옳은 것이 중요한 것이 아니고 같이 행복한 것이 더 중요합니다.' 지금까지 들어본 말 중에서 이렇게 감동적인 말은 없었다. 혜민 스님의 글은 자기의 지식을 알려주는 글이 아니라 우리가 일상을 통하여 생활하고 느끼던 널브러진 이야기를 솜씨 좋게 글로 써 놓은 것이었다. 글에서 새로운 것을 배우는 것이 아니라 글에서 나의 이야기, 우리들의 생각을 간추릴 수 있게 만들었다. 비록 글은 혜민 스님이 썼지만, 이야기의 주인공은 바로 나, 아니면 우리였다. 공감하지 않을 수 없는 이야기다. 그 이야기 속에 우리가 있고 우리들의 이야기가 혜민 스님의 글 속에 있다는 것을 느꼈다.

나는 경찰관으로 근무하면서 상사와 만날 때는 부하 직원으로, 아래 직원을 만날 때는 상사로 이웃 사무실 직원들과는 동료 직원으로 관계를 맺으며 근무해 왔다. 짧게는 며칠, 길게는 몇 년의 관계를 맺으면서 생활하는 동안 터득한 것이 있다. 혜민 스님이 말한 '내가 옳은 것이 중요한 것이 아니고 같이 행복한 것이 더 중요하다.'는 것이다.

얄팍한 자신의 앎을 가지고 자기를 내세우다 주변 사람을 불행하게 만들고 그 불행이 부메랑이 되어 자신에게 돌아와 꽂히는 것을 자주 보았다. 얄팍한 지식이 결국 흉기로 쓰이는 것이다. 내가 옳으니 따르라고 해서는 절대 딸려 가지 않는다. 따르고 싶은 마음이 있어야 딸려 가는 것이다. 머리 좋은 것이 중요한 것이 아니라

가슴 따뜻한 것이 더 중요하다.

존경받는 지도자가 되기 위해서는 '내가 옳은 것보다 같이 행복한 것이 더 중요하다.'는 말을 명심해야 한다. 신뢰받는 동료, 사랑받는 후배가 되기 위해서도 마찬가지다.

우리가 명심해야 할 것은 '정직'도 잘못 알고 잘못 쓰면 '지식'과 같이 불행을 자초하는 흉기가 될 수 있다는 것이다. 정직은 본래 위험한 것이 절대 아니다. 정직은 이 책에서 강조한 바와 같이 행복의 씨앗이고 행복을 가져다주는 희망이다.

그러나 인간에게 이로움을 주는 모든 도구가 사람을 잘못 만나 잘못 쓰이면 사람을 해하는 흉기로 변할 수 있다. 사람을 이롭게 하려고 만들어진 물건利器을 본래의 목적대로 쓸 줄 아는 지혜가 필요하다. 정직이라는 이기利器도 마찬가지다. 혼자만 정직하다고 내세우기보다는 모두가 함께 행복한 도구로 사용할 수 있는 지혜가 필요한 것이다.

시대를 뛰어넘어 삶의 지혜를 주는 맹자는 과연 정직과 현실의 갈등을 어떻게 풀어 가는지 질문을 던져보자.

유교 사상가인 맹자는 유난히 효를 강조했다. 한 번은 어떤 이가 효를 강조하는 맹자에게 물었다. "만일 순임금의 아버지가 살인했다면 순은 자기 아버지를 경찰에 고발해야 하는 겁니까?" 상상으로 하는 상황 윤리에 대한 질문이다. 질문 자체도 교묘해서 어느 쪽을 택하더라도 덫에 걸리게 되어 있다. 경찰에 신고해야 한다고 하면 효에 어긋난다고 할 테고, 신고해서는 안 된다고 하면 실정법에 저촉되니 말이다. 이때 맹자는 조금도 주저 없이 말했다. 맹자는 순임금이 자기 아버지를 경찰에 고발한다는 것은 도무지 있을 수 없는 일이라고 못 박았다. 그리고 순은 자기 아버지를 등에 둘러업고 먼 곳으로 가서 그곳에서 평생 아버지를 모시고 살아야 한다고 강변했다.

아무리 탁월한 지식이나 삶의 지표인 정직도 다른 사람과 공감하지 못하고 잘못 쓰이면 위험하다. 내가 똑똑한 것, 내가 옳은 것, 내가 정직한 것만으로는 그리 대단한 것이 아니다. 그 자체에 머물러서는 아무런 능력을 발휘하지 못한다. 공감하고 배려하여 타인에게까지 유용한 힘이 될 수 있도록 조화를 이룰 때 비로소 본래의 능력이 나오게 된다.

모두가 행복한 것을 중요하게 생각한다면 다른 사람의 입장이 되어 볼 것을 권한다. 다 함께 행복한 삶의 지혜가 묻어 나올지도 모른다.

옛날에 나이 지긋한 백정이 장터에서 푸줏간을 하고 있었다. 당시에는 백정이라면 천민 중에도 최하층 계급이었다. 어느 날 양반 두 사람이 고기를 사러 왔다. 첫 번째 양반이 말했다.

"야, 이놈아 고기 한 근 다오."

"예, 그러지요."

그 백정이 대답하고 고기를 떼어 주었다. 두 번째 양반은 상대가 비록 천한 백정이었지만 나이 든 사람에게 함부로 말하는 게 거북했다.

"여보시게, 선생, 여기 고기 한 근 주시게나."

"예, 그러지요. 고맙습니다."

그 백정은 기분 좋게 대답하면서 고기를 듬뿍 잘라 주었다. 첫 번째 고기를 산 양반이 옆에서 보니 자기한테 건네준 고기보다 갑절은 더 많아 보였다. 그 양반은 몹시 화가 나서

"야, 이놈아! 같은 한 근인데 왜 이 사람 것은 이렇게 많고, 내 것은 이렇게 적으냐?"라고 말했다.

그러자 그 백정이 침착하게 말했다.

"네, 그거야 손님 고기는 '놈'이 자른 것이고, 이 어른 고기는 '선생'이 자른 것이니까요."

잘난 사람이 자기 입으로 잘 났다고 하면 잘난 사람이 못 된다. 잘난 사람이 잘난 것을 내세워 사람을 휘어잡으려 하면 잘난 것이 아니라 못난 짓이다. 정직한 사람이 정직하다고 하면 정직한 사람이 못 된다. 정직한 사람이 정직을 내세워 정직하지 못한 사람을 충고하려 하면 정직이 아니라 위선이다. 정직이라는 좋은 도구를 어떻게 사용할 것인가 지혜를 짜보자. 정직이라는 도구는 쓰기에 따라 나를 반듯하게 세워주는 지주목이 되어줄 수 있다. 행복이라는 황금을 캐기 위한 곡괭이로도 쓸 수 있다. 그 곡괭이를 잘 다루고 잘 쓰자. 나의 행복만 캐려 하지 말고 다른 사람의 행복까지도 캘 수 있는 연장으로 만들자. 내가 옳은 것보다 모두가 행복한 것이 더 중요하다.

(4) 정직을 밥상머리에서부터 가르치자

아기가 태어나면 4주 이내에 결핵 예방접종을 해야 한다. 6월 이내에 B형 간염 예방 접종을 3회, 15개월 이내에 뇌척수막염 예방접종 3회, 6세 전까지 소아마비 예방접종 3회, 59개월 이전까지 폐렴구균 3회 등 12살까지 13종류의 예방접종을 30여 회 이상 한다. 예방접종에는 국가에서 권장하는 국가 예방접종과 기타 예방접종으로 나뉜다. 국가 예방접종은 보건소와 의료기관에서 접종할 수 있고 기타 예방 접종은 국가지원 대상 외의 의료기관에서 할 수 있도록 체계화되어 있다. 이러한 예방접종은 모두 신체적 건강을 위한 백신이다. 신생아와 어린이의 신체 건강을 위한 백신이 개발되고 국가에서 권장하는 것에 대하여 적극적으로 찬성하고 당연하다고 생각한다.

그런데 신생아와 어린이의 신체 건강을 위해서는 국가에서 지원하고 체계적이고도 빈틈없이 관리하는 반면 신생아와 어린이들의 정신 건강을 위해서는 아무런 관리를 하고 있지 않다. 내가 말하는 정신 건강이란 신생아와 어린이가 맑은 영혼으로 살아갈 수 있는 마음의 건강, 바른 마음으로 성장할 수 있는 정직성, 장차 민주 시민으로 살아갈 수 있는 사회성을 말한다. 이와 같은 정신건강은 신체건강과 함께 인간이 살아가는 데 갖춰야 할 중요한 두 축이다.

물론 이 두 축이 함께 건강해야 하지만 정신 건강을 위한 제도가 시급하다는 뜻에서 본다면, 신체가 무너진 정신보다도 정신이 무너진 신체가 더 큰 문제를 낳는다. 신체 건강 못지않게 정신건강의 중요성을 깨달아야 한다. 신생아들이 장차 결핵에 걸려서는 절대 안 되듯 탈선 청소년이 되어서도 안 된다. 우리 아이들이 소아마비에 걸려서도 안 되겠지만, 범죄를 저질러 교도소에 가서도 안 된다.

그런데 현실은 눈에 보이는 신체 건강에는 과민할 정도의 반응을 보이면서도 정신 건강을 위한 관심은 너무 없거나 약하다. 설마 우리 아이가 탈선 청소년이 될까? 나쁜 범죄를 저지를까? 그런 걱정은 아예 걱정 자체가 부정을 타는, 머릿속에서라도 생각해서는 안 되는 일로 생각하고 있다. 우리 아이만은 공부 잘해서 남들 부러워하는 대학에 가고, 남들이 부러워하는 부자가 되고, 남들이 부러워하는 효자가 될 것으로 생각할 것이다. 당연하고 또 당연한 일이다. 그 희망에 절대로 찬물을 끼얹고 싶지는 않다.

그러나 우리의 현실을 보면 희망의 무지개만 뜨는 것이 아니다. 뉴스 시간마다 빠지지 않는 것이 사고와 탈선, 범죄에 관한 뉴스다. 이 사람들이 우리와는 상관이 없는 일이었으면 좋겠지만, 대한민국에서 일어나는 일이다. 대한민국 국민의 일이다. 확률적으로 본다면 우리 이웃 또는 우리 아이는 절대로 그리되지 않으리란 보장이 없다. 우리나라의 경찰서는 해마다 늘어나고 있다. 검찰과 법원도 늘고 있다. 범죄가 늘어난다는 얘기다. 어른이 되면 죄를 짓는 사람이 늘어나건만 우리 어린이들에게 정직성의 백신은 접종할 생각을 하지 않고 있다.

예방접종이란 질병을 예방하기 위해 항체를 길러주는 것이다. 정신적 항체도 길러 줘야 한다. 빠르면 빠를수록 좋다. 우리 아이는 신체 못지않게 정신도 건강해야 하기 때문이다.

정신건강에 대한 항체를 길러주는 것은 교육이다. 교육의 시작은 밥상머리부터 시작되어야 한다. 그러나 아쉽게도 우리의 밥상머리 교육은 없어졌다. 대가족 제도가 붕괴하고 핵가족 시대로 변하더니 이제는 핵가족 시대마저 붕괴하고 있다. 온 가족이 둘러앉아 오순도순 밥을 먹으며 어른의 얘기를 통하여 부지불식간에 인성이 길러지고 더불어 사는 덕목이 길러지던 밥상머리 교육이 붕괴한 것이다. 아빠도 엄마도 출근하기 바빠서 아이를 어린이집 차에 태워 보내기도 벅차다. 저녁에는 집에 들어오는 시간이 식구마다 다르다. 엄마 아빠는 밖에서 먹고 들어오는 것이 예사다. 밥상머리 교육은 고사하고 대화할 기회도 없어진 지 오래다.

　그나마 몇 년 전만 해도 동화책을 읽어주는 가정이 있었다. 그러나 이젠 그마저 사라지고 있다. 온 가족이 너무 바쁘다.

　그렇다면 믿을 곳은 학교다. 하지만 학교에서의 정직에 대한 교육은 기대할 형편이 못된다. 더구나 초등학교를 벗어나면 정직에 대한 교육은 사실상 용어조차 찾기 어렵다.

　밥상머리 교육을 부활해야 한다. 삶의 방식이 변하여 과거와 같은 방식이 어렵다면 요즘 시대에 맞는 새로운 방식을 개발해서라도 어려서부터의 정직 교육을 강화하여야 한다.

　대한민국이 경제성장을 거두고 단군 이래 가장 잘사는 나라를 이룬 데는 베이비붐 세대들의 역할이 컸다. 베이비부머들을 산업의 역군으로 키워낸 것은 그들의 어머니 아버지의 교육열이다. 그 뜨거운 교육열은 밥상머리 교육에서부터 출발했다. 결국 밥상머리 교육이 오늘의 건강한 대한민국을 건설한 것이다.

밥상머리 교육에는 인성교육이 대부분이었다. 나는 50여 년이 지났지만, 밥상머리에서 들었던 아버지의 말씀을 기억하고 있다.

"옛날에 포졸이 도둑을 쫓았단다. 도망가던 도둑이 사람들이 많은 잔칫집으로 숨어 들어간 거야. 많은 사람 속에서 도둑을 어떻게 찾아내겠어? 이마에 도둑이라고 써 놓은 것도 아닌데. 그런데 포졸은 도둑을 찾아냈어. 어떻게 찾았는지 알아?"

그리고는 형에게 묻는다.

"너라면 어떻게 찾았겠어?"

"모르겠는데요."

다음은 둘째인 나에게 물었다. 나 역시 생각이 나질 않았다.

"글쎄요. 어떻게 찾아냈어요?"

아버지는 바로 대답하지 않고 막내에게 물었다. 막내는 두 형의 얼굴만 번갈아 바라보며 대답 대신 피식 웃고 만다. 아버지가 이야기를 이어나갔다.

"포졸은 사람들이 밥을 먹고 있을 때 시치미를 뚝 떼고 이런 말을 했어. '도둑은 밥을 먹을 때 밥사발 뒤쪽에서부터 먹는다네 그려.' 그 말을 하고는 슬그머니 사람들의 눈치를 본 거야. 아, 그런데 그중의 한 사람이 밥사발을 자꾸 좌우로 돌려가며 먹는 거야. 도둑은 자기가 밥사발 뒤에서부터 먹는 것으로 보일까 봐 지레 겁을 먹고 밥사발을 이쪽저쪽으로 돌렸던 거지. 그래서 '네가 도둑이구나!' 하고 잡은 거란다."

아버지는 우리들에게 두 가지 교훈을 주고 싶었을 것이다. 정직해야 한다는 교훈, 밥을 먹을 땐 밥그릇 앞쪽에서부터 먹는 것이 예의라는 교훈. 아버지의 밥상머리 교육은 그것뿐이 아니었다. "지는 것이 이기는 것이다. 학교에 가면 친구들과 절대 싸우지 말고 누가 싸움을 걸어오더라도 그냥 지고 말아라.", "남의 집 외밭에 지나갈 땐 신발 끈도 고쳐 매지 말아야 한다.", "남의 눈에 눈물나게 하면, 내 눈에는 피눈물이 나는 법이란다."

그렇게 밥상머리에서 맞은 백신은 내가 당시의 아버지 나이가 넘어선 지금도 항체가 되어 내 몸 안에 남아 있다.

'개구쟁이라도 좋다. 튼튼하게만 자라다오.' 과거에 나돌던 어느 영양제 광고 문구다. 이 광고 문구를 듣고 자란 세대가 이제는 엄마 아빠가 되었다. 그러나 이 광고 문구의 잔상이 남았다면 빨리 지워버려야 한다. 튼튼한 것은 좋지만, 개구쟁이는 안 된다. 이제는 개구쟁이가 없어진 세상이다. 과거 참외 서리를 하던 개구쟁이는 '특수절도죄'라는 무거운 죄에 해당하여 아이의 앞길을 망치게 하고, 줄넘기하는 여자아이의 치마를 들치던 개구쟁이라면 성추행범으로 몰려 처벌되고 신상이 공개되는 수모를 겪어야 할지도 모른다. 정직의 항체를 길러줘야 한다. 신체 건강을 위해 국가가 나서서 예방접종을 관리하는 것이 당연하듯 정신의 건강을 위해서도 국가와 사회, 가정에서의 관심이 필요하다. 가정에서 학교에서 정직의 항체를 길러주지 못하면 경찰서, 검찰, 법원을 더 지어야 한다. 설마! 하는 일은 용케도 들어맞는다. 그러나 두려워할 필요는 없다. 지금 바로 강력한 정직의 백신을 맞히면 된다. 부족하다 싶으면 추가 접종을 하면 된다.

정직하게 살기 위한 실천운동

(1) 감사하라

감사하라. 나에 대하여 감사하고, 상대방에게 감사하고, 내가 사는 이 세상에 대하여 감사하라. 감사한 마음이 정직한 삶을 실천하는 첫째 덕목이다. 감사는 내면의 긍정이다. 우리 마음속을 긍정이란 권력이 장악하게 하여야 한다. 공부하는 학생들에게는 공부가 권력이다. 테니스장에서는 테니스를 잘하는 것이 권력이고 수영장에서는 수영 잘하는 것이 권력이듯 우리의 마음속에는 긍정이 권력이 되어야 한다. 마음의 나라에 긍정의 권력이 장악해야 불평, 불만, 부정적인 생각들이 함부로 나대지 못한다.

정직한 생각을 가져야 감사한 마음이 나온다. 감사한 마음에서 긍정이 싹트고 긍정의 마음에서 다시 정직을 낳는다. 정직과 감사, 그리고 긍정은 이렇게 선순환을 하면서 우리의 내면을 순화시키고 새로운 정직, 새로운 감사, 새로운 긍정으로 발전하게 되는 것이다.

감사한 마음으로 보면 감사하지 않은 일이 없다. 우선은 나 자신에게 감사해야 한다. 내가 나를 가지고 있다는 것은 이 세상 그 무엇을 가지고 있는 것보다 값지고 소중한 일이다. 그 어떤 명예, 그 어떤 재물보다도 나를 가지고 있다는 것이 더 값진 것이다. 대통령이 위대하게 보이는가? 그와도 절대로 바꿀 수 없는 소중한 존재가 바로 나다. 부자가 부럽나? 이 세상 그 어떤 부자와도 비교할 수 없이 귀한 사람이 바로 나다. 어제까지 살다가 간 역사 속의 위대한 인물보다도 앞으로 태어날 그 어떠한 생명보다도 귀한 존재가 바로 현재의 나인 것이다.

내 안에는 대통령보다도 세계의 거부와도 비교할 수 없는 가능성이 들어 있다. 언제든지 꺼내 쓸 수 있도록 준비되어 있다. 그들이 감히 생각하지 못했을 나만의 생각으로, 나만의 색깔로, 나만의 인생을 살아갈 가능성을 가지고 있기 때문이다. 나야말로 누구와도 비교할 수 없는 독보적인 존재다. 독보적인 귀한 존재가 내 생각대로, 내가 원하는 대로 살아주니 얼마나 감사할 일인가? 독보적인 존재로 살아갈 수 있도록 생각을 만들어주고 그 생각 주머니를 담아주는 건강한 육체가 있으니 이 얼마나 감사한 일인가? 이보다 더 큰 부자가 어디 있겠는가? 우주가 크다 한들 나보다 더 클 수 있을까? 나를 존재할 수 있게 하는 나, 나를 위해 함께하다 나와 함께 가야 할 나다. 이런 나에게 감사할 줄 알아야 한다. 감사하지 못할 이유가 없다.

둘째, 상대방에게 감사해야 한다. 나와 마주치는 사람들, 이들이 상대방이다. 부모님, 아들딸, 선생님, 직장 동료, 친구, 함께 전철을 타고 가는 승객, 함께 여행을 떠나는 비행기 안에서 만난 사람들……. 모두 나의 상대방이다. 이들에게 감사해야 한다. 감사할 만한 이유가 충분하다.

이들이 있기에 내가 존재(부모)하고, 이들이 있기에 나의 삶이 윤택(가족)하고, 이들이 있기에 희망(자녀)이 있고, 이들이 있기에 더불어 살아가는(이웃) 의미가 있는 것이다. 자칫 순간이나마 짜증의 대상이 되고, 경쟁의 대상이고, 고통을 주기도 하고, 험하면 나의 생명까지도 위협할 대상이 될 수도 있다. 하지만 절대로 부정적으로 보지 말아야 한다. 긍정의 마음으로 관계를 유지해야 한다. 인과관계는 상대성의 원리가 작용한다. 긍정의 손을 내밀면 긍정의 반응이 온다. 개인적인 관계를 떠나서라도 감사할 일이 많다. 만일 나 외에 아무도 없다면 나만을 위해 전철을 운행하겠는가? 나만을 위해 고속도로를 건설해 주겠는가? 나 한 사람을 위해서 유럽에 가는 비행기를 운항하겠는가? 감사한 마음으로 생각하면 감사하지 않은 사람이 없다. 함께 사는 우리의 상대방에게 감사하고 또 감사하여야 한다.

셋째, 세상에 대하여 감사하여야 한다. 나를 둘러싼 환경과 조건에 대하여 감사할 줄 알아야 한다. 내 삶의 터전이며, 나와 벗이 되고, 때로는 경쟁자가 되기도 하고, 나에게 가르침을 주기도 하는 것이 환경이다. 감사한 마음으로 보면 비와 바람이 얼마나 감사한 존재인지 알 수 있다. 집 앞의 한 그루 나무, 들에 핀 풀꽃 하나에도 감사할 일이 많다.

　나의 조건은 어떤가? 우리가 태어나며 선택할 수 없는 것이 조건이다. 마음먹기에 따라서는 형편없는 조건이라고 비관할 수도 있겠지만 이런 마음은 부정적인 마음이다. 부정적으로 생각한다고 그 조건이 달라지지 않는다. 한국에서 태어난 것도, 가난한 집에 태어난 것도, 맏이로 태어난 것도, 남자로 또는 여자로 태어난 것도 내가 어찌하지 못할 운명적 조건이다. 이 조건에 감사할 줄 알아야 한다. 그래야 긍정의 마음이 생기고, 그 긍정의 마음에서 새로운 희망과 용기가 싹트는 것이다.

　'경영의 신'으로 불리는 일본의 마쓰시다 고노스케는 일본인이 가장 존경하는 경영인이다. 세상을 떠날 당시 그는 570개의 계열사에 13만 명을 고용한 전 세계 20위권의 대기업 총수였다. 대표적인 브랜드가 파나소닉 내셔널이다. 하지만 그의 학력은 초등학교 중퇴가 전부다. 너무 가난하여 8남매 중 다른 형제들은 결핵과 전염병 등으로 모두 죽고 혼자 살아남았다. 그는 자신이 성공할 수 있었던 비결을 이렇게 말했다.

　"나는 하느님이 주신 세 가지 은혜 덕분에 성공할 수 있었다. 집이 몹시 가난해 어릴 적부터 구두닦이나 신문팔이 같은 고생을 통해 세상을 살아가는 데 필요한 많은 경험을 쌓을 수 있었고, 태어났을 때부터 몸이 몹시 약해 항상 운동에 힘쓰고 소식을 했기 때문에 건강을 유지할 수 있었으며, 초등학교도 못 다녔기 때문에 모든 사람을 다 스승으로 여기고 누구에게나 물어가며 배우는 일을 게

을리 하지 않았다."

마쓰시다 고노스케는 환경과 조건에 불평하지 않았다. 은혜라고 생각하고 감사했다. 긍정의 마음으로 그 환경과 조건을 활용하였다. 다른 사람에게는 악조건으로 보이던 조건을 희망과 용기의 발판으로 만들었다.

감사한 마음을 갖는 것이야말로 정직이란 옷으로 갈아입기 위해 꿰는 첫 단추이다. 감사한 마음을 가지면 다시 감사할 일이 생긴다. 이것이 긍정의 공식이다. 긍정의 공식은 감사하게 살아가는 사람들에게 주는 신의 선물이다.

(2) 웃어라

웃어라. 웃음은 육신의 긍정이다. 육신에도 마음처럼 긍정과 부정이 있다. 영화나 드라마를 보면 알 수 있다. 긍정적인 사람과 부정적인 사람은 그 분장만 봐도 확연히 다르다. 그 얼굴을 보고 눈을 보면 긍정의 얼굴과 부정의 얼굴을 금방 구별할 수 있다. 얼굴은 마음이 겉으로 드러난 상像이다. 마음이 긍정이면 얼굴도 긍정이고 얼굴에 구김이 있으면 마음에 상처가 있다는 징표이다. 그래서 마음에 없는 웃음은 웃음에도 그늘이 지게 마련이다.

웃음은 어떻게 만들어지는지를 알면 웃음의 가치를 알 수 있다. 웃음은 웃고 싶다고 쉽게 만들어지는 것이 아니다. 나에게 거짓이 없고 정직할 때 마음이 편안하고 얼굴이 근엄하게 된다. 상대방에게 거짓이 없고 정직할 때 마음이 당당하고 얼굴에 미소가 번진다. 세상에 대하여 거짓이 없고 정직할 때 마음이 맑고 얼굴이 밝아진다. 이렇듯 웃음은 마음에서 우러나오는 상이기 때문에 웃는 얼굴을 만들기 위해서는 정직한 마음을 갖는 것이 우선이다. 하지만 웃음과 마음이 상관관계를 가지므로 웃으려고 노력하면 마음도 따라서 변하고, 마음이 변하면 웃음도 늘어나게 된다. 웃어야 하는 이유가 여기에 있다.

밝게 웃는 얼굴에는 부정의 마음이 없다. 웃는 얼굴로 훔치고, 속이고, 성폭행하는 사람은 없다. 있다면 그것은 본 얼굴이 아니라 범죄의 도구로 쓴 가면의 웃음일 뿐이다. 밝게 웃는 얼굴에는 열등감도, 우울함도, 외로움도 없다. 사랑과 기쁨, 희망과 용기가 넘칠 뿐이다.

웃자. 혼자 있을 때도 웃고, 둘이 있을 때도 웃고, 여럿이 있을 때도 웃자. 가정에서도 웃고, 직장에서도 웃고, 여행 가면서도 웃자. 잠깐만 웃어서는 안 된다. 심장이 뛰는 한 계속 웃어야 한다. 마음에 On, Off가 없듯 표정도 On, Off가 없다. 끊임없이 웃자. 불빛이 사라지면 어둠이 몰려오듯 밝은 웃음이 사라지면 어두운 그림자가 찾아든다.

나는 웃는 연습을 많이 한다. 책상에도, 컴퓨터 단말기에도, 화장실에도, 안방에도 '웃자'를 크게 써서 붙여놓았다. 볼 때마다 웃는다. 웃는 것만큼 어려운 것도 없다. 그러나 노력해서 안 되는 일이 없다고 믿는다. 실제로 나날이 좋아지고 있음을 확인할 수 있다. 나는 서울 모 대학 명강사 과정에서 강의 지도를 받으면서 가장 많은 지적을 받은 것이 표정이었다. 표정에 웃음이 부족하니 더 웃으라는 것이었다. 강의 시작 전에는 '웃어야지.' 하고 벼르지만 한참 강의에 빠지다 보면 다시 표정이 굳어지고 강의가 끝나면 다시 후회하기 일쑤였다. 그때부터 단단히 마음을 먹었다. 강의할 때 큐 카드(방송에서 아나운서나 진행자들이 손에 들고 하는 진행용 카드)에 '웃자'를 적어 들고 그것을 보면서 웃고, 또 웃는 표정을 지었다. 노력해서 안 되는 일은 없다는 걸 실감했다. 이제는 어렵지 않게 밝게 웃으며 강의하고 있다. 강의도 훨씬 좋아졌다는 평가를 받는다.

요즘은 잠자면서도 웃으려고 연습하고 있다. 이왕 웃기로 마음먹은 거 잠자면서도 웃을 수 있도록 노력하고 있다. 어릴 적에 잠자면서 이를 가는 버릇이 있었다. 어른들에게 혼도 많이 났지만 고쳐지지 않았다. 어느 날 잠자다 눈에서 번쩍하고 번개가 쳤다. 이

빨을 가는 순간 어머니가 뺨을 찰싹 때린 것이다. 잠자다 뺨을 맞았으니 얼마나 황당하고 놀랐을까? 그 호된 대가를 치르고는 이가는 버릇이 없어졌다. 정신만 차리면 잠결의 버릇도 고칠 수 있다고 믿게 되었다.

가장이 웃으면 집안이 편안하다. 사장님이 웃으면 사내가 밝다. 사원들이 웃으면 그 회사에는 희망이 넘친다. 모든 국민이 웃는 날 우리 사회에는 부정은 사라진다. 범죄도 사고도 없어질 것이다.

2009년 2월, 우리 곁을 떠나신 김수환 추기경의 말씀이 생각난다.

"당신이 이 세상에 태어날 때는 당신만 울고 당신 주위의 모든 사람은 미소를 지었습니다. 당신이 이 세상을 떠날 때는 당신 혼자 미소 짓고 당신 주위의 모든 사람이 울도록 그런 인생을 사십시오."

정직한 삶을 살고 싶다면 지금부터 웃으시라. 웃으면 마음까지 예쁜 천사가 될 수 있다.

(3) 약속을 지켜라

약속을 지키는 사람이 정직한 사람이다. 정직성이란 겉으로 드러나는 것이 아니라 평가가 어렵다. 반면 약속은 지키고 안 지키는 것을 바로바로 알 수 있으므로 정직성을 평가하는 잣대로 활용할 수가 있다.

상대방이 정직한 사람인가 그렇지 못한 사람인가를 보려면 약속을 얼마나 잘 지키는가를 보면 알 수 있다. 또 본인의 정직성이 어느 정도인지 알고 싶다면 본인이 약속을 얼마나 잘 지키는 사람인가를 알아보면 된다.

약속은 자기 자신과의 약속, 타인과의 약속, 이 세상과의 약속으로 나눌 수 있다. 어떤 약속이든 잘 지키는 사람이 정직성이 높은 사람이고, 잘 지키지 못하는 사람이 정직성이 낮은 사람이다.

약속을 잘 지키는 사람이 되어야 한다. 약속을 잘 지키기 위해서는 첫째, 지키지 못할 약속은 애당초 하지를 말아야 한다. 지키지 못할 것이 뻔한 약속을 남발하는 것은 그 자체로서 신뢰를 상실하는 일이다. 둘째, 약속했지만 중간에 이행하지 못할 사유가 발생하면 그 약속을 변경하거나 취소하는 절차적 배려가 있어야 한다. 셋째, 약속 시간과 내용을 정확히 기억할 수 있도록 자기관리에 충실해야 한다. 만나기로 한 약속이라면 언제, 어디서, 무슨 이유로, 누구와 함께, 왜 만나는지를 세밀한 부분까지 사전에 파악하고 약속을 이행할 수 있도록 미리미리 준비해야 한다. 약속 사항을 제대로 알지 못하고는 정확히 이행하기 어렵다. 넷째, 약속 시간은 어떤 일이 있어도 철저하게 지켜야 한다. 만나기로 한 시간을 지키지 못하였다면 변명을 하지 말자. 변명은 아무도 믿으려 하지 않는다. 정직하게 죄송하다고 말하는 편이 낫다.

자신이 약속을 잘 지키지 않는 습관을 지니고 있다면 빠른 피드백으로 그 습관을 고쳐야 한다. 작은 약속이라도 자주 지키지 않다 보면 정직하지 못한 사람으로 전락하기 쉽다. '약속 시각 15분 전 그대는 어디에 있나요?'라는 어느 식품회사 사장의 말이 생각이 난다. 약속 시각 15분 전에 도착하면 상대방보다 주변 상황을 익힐 수 있어 유리하고 신뢰도 받을 수 있다는 말이다. 약속 시각을 지키는 것은 민주시민의 기본 소양이다.

증자曾子(기원전 506~436)는 효와 신信을 덕행의 근본으로 삼은 중국 춘추시대의 큰 유학자다. 하루는 그의 부인이 장을 보려고 나섰는데 어린 아들이 따라가겠다고 울며 떼를 썼다. 엄마는 아이를 달랠 요량으로 별 생각 없이 "시장에 다녀온 뒤 돼지를 잡아 맛있는 반찬을 해줄 테니 집에서 놀아라."라고 말했다. 아들은 돼지고기로 반찬을 만들어 준다는 말에 울음을 그쳤다. 증자는 옆에서 묵묵히 아내의 말을 듣고만 있었다.

얼마 후 아내가 집으로 돌아오니 남편이 마당에서 돼지를 잡으려 하고 있었다. 당시 돼지는 집안의 재산이나 다름없었다. 놀란 아내는 왜 돼지를 잡느냐고 다그쳤다. 이에 증자는 "당신이 아이에게 돼지를 잡아 반찬을 만들어 주기로 약속했으니 잡을 수밖에 없다"고 말했다.

아이 엄마는 펄쩍 뛰며 아이를 달래려고 그냥 해본 소리를 진담으로 알았느냐며 말렸다. 그러자 증자는 "아이에게 거짓말을 해서는 안 되오. 아이는 부모가 하는 대로 따라 배우는 법인데, 약속을 지키지 않으면 아이가 뭘 배우겠소."라며 기어코 돼지를 잡았다.

어른들은 아이들과의 약속은 더 잘 지켜야 한다. 어른은 아이들의 거울이기 때문이다. 어른들이 별스럽지 않게 생각하는 일도 아이들은 마치 사진을 찍듯 정확히 보고 따라 하게 된다. 그뿐이 아니다. 일찍 성숙한 아이들은 어른들의 정직성을 평가하기도 한다.

내가 당진경찰서장을 하면서 알게 된 사람의 가정에서 있었던 일이다. 시어머니가 치매를 앓았다. 가정에서 간호하기가 너무 어렵게 되자 며느리는 시어머니를 시설에 맡기려고 결심했다. 이를 눈치 챈 고등학생인 손자가 엄마에게 말했다. "엄마, 나는 엄마가 할머니에게 어떻게 하는가를 내가 똑똑히 봐 두고 있어요. 엄마 마음대로 하세요. 엄마가 할머니에게 한 대로 나도 다음에 엄마에게 그대로 할 테니 알아서 하세요."라고 하더라는 것이다. 그 말을 들은 며느리는 시어머니를 시설에 보내지 못하고 극진히 봉양했다고 한다.

학생들은 시험을 통하여 본인의 실력을 테스트한다. 축구 선수들은 평가전을 통하여 기량을 알아본다. 실력 향상을 위하여 필요한 과정이다. 정직도 마찬가지다. 정직성의 정진을 위해서는 그 정직성의 평가가 필요하다. 본인이 약속을 얼마나 잘 지키는지 스스로 평가해보자. 그리고 어떤 일이 있어도 약속을 반드시 지키는 사람이 되어 본인의 정직성을 높여 나가자.

(4) 거울에 나를 비춰보라

거울에 나를 비춰보는 것은 점검이다. 정직한 사람이 되기 위해 감사하는 마음으로 긍정의 마음을 만들고, 웃음을 통하여 육신의 긍정을 만들고, 약속의 이행 정도로 정직성의 평가단계까지 마쳤다면 남은 것은 정직을 위한 최종 점검이다. 나의 모습을 거울에 비춰보면서 마음은 정직한지, 육신은 거짓이 없는지, 정직한 사람이 되기 위해 정진하고 있는지를 점검할 필요가 있다.

사람은 자기 눈으로 자기 얼굴을 볼 수 없다. 만물의 영장이라고 하지만 다른 동물들과 똑같이 스스로 자기 얼굴을 볼 수 없다는 모순이 있다. 완벽하신 하느님은 왜 사람에게 자기의 얼굴을 보지 못하게 만들었을까? 혹시 하느님이 인간을 창조하다 그만 실수로 본인의 얼굴을 볼 수 없게 한 것은 아닐까? 나는 정직하게 살라는 뜻으로 그렇게 만들어 주지 않았을까 다음과 같이 가정해 본다.

첫째, 신용사회를 위해서다. 사람의 얼굴에는 그 사람의 정직성이 어느 정도 나타나게 되어 있다. 그러므로 상대방의 얼굴을 보고 그 사람을 판단할 수 있도록 하기 위해 그랬을 수 있다는 가정이다.

자기 얼굴을 볼 수 있으면 정직하지 못한 사람도 정직한 사람처럼 얼굴을 마음대로 꾸밀 수 있으므로 이를 방지하여 신용사회를 만들기 위한 하느님의 속 깊은 배려가 아닐까 생각한다.

둘째, 본래의 얼굴 모습 그 자체는 중요하지 않기 때문이다. 얼굴의 본바탕은 사람을 식별하는 용도 정도로만 필요할까? 그 이상 또는 그 이하의 의미도 없다고 본 것이다.

다만 그 본바탕의 얼굴에 어떠한 의미를 담느냐가 중요한데 그 의미는 본인의 마음으로 이미 잘 알 수 있으므로 본인은 굳이 자기 얼굴까지 볼 필요가 없고 상대방에게만 보여 주는 것으로 충분하기 때문이라는 가정이다. 링컨의 일화를 알고 나면 나의 가정을 좀 더 믿게 될 것이다.

어느 날 링컨 대통령이 값싼 3등 객실에 앉아 있었다. 그런데 난데없이 못생긴 한 할머니가 만면에 웃음을 띠며 대통령에게 다가왔다. "선생님, 이것을 받으십시오." 할머니가 내미는 것은 무슨 증표였다. "이것이 무엇입니까?" 대통령이 물었다. 그러자 노파는 천연덕스럽게, "이것은 며칠 전 내가 어떤 사람에게 받은 거라오. 자기보다 못생긴 사람을 만나면 주라고 해서 여태껏 가지고 있었는데, 마침 운 좋게 오늘 당신을 만났지 뭐예요." 하고 말하는 것이었다. "아, 그래요. 잘됐군요." 대통령은 성을 내기는커녕, 오히려 넉넉한 웃음으로 노파의 무례를 거부감 없이 받아 주었다. 아마 그때 보여주었던 링컨 대통령의 인상은 이 세상에서 가장 빛나고 아름다운 최상의 얼굴이 아니었을까. 링컨의 본래 얼굴이 중요한 것이 아니다. 그 얼굴에 담아낸 빛나고 아름다운 마음의 상이 중요한 것이다.

공장에서 만들어 내는 공산품도 품질 검사가 필요하듯 사람도 정직한 사람이 되기 위해서는 그 정직성의 점검이 필요하다. 점검을 마치지 않은 채 세상에 나가게 되면 대단한 위험이 따르기 마련이다. 기회가 있을 때마다 거울에 자기의 얼굴을 비춰보자. 얼굴의 본바탕이 잘생기고 못생기고는 중요하지 않다. 얼굴에 어떤 마음의 상을 띠고 있는지 그것을 점검해보라는 것이다. 눈으로만 거울을 보려 하지 말고 마음으로도 거울을 보자. 그러면 거울은 마음까지도 보여 줄 것이다.

점검은 한두 번으로 끝나지 않는다. 내가 마음을 가지고 생각하고 판단하는 순간마다, 내 얼굴이 세상에서 사라지는 그 날까지 계속되어야 한다.

점검이 점검으로 끝나서는 안 된다. 점검을 통하여 오류를 잡아내고, 품질을 개선하여 더욱 나은 품질을 만들어 내야 한다. 품질 검사의 목적이 거기에 있다. 엄격한 품질 검사를 통하여 고품격의 명품이 나오듯 우리의 정직성 점검도 엄격할수록 그 품질이 향상된다.

경찰서와 파출소와 같은 경찰관서에는 거울이 많다. 경찰교육기관에는 대형 거울이 여기저기 설치되어 있다. 경찰관은 교육과정에서부터 단정한 용모 복장을 강조한다. 학과를 시작하기 전에 용모 복장 상태를 점검하고 학과가 끝나는 시간에도 다시 점검한다. 용모 복장을 점검할 때에는 외형 못지않게 표정을 중요하게 여긴다. 근엄한 얼굴, 미소 짓는 얼굴, 밝은 얼굴을 만들도록 서로 마주 보고 고쳐주기도 한다. 그것뿐이 아니다. 24시간 지도관이 교육생의 행동거지를 지켜보면서 잘못된 용모 복장이나 행동이 있으면 바로 지적하고 벌점을 줘서 반성하게 한다. 이러한 교육과 점검의 반복을 통하여 부지불식간에 바른 정신, 따뜻한 마음, 근엄한 얼굴을 가진 경찰관을 만들어 내는 것이다.

소크라테스도 '다른 사람의 눈으로 너 자신을 알 필요가 있다.' 라고 말했다. 다른 사람의 눈으로 나를 점검할 필요가 있다. 정직성의 참된 수행을 위해서는 나에게 냉정하지 않으면 안 된다. 나에게 가혹하지 않고는 지금보다 더 나은 나를 만날 수 없다.

거울을 보자. 나를 비춰보자. 마음까지. 그리고 앞에 선 사람에게 자신 있게 말하자. 넌 정직한 사람이 될 거야! 넌 당당한 사람이 될 거야! 넌 반드시 성공할 거야! 그리고 행복할 거야!

PART 5

위대한
사람은
정직했다

정직과 나눔을 실천한 기업인, 유한양행 설립자 유일한

유일한은 평안도 평양부에서 재봉틀 장사로 자수성가한 유기연柳基淵과 김기복金基福 사이의 6남 3녀 중 장남으로 태어났다. 독실한 개신교 신자인 아버지 유기연은 미국 감리교에서 조선인 유학생을 선발한다는 말을 듣고 1904년, 당시 아홉 살에 불과한 큰아들을 미국으로 유학을 보낸다. 배에서 아버지가 환전해준 미국 돈을 잃어버린 유일한은 인솔자이자 독립운동가인 박용만의 배려로 미국 네브래스카 주의 독신자 자매인 태프트 자매에게 입양되었다.

초등학교에 입학한 유일한은 인종차별로 서러움을 겪기도 하지만, 당당하게 자기 생각을 말하는 강한 성격으로 극복했다.

독립운동가 박용만이 독립군을 기르기 위해 만든 헤이스팅스 소년병 학교에 1909년 입학한 그는 낮에는 농장에서 일하고 밤에는 공부했다. 방학 때는 신문 배달을 하면서 자신의 힘으로 살았다.

나중에 어른이 되었을 때는 재미교포들의 항일집회에 참여하여 연설하기도 했는데, 항일경력 때문에 고향에 사업차 잠시 입국했을 때 일본 경찰에게 연행당하는 고초를 겪기도 한다.

미시간대학교에 입학한 유일한은 뛰어난 운동 실력을 발휘, 장학금을 받으며 미식축구 선수로 활약한다. 이를 안 아버지는 "내가 공부하라고 미국에 보냈지, 운동부에서 활동하라고 보낸 줄 아느냐."면서 꾸짖었지만, 유일한은 "미국 대학교에서는 운동을 못하면 공부를 못 합니다. 장학금을 받으면서 공부하기 위해서 운동부에서 활동하는 것입니다."라고 답장을 보내어 아버지를 안심시켰다.

1922년에 미시간대학교 대학원에서 공부하고, 1929년에 스탠퍼드대학교 대학원에서 국제법을 공부하였다.

자신의 힘으로 대학교를 졸업한 그는 고등학교 졸업 후 발전기 회사에서 일한 경험을 살려, 제너럴 일렉트릭사에 취직한다. 직장생활을 하면서 돈을 모은 그는 1922년 숙주나물 통조림을 제조하는 라초이 식품회사를 설립하였다. 사업은 번창했고, 중국계 미국인 여성이자 소아과 의사인 호미리와 결혼했다.

1925년에는 서재필과 'New Il-han&Co.'를 설립하기도 했는데, 후에 서재필은 유일한이 귀국할 때 유한양행의 버드나무 CI를 제작하여 선물할 정도로 유일한을 아꼈다.

1926년에 귀국하여 종로2가에 유한양행을 설립했다. 유한양행이 1933년에 처음 개발하여 판매한 제품은 진통소염제 안티푸라민, 혈청 등이었다. 유일한은 유한양행을 경영할 때 항상 윤리경영을 실천하였다. 그 이유는 라초이 회사 경영을 하던 시절, 거래하던 녹두 회사 사장이 탈세를 통해 사리사욕을 채우는 모습에 실망해서였다.

그래서 그는 탈세하지 않았으며, 모르핀을 팔면 돈을 벌 수 있다는 간부사원의 유혹을 "당장 회사에서 나가시오."라는 꾸짖음으로 물리친 일화가 있다. 1939년 유한양행은 한국 최초로 종업원 지주제를 시행하였다.

회사 일과 개인 일을 엄격하게 구분하는 유일한은 자기가 먹을 약도 사원들이 이용하는 공제회에서 돈을 주고 사 먹었고, 약 한 알을 공짜로 친척에게도 주는 법이 없었다.

세무 조사를 나왔던 세무서 직원들이 놀랄 정도였다. 많은 기업이 장부를 조작해 세금을 적게 내려고 애쓰던 시절이었는데 유한양행은 유일한의 뜻대로 늘 정직하게 세금을 냈다.

"나라가 잘되려면 국민이 세금을 잘 내야 합니다."

1968년에 모범납세자로 선정된 유일한은 동탑산업훈장을 받았다. 세무사찰을 했던 국세청이 감동하여 '국세청 선정 모범납세업체'라는 동판을 새겨 주었을 정도였다.

"기업을 해서 아무리 큰 부를 축적했다 해도 죽음이 임박한, 하얀 시트에 누운 자의 손에는 한 푼의 돈도 쥐어 있지 아니하는 법이야." 그는 이렇게 말하며 평화롭게 자기 죽음을 예감했다. 열심히, 후회 없이, 하나님에게 부끄럽지 않게 살았기에 죽음도 무섭지 않았다.

1971년 3월 11일, 76세의 유일한은 조용히 눈을 감았다. 장례

식도 소박하게 치렀다.

그러나 한 달 후 그의 유언장이 공개되자 세상은 떠들썩했다. 유산을 받은 유일한 가족은 딸도 아닌 손녀 유일링이었는데, 대학 갈 때까지 쓸 학비 1만 달러뿐이었다. 딸 유재라는 땅 5천 평을 물려받았는데 그것은 팔 수도 쓸 수도 없는 학교 뒤 유일한의 묘지 둘레 땅이었다.

아들과 부인에게는 한 푼의 유산도 한 평의 땅도 남기지 않았으나, 가족들은 이미 그의 성품을 잘 알고 있었으므로 아무도 서운해하지 않았다. 유산을 사회에 기증하고 더구나 회사를 가족도 친척도 아닌 전문경영인에게 맡긴 그의 유언장은 모두에게 놀라움을 주었다. 신문마다 그의 유언장을 보도하며 높은 뜻을 기렸다.

다들 자식에게 한 푼이라도 더 남기려고 애쓰는 세상에 그는 자기가 힘들여 번 돈을 '사회에서 온 것이니 사회로 돌려보내야 한다'고 생각했고, 생각대로 실천했다. 회사에도 가족은 한 명도 임원으로 남아있지 않아 그의 생각대로 그가 모은 재산은 전부 사회로 돌아갔다.

유한중·고등학교 재단이 가장 많은 유산을 상속받아 유한양행의 최대 주주가 되었다. 연세대학교와 보건장학회, 유한양행 사우공제회 등에 기증한 주식까지 합치면 유한양행 주식의 55.3%를 공익사업기관이 소유한 셈이다.

그는 지금 유한공고 뒷동산에 조용히 묻혀 있다. 아마 그는 한국의 하늘 위에서 조국을 걱정하고 한국이 정직한 나라가 되길 기대할 것이다.

유한양행 창업주 유일한 박사 어록

○ **국가**

- 국가·교육·기업·가정 이 모든 것은 순위를 정하기가 매우 어려운 명제들이다. 그러나 나로 말하면 바로 국가·교육·가정의 순위가 된다.

- 나라 사랑을 위해서는 목숨을 바칠 것을 신성한 말로 서약하여야 한다.

○ **기업**

- 기업은 한두 사람의 손에 의해서 발전되지 않는다. 여러 사람의 두뇌가 참여함으로써 비로소 발전되는 것이다. 기업의 제1 목표는 이윤의 추구다. 그러나 그것은 성실한 기업 활동의 대가로 얻어야 한다.

- 기업으로 해서 아무리 큰 부(富)를 축적했다 할지라도 죽음이 임박한 하얀 시트에 누운 자의 손에는 한 푼의 돈도 쥐여 있지 아니한 법이다.

- 기업의 소유주는 사회이다. 단지 그 관리를 개인이 할 뿐이다. 기업에 종사하는 모든 사람은 기업 활동을 통한 하나의 공동운명체이다.

- 기업에서 얻은 이익은 그 기업을 키워 준 사회에 환원하여야 한다.

기업의 기능이 단순히 돈을 버는 데만 머문다면 수전노와 다를 바 없다.

○ **인간**

- 죽음을 눈앞에 보는 연령이 되면 누구나 결국은 자기 자신이 평범한 한국인이었다는 것을 느끼게 된다. 너무나도 부족한 점이 많은 한국인이었다는 사실을 뼈저리게 느끼게 된다.
- 사람은 죽으면서 돈을 남기고 또 명성을 남기기도 한다. 그러나 가장 값진 것은 사회를 위해서 남기는 그 무엇이다.
- 눈으로 남을 볼 줄 아는 사람은 훌륭한 사람이다. 그러나 귀로는 남의 이야기를 들을 줄 알고 머리로는 남의 행복에 대해서 생각할 줄 아는 사람은 더욱 훌륭한 사람이다.

천리포수목원을 설립하여
아름다운 향기를 남긴 민병갈 원장

역사의 틈바구니에서 이방이었지만 한국 땅의 삶과 자연을 사랑한 사람이 있다.

"한국에서 살고 싶으니깐 죽을 적에 이 나라에서 죽고 싶었어요."

"여기 살고 싶어요. 다른 데 살고 싶지 않아요."

쉬운 길을 갈 수 있었는데 어려운 길을 간 사람이 있었다. 모두가 불가능하다고 말했지만, 일생을 향해 기적을 이룬 사람이 있다. 아무런 대가 없이 나무와 숲을 사랑한 사람이 있다. 이 땅에 살다간 민병갈 원장이다. 민병갈(1921. 4. 5~2002. 4. 8)은 한국 최초의 사립수목원을 세운 미국계 귀화 한국인이다. 칼 페리스 밀러 Carl Ferris Miller가 그의 귀화 전 이름이다.

미국 펜실베니아 주 위스트 피츠턴에서 태어났고, 버크넬bucknell 대학에서 화학을 전공하였다. 러시아어와 독일어를 할 줄 알았고,

한자를 배우기도 하였다. 그는 1944년 콜로라도 대학의 해군 정보학교 일본어 과정을 배우게 되었는데, 그 덕분에 1945년 4월 일본 오키나와 섬 미군사령부의 통역장교로 배치되었다. 1946년, 한국에 연합군 중위로 처음 오게 되었다.

그 이듬해 제대해 정책고문관으로 지원해 민간인으로 이 땅에 남았다. 뒷날 한국이 좋아 한국에 남은 그는 민병갈閔丙渴이라는 한국인 이름도 얻었다. 그는 왜 식민지 폐허와 이데올로기 갈등, 6·25 전쟁으로 이어지는 역사의 격변기에 이 땅에 남았을까? 무엇을 찾고자 이 땅에 남았을까? 그가 천리포와 인연을 맺게 된 것은 1962년 한 노인으로부터 우연히 땅 2,000평을 사게 되면서부터였다. 1970년 나무를 심고자 천리포 수목원 조성사업에 들어갔을 때 그의 나이 이미 50대가 되었을 때였다.

그 나이에 전기도 들어오지 않는 오지에서, 30cm만 파도 염분이 나오는 박토에서, 세계가 알아주는 수목원을 만들어 낼 것이라고는 아무도 예상하지 못했다.

더욱이 그는 식물에 관한 전문 지식이 없었다. 정성을 들여 종자를 채취하고 생명을 키워냈다. 그에게 수목원은 가족이며 나무들은 자식이었다. 어린나무들이 천리포 토양에 적응하지 못하고 죽어갈 때마다 자식을 보내는 마음으로 슬퍼하며 어린 자식들을 살리기 위해 끊임없이 책을 읽고 필요한 것을 메모하며 연구하였다. 비록 식물학을 전공하지는 않았지만, 노년에는 학자 이상으로 지식을 쌓아 명예박사 학위도 받았다.

한국의 자연에 심취하여 1970년부터 척박하고 해풍이 심한 천리포 민둥산 18만 평에 나무를 심기 시작하여 30여 년 만에 공인된 '세계의 아름다운 수목원'으로 탈바꿈시켰다. 그가 천리포수목원에 모은 목련, 호랑가시나무, 동백류의 규모는 세계적 수준으로 평가받는다. 민 원장은 나무를 존엄한 생명체로 보고 인간이 즐기기 위한 것이 아닌, 오직 나무를 위한 수목원을 가꾸는 일에 정성을 쏟았다.

사람들이 왜 결혼하지 않느냐고 물었지만, 그의 마음은 늘 수목원으로 향해 있었다.

"아마 결혼했으면 천리포수목원 못 했을 거예요."

"만족해요. 기분 좋아요."

생전에 그가 한 말이다.

58세에 대한민국 국적을 취득한 그는 입버릇처럼 "내 전생은 한국인"이라고 말하며 한국을 언제나 '우리나라'라고 불렀다. 여든이 넘어서도 천리포수목원의 운영비를 조달해야 했기에 주중에는 서울에 가서 증권회사 고문으로 일해야 했다. 수목원을 조성한 이후 30년 넘게 수목원의 재원은 대부분 민 박사의 몫이었기에 여든이 넘은 노인의 어깨에는 책임져야 할 삶의 무게가 있었다. 그래도 노인의 삶은 진지했고 삶의 무게를 즐겼다. 많은 실패를 거듭하며 그가 이룬 업적은 놀라움 그 자체였다.

"여기 천리포에 있으면 기분이 좋아요. 자연미 보고 나무뿐 아니라 벌레도 좋아요. 다 좋아요. 저는 100% 자연을 사랑하는 사람입니다."

민 원장의 삶이 아름다운 것은 자연을 향한 한 인간의 선한 신념이 얼마나 아름다운 결과를 낳는지 보여주기 때문이다. 그가 이 땅에 심은 것은 나무만이 아니다. 꿈과 희망을 심은 것이다. 그가 우리에게 선물한 40년의 세월이 우리 후손에게 어떠한 미래를 열어줄 수 있을지를 생각하게 한다.

대한민국 정부는 민 원장의 남다른 나무 사랑과 자연 애호를 금탑산업훈장으로 보답했고, 국립수목원 '숲의 명예전당'에 그의 공적을 새긴 동판 초상을 헌정했다.

민병갈 원장은 효심도 깊었다. 민 원장은 2남 1녀 중 장남으로 태어나 15세 때 아버지를 여의고 어머니와 함께 살다가 22세 입대 이후 어머니와 줄곧 떨어져 이역만리 한국에서 살았으며 한국인으로 귀화하였다. 어머니를 곁에서 모시지 못한 그 자신을 불효자로 생각했으며 어머니를 향한 애틋한 그리움이나 효심의 흔적은 그의 생애 곳곳에 쉽게 발견할 수 있다.

한국은행에 취직한 최초의 계약서에는 어머니를 만나기 위한 정기적인 휴가조건을 달았다. 그 당시 유일한 소통이었던 수많은 편지로 이국에서의 일상을 시시콜콜히 보고했으며 한국인으로서의 귀화 허락을 받기 위해 3년을 기다리기도 했다.

미국에서 정년퇴임을 한 어머니를 1960년부터 5년간 서울로 모셔 소일거리를 마련해 같이 살았고 하루 4갑을 피우는 애연가였던 그는 담배 냄새를 싫어하는 어머니를 위해 초인적인 금연을 시행하였다. 1996년 어머니 애드나가 101세로 세상을 떠난 이후 천리포의 숙소 마당에 어머니가 좋아했던 목련 '라스베리펀'을 심고 아침마다 "굿모닝 맘."이라 문안 인사를 하였다.

그 애틋한 사모곡을 기억하는 수목원 직원들은 민 원장이 세상을 떠난 이듬해 봄에 이 목련을 그의 묘역에 심어놓아 어머니와 아들이 늘 같이 있게 하였으며, 지금도 수목장으로 묻혀있는 민 원장의 동상 곁을 라스베리펀이 지키고 있다.

민병갈 원장은 마지막도 위대했다. 나무들의 양육을 위해 근검절약했던 민 원장은 말년엔 전 재산을 재단법인 천리포수목원에 유언으로 증여했다. 죽어서도 나무들의 거름이 되고자 했던 민병갈 원장의 빈자리는 아름다운 삶의 향기로 가득하다.

저 세상에 가면 개구리가 되기를 소망했던 민 원장은 죽기 전에 "내가 죽으면 묘를 쓰지 말라. 묘 쓸 자리에 나무 한 그루라도 더 심으라."고 말했다. 천리포수목원 측은 2002년 민 원장 서거 시 결혼도 하지 않고 혈혈단신 수목원을 위해 헌신한 고인을 생각해 비공개 지역에 묘지를 조성했다. 서거 10년 만에 고인의 뜻에 따라 고인의 유골을 수습하고 화장하여 고인이 살아생전 좋아했던 목련 나무 아래 민 원장의 유골을 안치했다.

사람이 생을 마감하는 순간 그 인생의 마지막 평가가 매겨진다면 민 원장의 소박한 꿈은 만인의 가슴에 남아 이 세상 사람들에게 큰 울림을 주고 있다.

"나는 3백 년 뒤를 보고 수목원사업을 시작했다. 나의 미완성 사업이 내가 죽은 뒤에도 계속 이어져 내가 제2 조국으로 삼은 우리나라에 값진 선물로 남기 바란다."

천리포 수목원을 둘러볼 때면 민병갈 원장의 말이 생생하게 들려오는 것을 느낄 수 있다.

82세 노학자는 오늘도 배운다. 전상범 서울대 명예교수

서울대 영어교육과 명예교수이며 언어학자인 전상범 씨의 이야기다. 2015년 11월 2일 한겨레 신문에 실린 내용이다.

올해 82세인 전상범 교수는 1996년 정년 이후에만 12권의 저서를 냈다. 이 가운데는 라틴어 학습 교재인 『라틴어 입문』도 있다. 퇴임 뒤 라틴어를 독학하던 참에 아예 교재까지 낸 것이다. 책을 쓰는 게 가장 좋은 배움 법이라고 생각해서다. 막히는 대목은 라틴어 과목을 배운 적이 있는 외손녀의 도움을 받았다.

전 교수는 75세 때부터 중국어를 배우기 시작해 지금은 "중국어 활용이 어느 정도 자유롭다."고 했다. 희랍어와 히브리어도 새로 배울 생각으로 강의 테이프와 교재를 사놓았다.

"내가 교수로 재직했을 때는 안식년 제도가 없었어요. 하고 싶은 공부가 많았지만, 시간을 내기 힘들었죠. 정년 뒤부터는 매해가 안식년이라고 생각합니다." 노학자의 공부에 대한 집념이 묻어나는 말이다.

"라틴어는 중세의 보편 언어였습니다. 언어학자로서는 당연히 배우고 싶은 언어지요. 학생 때나 교수 시절에도 몇 번이나 배우려고 시도했지만 번번이 20과 정도(모두 90과)에서 포기했죠. 꾸준히 공부하려고 외손녀와 함께 책을 썼는데 6개월 걸렸습니다."

외손녀는 현재 미국 미네소타대 영문학 박사과정 연구원이다. 연세대 영문과 대학원 시절, 미국 교환학생으로 선발된 그는 전 교수의 권유로 라틴어 과목을 3학기 동안 수강했다.

한 권도 팔리지 않을 것으로 걱정했다는 전 교수는 반응이 제법 있는 편이어서 스스로 놀랐다고 한다.

"누가 살까 했는데, 초판을 2쇄 찍었고 이번에 개정판까지 모두 1,500부를 찍었습니다. 독학자가 써서 다른 책보다는 조금 쉬운 편이어서 반응이 있는 것 같습니다."

그는 실향민이자 국군 참전 용사다. 고교 2학년 때인 1950년 아버지와 함께 월남해 군에 입대했다. 어머니, 동생 다섯과 생이별했다. 지금껏 생사조차 모른다.

해방 뒤 학교에 다니던 평양에서 5년 동안 러시아어를 배웠다. 군 복무 4년을 마친 뒤 55년 서울대에 입학해서야 영어를 배웠다. 일본어는 80년대 신설된 경희대 일본어학과에서 학생들을 가르쳤을 정도로 능통하다. 프랑스어와 독일어 활용에도 불편함이 없다.

"7개 외국어 가운데 교재를 낸 라틴어가 제일 미숙한 편이죠." 외국어 학습이 여전히 즐겁다는 전 교수는 '텍스트에 대한 깊은 이해를 위해서는 그 나라 말을 알아야 하지 않겠느냐.'고 했다.

그는 요즘 신약성서를 외국어로 필사하고 있다. "자꾸 잊어버려 중국어·일본어·프랑스어로 다 베꼈습니다. 독일어로는 거의 다 베껴 가고요. 라틴어로도 하려 합니다. 이렇게 해서 손주 다섯에게 나눠줄 생각입니다."

공부를 왜 그렇게 열심히 하느냐고 물었다. "할 줄 아는 게 그것밖에 없습니다. 보통 하루에 한 챕터씩 씁니다. 작업을 마친 뒤 프린터로 활자화해서 읽어 보면 뿌듯해요. 책이 나오면 이름을 적어 사람들에게 나눠주곤 합니다. 그럴 때 무엇과도 바꾸기 힘든 희열을 느낍니다."

그는 내친김에 희랍어와 히브리어도 배우고 싶다고 했다.

"신약은 희랍어, 구약은 히브리어로 씌어 있죠. 예수가 부활해 베드로에게 세 번이나 '네가 날 사랑하느냐.'고 묻지요. 희랍어를 보면 세 번의 사랑이 다 다른 말로 되어 있습니다. 영어 번역본은 한 단어이지요."

전 교수의 부인 박희진 서울대 영문과 명예교수는 버지니아 울프 연구자로 널리 알려져 있다. 박 교수는 최근 펴낸 회고록 『그런데도 못다 한 말』에서 남편 전 교수를 '연필 깎아주는 남자'였다고 회상했다. 이화여고 교사 시절 뒤늦게 대학원에 진학하고 유학까지 다녀와 학자가 되기까지 남편의 강력한 권유와 외조가 있었다.

요즘 시력 약화로 공부 시간을 줄였다는 전 교수에게 일과를 물었다. "오전엔 3~4시간 동안 저술과 번역을 하고, 오후에는 라틴어·중국어·프랑스어 등을 공부합니다."

한국인보다 한국을 더 사랑한 윌리엄 해밀턴 쇼 미국 해군 대위

한국인보다 더 한국을 사랑한 외국인이 있다. 2015년 9월 국가보훈처에서 6·25전쟁 영웅으로 선정한 윌리엄 해밀턴 쇼 미 해군 대위가 바로 그 주인공이다. 맥아더 장군의 최측근 보좌관으로 인천상륙작전을 성공으로 이끌었으며, 서울탈환작전에 직접 참전할 정도로 대한민국을 지키기 위해 물불을 가리지 않았던 윌리엄 해밀턴 쇼 미 해군 대위! 대한민국을 제2의 조국이라고 생각했던 그의 이야기를 들어보자.

그는 대한민국에서 나고 자란 또 다른 한국인이었다. 윌리엄 해밀턴 쇼 대위는 미국인 선교사 부부의 아들로 평양에서 태어났다. 당시 한국에서 선교활동을 하던 부모님 덕분에 어린 시절을 한국에서 보낸 그는 자신을 한국인이라 생각했고, 한국을 조국으로 여길 정도로 한국을 사랑했다. 평양에서 고등학교까지 마쳐 유창한 한국어 실력을 갖추었으며 한국인 친구들도 많았다.

이후 미 해군에 입대하여 제2차 세계대전 당시 노르망디 상륙작전에 참전했던 쇼 대위는 1947년 전역 후, 늘 그리워하던 한국으로 돌아왔다. 한국으로 돌아온 그는 미 군정청 소속으로 '조선 해양경비대 사관학교(현 해군사관학교의 전신)'에서 교관으로 근무하며 생도들을 가르쳤다.

교관으로 근무하던 중 학업에 뜻을 품은 쇼 대위는 다시 미국으로 건너가 하버드 대학에서 철학 박사학위 과정을 밟았다. 그러던 중 6·25전쟁이 발발했다는 소식을 듣고는 '제2의 조국'인 한국의 자유와 평화를 지키겠다며 미 해군에 다시 입대하기로 했다.

그는 당시 한국에 있던 부모님에게 보낸 편지에서 "지금 한국인들은 전쟁 속에서 자유를 지키려고 피 흘리고 있는데, 제가 흔쾌히 도우러 가지 않고 전쟁이 끝나기를 기다린 후 선교사로 가려 한다면, 그것은 제 양심이 허락하지 않습니다."라며 자신의 심정을 토로했다.

쇼 대위는 맥아더 장군과 함께 인천상륙작전을 성공으로 이끌었다. 한국에서 나고 자라 한국어와 한국의 지리에 정통했던 그는 미 극동군 사령관 맥아더 장군의 최측근 보좌관인 해군정보 장교로 임명돼 인천상륙작전을 성공으로 끌어내는 공을 세웠다.

이후에도 그는 서울탈환작전에 직접 자원해 참전하기도 하는 등 한국의 자유 수호를 위해 앞장섰다. 1950년 9월 22일 아침, 적 후방 정찰을 위해 녹번리(현 서울시 은평구 녹번동)에 접근하던 쇼 대위는 기관총으로 중무장한 적 매복조의 공격을 받고 28세의 꽃다운 나이로 전사하고 말았다. 전사하기 일주일 전, 쇼 대위는 인천상륙작전에 함께 참전했던 해군 이성호 중령(후에 제5대 해군참모총장 역임)과 나눈 대화에서 이렇게 말했다고 한다.

"나도 한국에서 태어났으니 한국 사람입니다. 내 조국에서 전쟁이 났는데 어떻게 마음 편하게 공부만 하겠습니까? 공부는 내 조국에 평화가 온 다음에 해도 늦지 않습니다."

쇼 대위는 사랑하는 대한민국에 묻혔다. 그는 평생 한국을 위해 봉사한 부모님과 함께 서울 마포구 합정동 양화진 외국인 선교사 묘원에 안장되었다. 그의 묘비에는 "사람이 친구를 위해 목숨을 버리면 이보다 더 큰 사랑은 없다."는 구절이 새겨져 있다. 쇼 대위의 한국 사랑을 여실히 보여주는 묘비명이다. 이후 그의 한국 사랑에 대한 사연을 알게 된 사람들이 뜻을 모아 1956년 그가 전사한 자리에 추모비를 세웠고, 2010년에는 서울시 은평구 평화공원에 동상을 건립했다. 쇼 대위는 우리 정부로부터 충무무공훈장을, 미국 정부로부터는 은성무공훈장을 각각 추서 받았다.

대한민국을 제2의 조국이라 여기며 조국의 자유 수호를 위해 앞장섰던 윌리엄 해밀턴 쇼 미 해군 대위! 그가 목숨을 걸고 지키려했던 것은 대한민국이라는 친구였다.

그 누구보다 대한민국을 사랑했던 윌리엄 해밀턴 쇼 대위의 흉상이 2014년 옥포만에 있는 해군사관학교에 건립되고, 2015년 6월 발행된 기념우표 "호국 영웅 우표"의 인물로 선정되기도 했다.

사환으로 입사하여 명장으로 추대된
김규환 대우중공업 명장

김규환 대우중공업 명장은 1955년 강원 평창에서 일가친척 하나 없이 5대 독자로 태어나 15살에 소년가장이 되었다. 기술 하나 없이 대우 중공업에 사환으로 들어가 마당 쓸고 물 나르며 회사생활을 시작했다. 이런 김규환이 훈장 2개, 대통령 표창 4번, 발명특허대상, 장영실상을 5번 받았고, 1992년 초정밀 가공분야 명장名匠으로 추대되었다. 어떻게 이런 일이 있을 수 있을까?

어린 나이에 먹을 것이 없어 3~4일씩 굶기를 밥 먹듯 하고 너무나 춥고 배가 고파서 죽을까도 했지만 어린 여동생 때문에 그럴 수도 없었다. 어린 여동생을 안고 구걸행위를 하면서 지냈다. 구걸하다가 쫓겨나기도 하고 논두렁에 내동댕이쳐져 이마가 찢어지고 끝도 없이 피를 흘리기도 하였다.

학교는 초등학교도 다니지 못해서 글도 읽을 줄 몰랐다. 우연히 신문에 난 글이 궁금해서 이게 무슨 글인가 물어봤다. 옆집 아주머니가 그것은 '대우 가족 모신다.'라는 글이라고 했다. 회사를 찾아갔다.

회사에 들어가려 하자 수위가 냄새난다고 쫓아냈다. 그래도 들어가야 한다고 떼를 쓰자 거지취급을 하면서 심하게 때렸다. 거의 한 시간을 얻어맞았다. 그것을 보고 한 임원이 수위에게 '무슨 행패냐 거둬 줘'라고 말했다. 그를 패던 수위가 '채용해서 써라'는 말로 알아듣고는 부장에게 그 임원이 쓰라고 했다고 전했고, 부장은 입사자격이 미달이어서 면접에 떨어진 김 명장을 잡부(사환)로 채용했다.

사환으로 입사한 김 명장은 매일 아침 5시에 출근했다. 하루는 사장이 왜 일찍 오느냐고 물었다. "선배들을 위해 미리 나와 기계 워밍업을 한다."고 대답하자 다음 날 사장은 그를 정식기능공으로 승진시켜 주었다.

2년이 지난 후에도 계속 5시에 출근하였고, 그날도 사장이 똑같이 물었다. 대답했더니 다음 날 반장으로 승진시켜 주었다.

김 명장은 혼을 실어 최고 품질의 상품을 만들었다. 쇠를 가공할 때 1℃ 변할 때마다 얼마나 변하는지 아는 사람은 김 명장 한 사람뿐이었다. 그가 이것을 알려고 국내 모든 자료를 찾아봤지만 아무런 자료도 없었다. 공장 바닥에 모포를 깔고 2년 6개월간 연구했다. 재질, 모형, 종류, 기종별로 X-bar 값을 구해 1℃ 변할 때 얼마씩 변하는지 온도 치수 가공조견표를 만들었다.

기술공유를 위해 산업인력공단의 『기술시대』란 책에 기고했지만 실리지 않았다. 얼마 후 3명의 공무원이 찾아왔다. 회사에서는 큰 일이 일어난 줄 알고 난리가 났다. 알고 보니 제출한 자료가 기계 가공의 대혁명 자료인 걸 알고 논문집에 실을 경우 일본에서 알게 될까 봐, 노동부 장관이 직접 모셔오라고 했다는 것이다.

장관이 말했다. "이것은 일본에서도 모르는 것이오. 발간되면 일본에서 가지고 갈지 모르는 엄청난 것입니다."

김 명장의 집 가훈은 '목숨 걸고 노력하면 안 되는 일 없다'이다. 그는 국가기술자격 학과에 9번 낙방, 1급 국가기술자격에 6번 낙 방, 2종 보통운전 5번 낙방하고 창피해서 1종으로 바꾸어 5번 만에 합격했다. 하지만 지금 우리나라에서 1급 자격증 최다보유자다.

그는 현재 5개 국어를 한다. 학원에 다녀 본 적은 없다. 하루에 1문장씩 외웠다. 집 천장, 벽, 식탁, 화장실 문, 사무실 책상 가는 곳마다 붙이고 보면서 외웠다.

제안 2만 4,612건, 국제발명특허 62개를 받았다. 개선을 위해 온종일 쳐다보고 생각하고 또 생각하면 해답이 나온다는 것이 그의 말이다. 가공 기계 개선을 위해 세 달간 고민하다 꿈에서 힌트를 얻어 해결하기도 했다.

김 명장은 자동차 윈도 브러시도 발명했다. 유수의 자동차 회사에서도 발명하지 못한 것이었다. 그는 발명하게 된 배경을 이렇게 설명했다. "회사에서 상품으로 받은 자동차가 윈도 브러시 작동으로 사고가 났습니다. 교통사고 후 자나 깨나 개선 생각을 했습니다. 그러다 영화 타이타닉에서 배가 물을 가르는 것을 보고 생각해 냈습니다. 대우자동차 사장에게 말씀드렸더니 1개당 100원씩 로 열티 주겠다고 하더라고요. 약속하고 오는 길에 고속도로와 길가의 차를 보니 모두 돈으로 보입디다. 돈은 천지에 있습니다. 마음만 있으면 돈은 들어옵니다."

김 명장은 "저의 종교는 대우중공업교敎입니다."라고 당당하게 말한다. "우리 집에는 대우 깃발이 있고 식구들 모두 아침밥 먹고 그 깃발에 서서 기도합니다. 저는 하루에 두 번 기도합니다. 아침에 기도하고 정문 앞에서 또 한 번 기도합니다. '나사못 하나를 만들어도 최소한 일본보다 좋은 제품을 만들 수 있도록 도와주십시오.'"

그의 회사에 대한 생각은 남다르다.

"우리 회사 여사원 받는 월급이 1년에 쌀 100가마 살 돈을 받습니다. 어디서 이런 수입을 얻겠습니까? 농부의 힘든 생활을 생각해 보십시오. 게다가 학자금까지 주니 이런 마음 있으면 회사를 업고 다녀야 합니다. 여러분이 삼성 다니면 삼성제품 써야 합니다. 회사를 고맙게 생각해야 합니다."

김 명장은 심청가를 1,000번 이상 듣고 완창을 하게 되었다고 한다. 심청가에 보면 다음과 같은 구절이 있다. '한 번밖에 없는 인생 돈의 노예가 되지 마라! 지금 하는 일이 너의 인생이다! 지금 하고 있는 일에 최선을 다하는 자는 영화를 얻는다.' 힘들고 어려운 길은 반드시 행복으로 가는 길이라고 믿는다는 그는 여러 사람을 대상으로 하는 강연에서 이렇게 말한다.

"무엇을 하더라도 예수님께 기도하는 마음으로 하십시오. 목숨 걸고 노력하면 안 되는 것 없습니다. 목숨을 거십시오. 내가 하는 분야에서 아무도 다가올 수 없을 정도로 정상에 오르면 돈이 문제가 아닙니다. 내가 정상에 가면 길가에 핀 꽃도 다 돈입니다."

김 명장의 성공원칙은 세 가지다.

첫째, 부지런하면 굶어 죽지 않는다.
어렵게 잡부로 채용된 그는 늘 새벽 5시에 출근해서 일했다. 당시 사장은 5시 20분경에 출근했는데 청소하는 그를 보고 '누구냐'라고 물었다. 그는 '아저씨는 누구세요?'라고 말했다. 그랬더니 대답은 안 하고 '지금 청소하는 것은 누가 지시한 일이냐?'고 물었다. 그는 '시키긴 누가 시킵니까? 그냥 제가 좋아서 하는 거죠.'라고 했더니, '음, 훌륭하군!' 하고 돌아섰다. 그리고 얼마 후에 기능보조원으로 승진하게 되었다.

둘째, 준비하는 자에게는 반드시 기회가 온다.
그는 그렇게 늘 새벽 일찍 제일 먼저 출근해서 공장을 쓸고 닦았다. 그리고는 한쪽 구석에 도라지를 심었다. 그랬더니 사장이 지나가면서 또 무슨 일을 하느냐고 물었다. '그냥 도라지 심으면 좋을 것 같아서 그냥 심어봅니다.'라고 말했다. 그렇게 몇 달이 흘렀다. 미국에서 중요한 바이어가 공장을 방문했다. 공장견학이 끝나고 곳곳에 심겨 있는 도라지꽃을 보고 이 꽃이 무슨 꽃이냐고 물었다. 당시 영어 공부를 시작하기는 했지만 '도라지'가 영어로는 무엇인지 몰라서 우물쭈물하였다. 그런데 이 미국 바이어가

'American star flower'라고 알려주었다. 도라지꽃의 별 모양이 꼭 미국 국기와 똑같다면서 아주 좋아했다. 그리고 그날 수백만 달러의 계약을 흔쾌히 응하고 갔다. 그러자 사장은 김 명장에게 아주 훌륭한 일을 해냈다고 더욱더 좋은 조건을 제시해주었다. 그는 준비의 중요성을 이렇게 강조했다. "제가 학력은 없지만, 영어를 배우기 시작해서 나중에는 5개 국어까지 마스터 했습니다. 그만큼 우리는 많은 준비를 해야 한다고 생각합니다."

셋째, 목숨 걸고 노력하면 안 되는 것이 없다.

그는 하루에 3시간 정도 잠을 잔다. 보통 9시경에 잠들어서 새벽 12시나 1시경에 일어나 새벽 6시까지 책을 보다가 출근한다. 700여 가지의 제품과 신기술을 개발했다는 김 명장이 성공을 꿈꾸는 사람들에게 들려주는 말은 이렇다.

"원하시는 일이 있으면 미적지근하게 일하지 마십시오. 하는 둥마는 둥, 빈둥빈둥 인생을 허비할 것이 아니라 모든 일에 목숨을 걸고 하십시오. 그러면 반드시 원하는 것을 성취할 수 있습니다. 저는 정말 목숨을 걸고 내 인생에 충실했습니다. 그리고 나를 인정했습니다. 여러분들도 여러분 자신을 인정하시고 앞으로 나아가십시오."

노블레스 오블리주의 유래가 된 칼레의 귀족들

노블레스 오블리주란 '높은 사회적 신분에 상응하는 도덕적 의무'를 의미한다. 보통 부와 권력, 명성은 사회에 대한 책임과 함께 해야 한다는 의미로 쓰인다. 즉, 노블레스 오블리주는 사회지도층에게 사회에 대한 책임이나 국민의 의무를 모범적으로 실천하는 높은 도덕성을 요구하는 단어이다. 하지만 이 말은 사회지도층들이 국민의 의무를 실천하지 않는 문제를 비판하는 부정적인 의미로 많이 쓰인다.

14세기 백년전쟁 도중 영국에 의해 포위된 도시 칼레는 1년 가까이 영국의 거센 공격을 막아내지만, 식량이 떨어지고 더는 원병을 기대할 수도 없는 절망적인 상황이었다. 결국, 항복할 수밖에 없는 상황에 몰리게 되면서 영국 왕 에드워드 3세에게 자비를 구하는 칼레 시市의 항복 사절단이 찾아갔다. 영국 왕과 사절단 간에 협상이 있었는데 영국 왕 에드워드 3세가 제안을 했다.

"좋다. 모든 칼레 시민의 생명을 보장한다. 그러나 누군가가 그동안의 반항에 대해 책임을 져야만 한다."

"이 도시의 시민 대표 6명이 목을 매 처형 받아야 한다."

항복 사절단은 그만 숨죽일 수밖에 없었다. 광장에 모여 소식을 들은 칼레의 시민들은 말했다.

"아니 도대체 누가 죽으려고 자청한단 말인가?"

"그래도 그들만 죽으면 나머지 사람들은 살 수 있는 거잖아!"

순식간에 광장의 시민들은 혼란에 빠져들었다. 바로 그때 천천히 자리에서 일어나는 한 사람이 있었다.

"내가 그 여섯 사람 중 한 사람이 되겠소!"

칼레 시市에서 가장 부자인 외스티슈드 생 피에르Eustache de St Pierre였다.

"칼레의 시민들이여, 나오라. 용기를 가지고……."

그러자 뒤이어 교수형을 자처하는 시장, 상인, 법률가 등 부유한 귀족 여섯 사람이 앞으로 나섰다. 여기서 문제가 되는 건 적국이 정한 여섯 명보다 한 명이 더 나와 7명이 자청한 것이다. 그중한 명은 처형되지 않아도 되었다.

"우리가 처형당하는 내일 우리 중 가장 나중에 나오는 1명은 처형에서 제외하기로 합시다."

그들은 이렇게 말을 했고 다음 날엔 딱 6명이 장터에 나오게 되었다. 나오지 않은 한 사람은 첫 번째로 처형을 받겠다고 나섰던 성인 피에르였다. 피에르는 왜 나오지 않았을까. 7명 중 한 사람은 목숨을 보전할 수 있다는 사실이 혹시라도 처형을 자처한 사람들의 용기를 꺾을 것을 우려했던 피에르가 스스로 마지막 한 명이 되어서 자살을 했다. 적국의 요구대로 속옷 차림에 목에는 밧줄을 걸고 교수대로 향한 사람은 6명이 되었다.

이런 사연을 알게 된 에드워드 3세의 왕비는 임신을 이유로 왕에게 간청했고, 왕은 죽음을 자초했던 6명을 살려주게 된다. 시민을 대신하여 처형을 자처했던 귀족 6명은 목숨을 보존할 수 있었다.

이후 이 이야기는 한 역사가에 의해 기록이 되고 여섯 시민의 용기와 희생정신은 높은 신분에 따른 도덕적 의무인 '노블리스 오블리주'라는 말과 정신의 유래가 되었다. 또한, 로댕은 칼레의 시민들을 구하기 위해 자신의 목숨을 내놓았던 사람들을 기리기 위해 '칼레의 시민들'이란 조각 작품을 만들었다.

행복을 찾으려 하지 말고
정직한 사람이 되어라.
정직이 행복이다

인간이 갖는 희망의 본질은 행복이다. 행복을 위해 한평생 배우고, 건강을 유지하고, 일하고, 부를 축적하며 명예를 추구한다.

그러나 행복을 느끼고 그 행복 속에 푹 파묻혀 사는 사람은 많지 않다. 행복감을 느끼지 못하는 데는 두 가지 원인이 있다. 행복할 요건이 갖추어지지 못해서 즉, 행복하지 않아서 행복을 느끼지 못하는 경우와 행복의 요건은 갖추어 행복하지만, 그 행복의 지각 능력을 갖추지 못해서 행복을 인지하지 못하는 경우이다. 이 두 문제만 해소되면 우리는 행복한 사람이 될 수 있다.

정직으로 행복을 만들자

행복은 만들어서 얻는 것이다. 공짜로 얻을 수 있는 행복은 없다. 행복이란 그리 쉽게 만들 수 있는 것은 아니지만 만들려고 노력하는 만큼 만들 수 있고 취할 수 있다. '더 빨리, 더 높이, 더 많이'의 경쟁을 통해서만 행복이 만들어지는 것이 아니다. 또 행복은 멀리 있는 것만도 아니다. 행복은 늘 우리 주변에 있다. 다만 행복을 만드는 방법을 모르거나 취하는 방식이 서투르기 때문에 그 행복을 주워 담기 어려울 뿐이다.

본인은 행복을 위해 열심히 노력한다고 하지만 사실은 행복이 아닌 불행을 자초하는 사람이 많다. 욕심이 과해 허황한 행복을 추구하게 되면 행복보다는 낭패를 만들고 불행을 키우게 된다. 정직하지 못한 방법으로 살기 때문이다. 수단이 정당하지 못해서 그렇다. 노력 없이 결실만 탐하거나 남이 노력해서 얻은 결실을 힘 안들이고 나의 것으로 만들려는 사악한 마음 때문이다. 과정이 정당하지 못하거나 방식이 정직하지 못하면 행복은커녕 그로 인해 얻은 결실의 크기만큼 낭패와 불행을 맛보게 된다.

정당하지 못한 방법으로 탐내는 마음이 욕심이다. 내 안에 그 욕심이 자리 잡고 있는 한 행복은 요원하다. 나는 왜 행복하지 못한지를 원망하기 전에 내 안에 욕심을 버려야 한다. 그러나 내 안에 욕심을 내 눈으로 찾아내기란 쉽지 않다. 마음의 수양이 있어야 한다. 정직한 마음으로 내 안의 마음 구석구석을 더듬어보고 살필 수 있는 혜안을 지녀야 한다.

좀 다른 이야기지만 내 안에 욕심을 찾아내고 그 욕심을 버린 나의 경험을 소개하겠다.

경찰관은 권총을 사용하기 때문에 총을 잘 쏠 줄 알아야 한다.

사격 점수는 인사고과에 차지하는 비율도 높아 경찰관이라면 누구나 사격을 잘하는 것이 꿈이다. 나는 경찰 경력 10년이 지날 즈음에도 사격 실력이 100점 만점에 60점을 겨우 넘었다. 60점 미만이면 낙제 점수니까 겨우 낙제를 면하는 수준이었다. 잘 쏘려고 욕심을 내면 낼수록 오히려 더 안 맞는 게 아닌가.

고심 끝에 국가 대표 사격 코치를 찾아가 사정을 이야기하고 지도를 받았다. 지도는 단순했다. 욕심을 버리라는 것이었다. 내가 무슨 욕심을 부렸다고 욕심을 버리라는 것인지 이해가 가지 않았다. 따져 물었다. "난 사격을 잘 하려고 했을 뿐이지 욕심을 부리지 않았는데요?" 코치는 웃으면서 내게 말했다. "욕심을 안 부렸다고요? 내가 그 욕심이 무엇이고 왜 그 욕심이 사격을 망치는지, 욕심을 버리기 위해서는 어떻게 해야 하는지를 알려드리죠." 하면서 차근차근 설명했다.

설명의 내용은 이랬다. 총을 잘 쏘려면 조준선 정렬과 정조준을 잘해야 하는데 나의 경우는 조준선 정렬까지는 잘해놓고 다음 단계인 정조준을 하기 위해 표적의 검은 원을 찾으면서 조준선 정렬이 흐트러진다는 것이었다. 내가 사격을 못하는 이유는 바로 거기에 있었다. 사람의 눈은 한계가 있어서 조준선 정렬이 잘된 상태로 표적(목표물)을 보면 그 표적이 희미하게 보일 듯 말 듯 보인다는 것이다. 표적의 검은 원이 선명하게 보인다는 것은 결국 조준선 정렬이 안 된 상태라고 설명하였다. 표적을 잘 맞히려고 그 표적을 선명하게 보려고 하는 만큼 조준선 정렬을 놓치고 만다는 것이다. 그 말을 듣고서야 내가 잘 쏘려는 욕심 때문에 그 욕심만큼 총을 못

쐈다는 것을 알 수 있었다. 그동안 나는 선명한 표적을 가늠쇠 위에 동그랗게 올려놓기에 급급했으니 말이다. 내 안에 욕심이 있었는지를 나는 알지 못했다. 왜 잘 쏘려고 노력하는 만큼 더 안 맞는지도 알지 못했다. 사격 코치의 지도를 못 받았다면 지금까지 그걸 깨닫지 못했을 수도 있다.

사격 코치가 알려주는 대로 연습했다. 조준선 정렬을 정확히 하고 잘 쏘려는 욕심 대신 그 정렬된 상태가 흐트러지지 않게 조심하며 희미한 목표물을 향하여 방아쇠를 당겼다. 결과는 놀라웠다. 60점대에서 맴돌던 실력이 95점으로 껑충 뛰었다. 권총 사격에서 95점 이상이면 최상위급 실력이다. 단숨에 최상위급 실력을 갖추게 된 것은 내 안에 있던 욕심을 찾아내고 연습을 통하여 그 욕심을 버린 것뿐이었다.

우리의 마음속에 있는 욕심을 버리고 정직한 마음으로 살면 실감할 수 있는 것이 만족감이다. 내가 스스로 나의 목표를 세우고 그 목표를 위하여 정직하게 살아가면 내가 세운 목표이기 때문에 그 목표에 도달하는 방법도 찾을 수 있게 되고 목표에 도달하면 나만의 만족을 느끼게 된다. 그것이 성공이며 그것이 행복이다. 남의 목표를 모방하고, 남의 방식으로 나의 목표를 달성하려고 억지를 부리고, 남의 잣대로 나의 목표를 평가하려고 하니까 뒤죽박죽이 되어 만족도 행복도 느끼지 못하는 것이다.

정직하게 산다는 것은 불행의 조건을 잘라버리고 행복의 조건을 만들어 가는 것이다. 마치 농부가 곡식의 씨앗을 뿌리고 김을 매고 성실히 가꿔서 결실을 수확하듯 행복도 행복의 씨앗을 심고 행복의 성장을 방해하는 잡초를 뽑아내며 알뜰히 가꿔야 행복이라는 결실을 얻을 수 있는 것이다.

행복의 결실을 기대한다면 행복의 씨앗을 뿌려야 한다. 불행의 씨앗을 뿌리면 결코 행복을 맛볼 수 없다. 화만 키울 뿐이다. 내 안에 이런 모순이 없어야 한다. 그래야 행복을 얻을 수 있다.

행복을 보고, 듣고, 맡고, 맛보고, 느끼고, 즐길 수 있는 능력을 키워라

'당신은 지금 행복하신가요?' 하고 물으면 그렇다고 대답하는 사람은 많지 않다. '그럼 언제 행복하셨습니까?' 하고 물으면 지나간 시절을 떠올리며 '그 당시는 몰랐지만 지금 생각하니 그때가 행복했던 시간이었습니다.'라고 말하는 사람이 대부분이다. 이 말은 무엇을 뜻하는가? 행복이 전혀 없었던 것이 아니라 행복이 있었으나 당시에는 그 행복을 보고, 듣고, 맡고, 맛보고, 느끼지 못했다는 뜻이다. '살맛' 나는 것이 행복이라면 그 '살맛'은 지금 느낄 수 있어야 한다. 그래야 싱싱한 맛을 느낄 수 있다. 지나간 '살맛'은 맛이 간 '살맛'이기 때문에 큰 의미가 없다.

사람들은 왜 행복을 느끼지 못할까? 답은 간단하다. 행복을 느낄 줄 모르기 때문이다. 행복을 느낄 줄 모르는 사람은 행복의 요건이 충족된 순간에도 그 행복을 알아채지 못할 수밖에 없다. 클래식 음악을 들을 줄 모르는 사람에게는 베토벤의 명곡도 소음일 뿐이고, 홍어 맛을 모르는 외국 사람에게는 잘 삭힌 홍어도 악취

나는 썩은 생선에 불과하듯 행복이 무엇인지를 모르는 사람은 행복을 느낄 수 없게 된다. 따라서 행복을 알아채는 능력을 키워야 한다.

그 능력이 없는 한 우리는 영원히 행복을 인지하지 못하고 인지하지 못하니 당연히 그 행복의 기쁨을 누릴 수도 없을 것이다. 행복을 볼 수 있는 안목을 길러야 한다. 행복을 들을 수 있는 청감을 키워야 한다. 행복의 냄새를 맡을 수 있는 후각을 발달시켜야 한다. 행복을 맛볼 수 있는 예리한 미각도 살려야 한다. 행복을 만질 수 있는 촉각을 세워야 한다. 누구든지 오감의 능력은 있다. 다만 그 능력이 얼마나 발달하느냐의 차이가 있을 뿐이다. 그 능력의 척도가 바로 정직의 가치를 얼마나 아느냐에 달려 있다. 정직의 가치를 아는 만큼 행복을 보고, 듣고, 맡고, 맛보고, 느낄 수 있는 능력이 발달한다. 정직이 행복의 원천이기 때문에 그 가치를 아는 지혜가 곧 행복을 느낄 수 있는 능력이기 때문이다. 정직하자. 정직하면 많은 행복을 만날 수 있다. 지나간 행복뿐만 아니라 지금의 행복도, 또 줄을 서서 나를 찾아오는 미래의 행복도 만나게 될 것이다.

정직은 그 자체만으로도 행복한 신비의 능력이 있다

정직은 강하다.
정직은 배려다.
정직은 평화다.

정직은 질서다.

정직은 정의다.

정직은 예이다.

정직은 진리다.

정직은 의리다.

정직은 참이다.

정직은 인내다.

정직은 정情이다.

정직은 효孝이다.

정직은 안전이다.

정직은 인권이다.

정직은 긍정이다.

정직은 사랑이다.

정직은 당당하다.

정직은 승리한다.

정직은 겸손이다.

정직은 믿음이다.

정직은 신념이다.

정직은 희망이다.

정직은 본질이다.

정직은 인격이다.

정직은 진실이다.

정직은 아름답다.

정직은 순수하다.

정직은 도전이다.

정직은 영원하다.

정직은 자신감이다.

정직은 즐거움이다.

정직은 밝은 빛이다.

정직은 외롭지 않다.

정직은 하늘의 뜻이다.

정직은 착한 마음이다.

정직은 인간의 본성이다.

정직은 그 자체만으로도 최고의 행복이다.

꿈과 희망을 현실로 이루어주는 '정직'의 힘을 통해 행복한 에너지가 팡팡팡 샘솟으시기를 기원드립니다!

권선복
도서출판 행복에너지 대표이사
한국정책학회 운영이사

세상을 살아가는 데 있어 반드시 지켜야 할 '도리'라는 것이 있습니다. 한 명의 인간으로 태어나 한 사회에서 하나의 구성원으로 살아가고자 한다면, 그 도리를 잘 지켜야만 행복한 삶을 성취할 수 있습니다. 하지만 돈이 최우선 가치가 되어버린 현대사회에서는 그 도덕적 가치가 바닥에 떨어진 경우를 흔히 볼 수 있습니다. 특히 거짓, 기만, 위선이 난무하는 근래의 사회상은 심히 우려를 자아냅니다. 반칙 없이, 올곧고 바른 길만 향하며, 모든 이들이 타인과 더불어 사는 세상을 만드는 일은 가능할까요? 이를 위해 우리는 한 가지 키워드에 주목해야 합니다. 바로 '정직'입니다.

책 『즐거운 정직』은 꿈과 행복을 향해 나아가는 길, 반드시 가슴에 새기고 지향해야 할 가치 '정직'이 우리 삶에 얼마나 중요한지를 다양한 사례와 연구를 통해 제시합니다. 37년 전 순경으로 경찰에 입문하여 고향인 서산경찰서장을 마지막으로 정년퇴직하는 저자는, 평생을 경찰공무원으로서 나라와 국민을 위해 희생해 온 만큼 정직이 우리 삶에 반드시 필요한 이유를 설득력 있게 전달합니다. 2008년 12월 경찰의 꽃인 총경으로 승진하면서 당진·안산 단원·서울 강북·서산경찰서 등에서 서장직을 역임했으며, 정직의 가치를 조직 내에 전파함은 물론 이를 바탕으로 국민에게 사랑받는 공직자의 길을 걸어왔습니다. 그리고 정직이라는 가치가 땅에 떨어진 시대, 혼란한 삶을 살아가는 대한민국 국민들에게 가장 필요한 이야기들을 책 한 권에 가득 담아내었습니다. 오직 열정 하나로 우리 후손들이 가장 귀 기울여야 할 삶의 노하우를 전파해 주시는 김석돈 저자에게 큰 응원의 박수를 보냅니다.

인류 역사가 시작된 이래 몇 가지 변하지 않는, 다이아몬드 원석과도 같은 가치들이 있습니다. 그중에서도 정직은 손에 꼽을 만합니다. 수많은 선지자들이 삶을 행복으로 이끌기 위해 반드시 정직하게 살아야 함을 강조했던 까닭을 이 책을 통해 많은 이들이 다시금 곱씹어 보기를 바라오며, 모든 독자 분들의 삶에 행복과 긍정의 에너지가 팡팡팡 샘솟으시기를 기원드립니다.

하루 5분 나를 바꾸는 긍정훈련
행복에너지

'긍정훈련' 당신의 삶을 행복으로 인도할 최고의, 최후의 '멘토'

'행복에너지
권선복 대표이사'가 전하는
행복과 긍정의 에너지,
그 삶의 이야기!

인터파크
자기계발 분야 주간
베스트 1위

권선복 지음 | 15,000원

권선복

도서출판 행복에너지 대표
지에스데이타(주) 대표이사
대통령직속 지역발전위원회
문화복지 전문위원
새마을문고 서울시 강서구 회장
전) 팔팔컴퓨터 전산학원장
전) 강서구의회(도시건설위원장)
아주대학교 공공정책대학원 졸업
충남 논산 출생

책『하루 5분, 나를 바꾸는 긍정훈련 - 행복에너지』는 '긍정훈련' 과정을 통해 삶을 업그레이드하고 행복을 찾아 나설 것을 독자에게 독려한다.

긍정훈련 과정은 [예행연습] [워밍업] [실전] [강화] [숨고르기] [마무리] 등 총 6단계로 나뉘어 각 단계별 사례를 바탕으로 독자 스스로가 느끼고 배운 것을 직접 실천할 수 있게 하는 데 그 목적을 두고 있다.

그동안 우리가 숱하게 '긍정하는 방법'에 대해 배워왔으면서도 정작 삶에 적용시키지 못했던 것은, 머리로만 이해하고 실천으로는 옮기지 않았기 때문이다. 이제 삶을 행복하고 아름답게 가꿀 긍정과의 여정, 그 시작을 책과 함께해 보자.

『하루 5분, 나를 바꾸는 긍정훈련 - 행복에너지』

안전한 일터가 행복한 세상을 만든다
허남석 지음 | 값 15,000원

책 『안전한 일터가 행복한 세상을 만든다』는 '안전리더십(Felt Leadership)'을 통해 일
터에서 벌어지는 안전사고를 예방하고, 나아가 '긍정, 감사'를 통해 기업을 지속적으
로 성장시키는 방안을 상세히 소개한다. 평생 산업현장 일선에서 발로 뛰어 온 저자
는 안전리더십 분야의 최고 전문가로서, 이 책에 자신의 모든 현장경험과 리더십 노
하우 그리고 연구 성과를 담아내었다.

다시 기대하는 이들에게
김한수 지음 | 값 15,000원

『다시 기대하는 이들에게』는 지금, 이 순간 우리에게 가장 필요한 변화를 위해 '기대'
의 강력한 힘을 우리들에게 제시한다. 저자는 다양한 경험을 통해 현재 어떠한 상황
에 처해 있든지 개인이 이끌어낼 수 있는 최고의 결과는 '기대'에서 나온다고 힘주어
이야기한다.

되어가는 이들에게
김한수 지음 | 값 15,000원

저자의 숱한 경험과 지식, 역사 속 인물, 현대의 위인과 어록, 영화와 음악과 관련된
에피소드 등을 바탕으로 26가지 주제를 정해 그 속에 되어가는 존재들에게 필요한
본보기를 제시하였다. 이를 통해 각자가 지닌 목표를 어떻게 달성해 나갈 것이며, 삶
을 아름답고 풍요롭게 살기 위해 무엇을 중요시해야 하는가에 대한 공감과 해답을
찾기 위한 지침서가 되어주고 있다.

맛있는 삶의 레시피
이경서 지음 | 값 15,000원

1년 만에 새로이 출간되는 책 『맛있는 삶의 레시피』 – 개정판은, 행복한 삶을 위한
노하우를 에세이 형식의 글에 담아 내놓는다. 어떤 공식에 의거하거나 명쾌하게 떨
어지는 답은 아니지만 책을 다 읽은 순간, 암담한 현실을 이겨내게 하는 용기와 행
복한 미래를 성취하게 하는 지혜를 독자에게 전한다.

사장이 붙잡는 김팀장

홍석환 지음 | 값 15,000원

책 『사장이 붙잡는 김팀장』은 팀장이 해야 할 7가지의 역할을 통해 존경받는 리더로 우뚝 서야 함을 강조하고 있다. 기업의 성장을 실질적으로 이끄는, 중간 관리자인 팀장이 '어떤 마음가짐을 가져야 하는가? 어떻게 방향을 잡고 조직과 사람을 이끌어야 하는가? 어떻게 실행해야 하는가? 어떻게 자기관리를 해야 하는가?'에 대해 지금까지 필자의 경험을 중심으로 제시하고 있다.

사람은 다 다르고 다 똑같다

민의식 지음 | 값 15,000원

책 『사람은 다 다르고 다 똑같다』는 '소통'을 통해 자신의 행복한 삶을 도모함은 물론 그 주변, 나아가 세상의 행복을 이끄는 방안을 다양한 사례를 통해 제시한다. 다양성과 다름을 인정하고 이를 조화시키고 통합함으로써 가정과 학교, 직장, 사회 그리고 국가 내에서 소통을 도모하는 방안을 역사적, 인문학적 관점으로 풀어나간다.

꽃할배 정우씨!

김정진 지음 | 값 15,000원

책 『꽃할배 정우씨』는 위의 질문에 대한 멋진 답변이 담겨 있다. 노숙자로 전락했던 한 노인이 나이를 무색하게 하는 열정을 통해 현역으로 복귀하는 과정을 생생히 담고 있다. 그 열정이 자신의 삶은 물론이요, 그 주변과 세상을 행복하게 물들이는 장면들은 온기를 넘어 작은 깨달음마저 독자의 마음에 불어넣는다.

시가 있는 아침

이채 외 33인 지음 | 값 15,000원

책 『시가 있는 아침』은 어렵사리 가슴에 담은 믿음 하나로 나름의 구심점과 보람을 찾으려는 다양한 분야의 사람들이 모여, 이를 작품으로 체화한 시 모음집이다. 비록 전문 작가는 아니지만, 정성 들여 써 내려간 작품들을 조심스레 독자들에게 건네고 있다.

음식보다 감동을 팔아라

김순이 지음 | 값 15,000원

책 『음식보다 감동을 팔아라』는 가장 '기본적인' 것부터 지키고 그때그때 상황에 맞는 아이디어로 재치 있게 위기를 극복해내면서, 20년 넘게 외식사업을 성공적으로 이끌어 온 한 CEO의 성공 노하우와 경험담을 담고 있다. 고객은 물론 직원들마저 가족처럼 섬기는 '서번트 리더십'으로 대한민국에서 가장 성공한 음식점 사장님이 된 과정을 생생히 그려내고 있다.

곁에 두고 싶은 시

정순화 지음 | 값 15,000원

책 『곁에 두고 싶은 시』는 2010년 〈문장21〉로 등단한 정순화 시인의 첫 시집이다. 첫 작품집이라고는 믿기지 않을 만큼 단단한 내공과 뛰어난 매력으로 독자의 눈을 사로 잡는다. 읽는 즉시 단숨에 여운을 남기는 서정성은 물론, 생을 깊이 들여다보게 하는 철학적 잠언은 독자의 마음에 잔잔한 여운과 봄바람처럼 따스한 온기를 남긴다.

성공적인 나의 인생 레시피 만들기

김정옥 지음 | 값 14,000원

책 『성공적인 나의 인생 레시피 만들기』는 유년기에서 청년기를 지나 장년기에 이르기까지 연령대별로 반드시 체득해야 할 성공과 성취의 원리원칙을 제시한다. 꿈을 향해 늘 최선을 다하는 사람들에게 꼭 필요한 조언과 사례를 담고 있으며, 인생을 성공으로 이끌기 위해 반드시 갖춰야 할 덕목들이 가장 왕성히 사회활동을 하는 20대에서 50대까지 세대별로 정리되어 있다.

위대한 고객

이대성 지음 | 값 15,000원

『30년차 경찰공무원이 말하는 위대한 고객』은 30년차 경찰공무원이 현장 일선에서 직접 경험하고 느낀 바를 가감 없이 전하고 있다. 저자 이대성 교수는 현재 경찰공무원으로 30년 째 근무 중이며, 경찰청 인성 및 고객 만족 강사와 경찰교육원 교수요원으로서도 활약하고 있다. 삶의 반이 넘는 시간을 경찰로 살아오면서 누구보다도 경찰 조직 내부의 면면을 깊숙이 들여다봤을 저자의 치열한 고민이 이 책에 고스란히 녹아들어 있다.

살아가는 기쁨

박찬선 지음 | 값 15,000원

『살아가는 기쁨』은 우리 삶이 경이로움 그 자체임을 따뜻한 문장으로 전한다. 바쁘게 돌아가는 현대사회 속에서도 삶에 대한 기쁨을 놓치지 않도록, '긍정과 행복'의 메시지를 담은 것이다. 현재 안산 안디옥교회에서 목사로 있는 저자가, 한없이 따뜻한 시선으로 아름다운 일상과 그 풍경들을 포착하여 글로 풀어냈다.

내 인생에 부치는 편지

문금용 지음 | 값 15,000원

책 『문금용 회고록 – 내 인생에 부치는 편지』는 그 위대한 국민들 중 하나였던 저자가 팔십여 년 평생의 인생역정을 감동적으로 그려낸 작품이다. 왜 우리 민족의 정서가 한이 되었는지 절감할 수 있을 만큼 힘겨운 시기를 보냈던 우리 선조들의 삶은 그 자체만으로 가슴을 뭉클하게 만든다.

우리가 살아가는 하루하루가 기적이다

이승희 지음 | 값 15,000원

책 『우리가 살아가는 하루하루가 기적이다』는 2003년 국내에 들어온 한 새터민의 목숨을 건 탈북기와 대한민국에서의 새 삶에 관한 글이 담겨 있다. 여타 탈북 관련 책보다 생생하게 '참담한 북한의 현실과 탈북기'을 그려내고 있으며, 그 과정에서 가족을 잃은 저자의 사연은 보는 이의 마음을 시리게 만든다.

7인 엄마의 병영일기

최정애, 김용옥, 김혜옥, 류자, 백경숙, 조우옥, 황원숙 지음 | 값 15,000원

책 『7인 엄마의 병영일기』는 소중한 아들을 군에 보낸 어머니들의 마음으로부터 시작된다. 저자인 7명의 어머니는 아들을 군에 보낸 후 '군인'에 대해 그리고 군인이 하는 일에 대해 다시 한번 깊이 생각하게 된다. 또한 생각에 그치지 않고 군인들이 하는 일을 직접 체험하며 나라를 지키는 일이 얼마나 위대한지에 대해 가슴 깊이 깨닫는다.